suhrkamp taschenbuch 530

Wolfgang Koeppen, geboren am 23. Juni 1906 in Greifswald (Pommern), wurde 1962 mit dem Georg-Büchner-Preis ausgezeichnet. Bekannt wurde Wolfgang Koeppen durch die Romane *Eine unglückliche Liebe,* 1934, *Die Mauer schwankt,* 1935, und die nach dem Kriegsende erschienenen Romane *Tauben im Gras,* 1951, *Das Treibhaus,* 1953, *Der Tod in Rom,* 1954. Die darauf folgenden Arbeiten sind Reiseberichte und Essays: *Nach Rußland und anderswohin.* 1958; *Amerikafahrt,* 1959; *Reisen nach Frankreich,* 1961. Der Prosa-Band *Jugend* erschien 1976. Aufsätze: *Die elenden Skribenten,* 1981.

Neben seinen Romanen und Erzählungen schrieb Wolfgang Koeppen auch drei Reisebücher, von denen *Reisen nach Frankreich* 1961 zum ersten Mal erschien. Vor allem seine Reisebücher machten den Autor einem größeren Publikum bekannt. Wenn auch Koeppen selbst sagt: »Die Reisebücher waren für mich Umwege zum Roman, Kulissenbeschreibungen«, so entsprechen sie doch einer Seite seines Wesens und lassen einen eleganten präzisen Stil zum Ausdruck kommen, der impressionistisch tupfend – vor dem Hintergrund einer ungeheuren Belesenheit und Vertrautheit mit europäischer Kultur – eine Landschaft und ihre Menschen unmittelbar lebendig werden läßt.

Die *Reisen nach Frankreich* führen vom äußersten Norden bis nach Marseille und Nizza. Aber bei allen Städten Frankreichs in der Provinz, die Koeppen besucht, spürt er die große Sehnsucht, die nach Paris gerichtet ist. So schließt auch wie selbstverständlich ein großes Paris-Kapitel das Buch ab. »Der Erzähler in Koeppens sentimentalischen Reisen hat sich die Rolle eines naiven Weltfremdlings zugelegt. Die spielt er abgefeimt und virtuos. Seine literarischen Vorbilder sind nicht zu verkennen: Der Simplex von Grimmelshausen und der Candide bei Voltaire. Ein Candide bisweilen, der Kafka gelesen hat.« *Hans Mayer*

Wolfgang Koeppen
Reisen nach Frankreich

Suhrkamp

Umschlagfoto: Renate Osterhelt

suhrkamp taschenbuch 530
Erste Auflage 1979

Suhrkamp Taschenbuch Verlag
Druck: Nomos Verlagsgesellschaft, Baden-Baden
Printed in Germany
Umschlag nach Entwürfen von
Willy Fleckhaus und Rolf Staudt

3 4 5 6 7 8 – 91 90 89 88 87 86

Reisen nach Frankreich

Von den Höhen des Schwarzwaldes blickte ich auf die Vogesen. Im Mittagslicht schimmerten sie blau, welschblau, horizonbleu, wie alte französische Uniformen, wie ein Geisterheer gefallener Soldaten, und in den klaren, vernünftigen, den französischen Himmel stiegen romantische Schatten wie Ausläufer des Forstes, des Forêt-Noire, des schwarzen deutschen Märchenwaldes mit seiner Traulichkeit und seinem Schrecken, den photogenen Prinzessinnen und den regsamen Ungeheuern. Wie zieht's die Franzosen an! Heidegger irrt als Waldschratt durch das Gestrüpp der Worte, heroisch und gruselig, aufrecht und geschlagen, auf dunklen Pfaden trifft er Ernst Jünger mit der Botanisiertrommel, den Käfer, den Menschen, den Leib, die Seele, die Urangst aufgespießt, und dann hinter den rauchenden Meilern der braven Köhler die deutsche Tüchtigkeit! Am Waldhang ruhen die kleinen Orte mit den engen Fremdenheimen und ihren ältlichen Kurgästen, die sich am knorrigen Wanderstab, das Geschäfts- und Repräsentationsauto auf der Bundesstraße gelassen, nach strenger Vorschrift zu neuem Schaffen stärken. Ich träumte von Frankreich, von einem lieblichen Garten von Daseinsheiterkeit, von Lebenssüße und etwas freundlicher Frivolität. Mich trennte von Frankreich nur noch der alemannische Rhein. Eine Grenze? Ein Übergang und nie wieder Donnerhall, ein Locken nach Ost und West.

Das letzte Quartier auf deutscher Seite war Offenburg. Noch immer ist die Stadt großherzoglich badisch und kaiserlich napoleonisch geprägt, sie ist deutsch-französisch und französisch-deutsch, eine deutsche Garnison französischer Truppen, ein Klein-Europa und doch eine verträumte Provinzstadt voll Schwarzwaldduft und Wind aus den Vogesen. Im alten renommierten Hotel hingen von der Zeit freundlich gedunkelte Bilder der Landesfürsten und vergilbte graue Stiche vom Einzug Ludwigs XV. in Straßburg. Ein Marsfeld, Zelte, Wimpel, Reiter, Triumphbögen und viel Volk feierten den Vielgeliebten, den gottgleichen Verspieler und Zerstörer des Ancien régime, der weißen Königslilie, des großen französischen Zeitalters, der nie untergehen sollenden Sonne der Bourbonen über einer höflichen, adligen Welt französischer Kultur. Auch das Straßburger Münster war in den traditionsbehangenen Gängen des Hotels in Offenburg in alten Darstellungen zu sehen und sprach von Goethe und deutscher Baukunst und von Fausts beunruhigenden Zaubereien.

Schon der Grenze zu verwandelte sich die Landschaft in den erträumten Garten. Die Luft schien weicher, die Lebensauffassung leichter zu werden. Die Dörfer gaben sich bourgeois. Ihre Häuser waren behäbig und doch schön gegliedert, Fachwerkbauten alemannischer, elsässischer Urbanität. Sanftmütige Ochsen zogen die Einheimischen und ihre Ackerwagen gemächlich aufs zu bestellende Feld. Der Weg schlängelte in freundlichen Windungen. Deutsche Wirtschaftswunderautomobile brummten, in ihrer Schnelligkeit gedrosselt, vor Kraft und vor Ungeduld. Wollten sie die ihr geschäftiges Tempo hindernde Idylle fressen, oder drängte es sie so sehr zu Frankreichs Freuden?

Paßkontrolleure und Zöllner näherten sich freundlich der motorisierten Invasion, atmeten leichthin, lächelten entschuldigend für ihr zurückgebliebenes Tun, sie hatten die Mär vom vereinten Europa vernommen, sie hatten Verordnungen über den Gemeinsamen Markt empfangen, sie dachten vielleicht an die bedrohte oder strahlende Zukunft, vergessen waren alle Toten diesseits und jenseits des Rheins, und die Schranken bäumten sich auf wie steife alte Zöpfe. Die Kehler Brücke knüpfte sicher das Band der Montanunion. Auf dem Wasser glitten kohlebeladene Kähne von Zeche zu Zeche, von unabgetragener zu getürmter Halde, stromauf- und stromabwärts, wie ein zwischen den Nachbarn hin- und hergeschobener Schwarzer Peter, während am französischen Ufer Rohre genietet wurden, das Erdgas von Lacq, den gefundenen, das Öl der Sahara, den gefährdeten Schatz heranzubringen, und die blanken Röhren zielten wie unheimliche Geschütze des unaufhaltsamen menschenbeglückenden Fortschrittes graden Wegs auf das sich allzu sicher wähnende Ruhrrevier.

Johann Wolfgangs Wirtshaus »Zum Geist« gab es nicht mehr, aber noch immer lag Straßburg im Schatten seines Münsters, alle Wege und selbst Einbahnstraßen und Ampel führten dorthin. Der Blick des Automobilisten wurde, wie eh und je das Auge des Wanderers, zum Himmel gelenkt, der Mann am Steuer der Maschine war in Gefahr, auf der Erde zu verunglücken, aber für einen Augenblick überwältigte ihn mit dem Anblick der steilen

Fassade der schmerzlich-schöne, der hoffnungsvoll hoffnungslose Traum der Gotik, der Schrei nach dem Unbedingten, das Verlangen nach dem Gesetz, der Ruf nach Gott. Französische Kaffeehausterrassen, deutsche Autobusse, Allerweltsandenkenläden, Postkartenstände, Touristenschwärme zogen das Absolute ins Unverbindliche herunter. Im Innern des Domes glühte ein großes Radfenster wie die Sonne des Jüngsten Tages. Entsetzen und Glück des Endes brannten in mittelalterlichen Flammen, und der unterrichtete Kinobesucher dachte vielleicht an die Sonne der Wissenschaftler über der Wüste von Nevada, über dem Atoll von Bikini und jedem Haupt. Wenn Wolken das Licht mildern, ist das Münster ein düsteres Haus, dessen Strebepfeiler sich in der Höhe in einem Labyrinth zu verlieren scheinen. Die rundwandelnden Besucher verwandeln sich dann in Bewohner dantischer Höllen. Eine Schulklasse junger Mädchen saß auf den Betstühlen, schrieb Kartengrüße und klammerte sich so mit gebildeter Hand an das Leben, während die jungen Haare, die getürmten Modefrisuren, die gestriegelten Pferdeschwänze, die kunstvollen Locken in apokalyptischer Dämmerung zu vergehen schienen. Die berühmte astronomische Uhr schlug unheilvoll die Stunde, der Tod triumphierte über die Zwölf Apostel, und der Hahn des Petrus behielt mit seinem Krähen das letzte Wort. Von der Plattform des Turmes hat man noch immer Goethes Blick auf die ansehnliche Stadt, auf die wettergebleichten roten Schindeldächer, die bürgerliche Welt der Schornsteine, der spitzen Giebel und der Wetterfahnen, noch immer grünen ringsum bäuerliche Auen, von Wipfelalleen durchzogen, noch immer blinkt der Rhein, glitzert die Ill, noch immer spürt man die alte Lust, das die Brust weitende Entzücken, hier zu sein.

Gegen Mittag läuft der Verkehr wie eine Sturmflut durch enge Straßen. Polizisten ertrinken in der Woge, die die Dämme der alten Häuser zu sprengen scheint. Wunderbar ramponierte und herrlich neue Automobile, flitzende, klingelnde, mit halber Pferdestärke brummende Fahrräder, revolutionäre Rollkragenpullover und konservative Schneiderkünste am Lenkrad, nackte Knie der Mädchen und bedeckte Knöchel der Priester über blitzenden Pedalen! Nach einer Viertelstunde herrscht Stille. Die Straßen sind leer, die Läden sind geschlossen, die Stadt wirkt wie ausgestorben, und aus Pforten und Fenstern riecht es nach Essen. Es ist die heilige Stunde des Mittags. Frankreich speist; und ein Lob seinen Königen, allen Hühnern im Topf und dem guten General de Gaulle!

Beim alten Weinhändler sehen die Franzosen wie ein Volk von Feinschmeckern aus. Männer, Frauen, die lüstern den Mund öffnen. Man blickt gierig auf den Teller. Das Sauerkraut ist mäßig, der Schinken ist versalzen, das geschmorte Kaninchen hat sich mit schlechtem Fett vermählt, der Rote Wein ist die beizende Rache Algeriens am französischen Mutterland, aber man tafelt mit guten Manieren und betonter Genüßlichkeit, als hätte jeden die Sage von der guten französischen Küche um den Verstand gebracht. Allein die altklugen Hunde der Rentiers, die weißen Spitze, schauen den Essenden mißtrauisch zu und scheinen sich besserer Zeiten, schmackhafterer Gerichte zu entsinnen. Gegen drei Uhr flutet der Verkehr zurück. Frankreich arbeitet wieder. Die Rolläden gehen hoch, die Geschäfte werden getätigt, die Schreibmaschinen klappern.

In dem kleinen Hotel am Alten Kirchplatz herrschte ein junger Manager. Sein Schnurrbart war französisch, sein Sinn amerikanisch, sein Bürstenhaarschnitt konnte der Stil der École Polytechnique sein oder schon aus dem wirtschaftswissenschaftlichen Seminar von Harvard stammen. Der junge Mann war von froschkalter Höflichkeit, von einem feuchten, grünen Charme, seine Rede plätscherte erst französisch, dann deutsch; sie floß in beiden Sprachen gleichermaßen glatt und unverbindlich. Im alten Haus war alles modernisiert, Wasserleitungen und elektrische Drähte waren noch gallisch unbekümmert, unverkleidet und unisoliert durch die Zimmer gezogen, aber die Zapfhähne und die Schalter in Weißmetall wie Düsenflugzeugeinrichtungen paßten merkwürdig zu dem breiten raumbeherrschenden Bett und den gar nicht versteckten intimen Wascheinrichtungen des alten guten Frankreich, dem selbstverständlich zur Verfügung gestellten Mobiliar der Leidenschaft wie des vernünftigen Ehestandes.

Die Gasse, auf die ich blickte, war schmal. Mir gegenüber lag das Büro einer Versicherungsgesellschaft. In Deutschland wäre es ein neuer Palast und ein heller Saal gewesen, hier bot sich dem Auge ein unter der Jahre Last gesenktes Gebäude und fast ein Salon. Die Neonröhren hingen unter einer Stuckdecke, die noch von einem Kronleuchter träumte. Im bleichen Licht saßen zehn junge Französinnen hinter elektrischen Rechenmaschinen und versuchten, das Leben, das Unglück und den Tod in eine einträgliche Gleichung zu bringen. Zuweilen blickten die zehn jungen Schicksalsgöttinnen von ihrer Arbeit auf und zu den Hotelgästen wie zu einem Schauspiel hinüber. Man fand sich wechselseitig komisch und sympathisch; man lächelte und winkte einen Gruß. Die Rechnung mit dem Tode wurde konfus. So könnten Romane anfangen; französische Romane, natürlich sehr sittsame Geschichten.

Im Parterre des Hotels gab es ein Bistro, eine Kneipe. Sie hatten ein paar Tische und Stühle vor die Tür gestellt. Es war Sommer. Es war ein Nachmittag. Es war still. Vor einem uralten Automobil saßen eine alte Frau und ein alter Hund. Ein Polizist beugte sich zu ihnen nieder, sprach mit der Frau, streichelte den müden alten Hund. Zwei junge Deutsche hatten die Kirche besichtigt, setzten sich vor das Bistro und bestellten einen Pernod. Sie verzogen angewidert das Gesicht und riefen: das ist ja Hustensaft! Die Abendzeitung berichtete von Eifersuchtstragödien. Eine Bauersfrau hatte ihrem Mann und seiner Geliebten Gift in die Suppe getan, ein Briefträger hatte seinen Nebenbuhler und dann sich erschossen. Auf der Place Kléber und der Place Broglie sonnte man sich auf den Kaffeehausterrassen und dachte an Paris. Auf den selbstbewußten Plätzen weideten die Automobile in großen Herden und reflektierten das Sonnenlicht.

Vor dem berühmten Hotel mit der blumenumzogenen Speiseveranda warteten die Wagen der Delegierten des Europarates. Auf diesem Pflaster hatte Rouget de Lisle zum erstenmal die Marseillaise gesungen. Hier war das Heil-Dir-im-Siegerkranz und das Horst-Wessel-Lied erklungen. Ringsum herrschte bürgerliches Glück. Die Geschäfte blühten; sie blühten auch hier. Die Warenhäuser waren Ableger der hauptstädtischen Einrichtungen. »Au bonheur des dames.« Man drängte sich um die Stände; die Preise waren hoch, die Angebote überraschend unmodisch. Die streitbaren Erben des großen Dior erreichten New York, aber sie kamen nicht bis Straßburg.

Das Theater am Ende der schönen französischen Place Broglie ist in seinem Stein und seinem Geist ein deutsches Stadttheater. Man gab an diesem Abend den »Zigeunerbaron«, man spielte ihn mit französischem Text, aber in hergebrachter deutscher Weise. Die Zuschauer unterhielten sich deutsch und waren das Publikum einer deutschen Provinzstadt, und hinter dem Theater, jenseits einer Brücke wirkte der Platz der Republik mit seinen ordnungsstrengen Anlagen und schweren Repräsentationsgebäuden aus der Jahrhundertwende so staatserhaltend deutsch, daß ich in seiner Mitte ein Kaiser-Wilhelm-Denkmal, den Herrscher hoch zu Roß, zu sehen meinte, doch eine trauernde Mutter beugte sich dort über zwei sterbende Jünglinge, und das Monument war Frankreichs Gefallenen geweiht. Richtungsschilder weisen zum Europarat. Führt der Weg nach Europa? Kinder kommen aus der Schule, gehen die breite schattige Allee entlang. Die Kinder sind sehr ernst und sehr artig. Sie sind ein wenig blaß und tragen schwer an dem Schulpensum in ihren Händen. Sie verständigen sich französisch miteinander; allein mit den Eltern parlieren sie noch deutsch und in höflicher Herablassung.

Die Schule erzieht für Frankreichs Größe, für Frankreichs Armee, für Frankreichs Trikolore. Erzieht sie für Europa? Das Haus des Europarates liegt peripher. Sein Portal ist anspruchsvoll, der Bau provisorisch, die Anlage unvollendet. Weiße Fahnenmasten stehen zu einem Kranz vereint und tragen die Flaggen der europäischen Staaten. Der Osten fehlt und die englische Insel. Traurig hängen die Fahnen in der Windstille und geben dem Ganzen das Aussehen eines Residentensitzes in einer Kolonie; die Gebäude wirken wie ein offiziöses Haus in einer Fremde, und die Tennisplätze und die Reitbahn, in der Nähe und von den Beamten des Rates benutzt, besiegeln noch den Eindruck des Unvolkstümlichen, des mit dem Lande nicht Verbundenen.

Straßburg ging früh zu Bett. In den Schaufenstern gähnten die Ausstellungspuppen, und jetzt, da sie sich unbeobachtet glaubten und sich's bequem machten, sah man noch mehr als am Tag, daß die Kleider der Puppen für Provinzler bestimmt waren. In den Buchhandlungen lag zu Bergen »Lolita«, der Weltbestseller, die kindliche Messalina. Aber wen verführte sie? Sie Stadt war artig wie ihre Schulkinder. Flaubert hat schon in den achtziger Jahren des vorigen, des lebenslustigen Jahrhunderts das Aussterben des Freudenmädchens prophezeit. Wohin wäre er jetzt am Abend in der Hauptstadt des neuen Europa gegangen? Sicher nicht zu den dürftigen Entblößungen des Vergnügungsgewerbes in üblicher, den jeweils Fremden vorbehaltener Kommerzialität. Ich sah Flaubert den Bahnhof besuchen, den Wartesaal der zweiten Klasse, wo er mit Eisenbahnern und anderen in der Zeit treibenden Leuten den hier billigen Rum von Saint Martinique trinkt, von Kreolinnen träumt oder von Madame Bovary und den dicklichen Catchern auf dem Fernsehschirm zuschaut, wie sie einander voll Lust in die Bäuche treten.

Vor dem Hotel, im Mauerschutz der alten Kirche, hatten sich Automobile zur Nacht gebettet. Die Kirche, aus roten Backsteinen und in ihrem Unterbau gedrungen, wirkte nun sehr protestantisch, wittenbergisch-trotzig, keine Nachtigall sang, und in der Nähe stand Gutenbergs Denkmal, der in Straßburg sein erstes Buch gedruckt hatte und wohl nicht wußte, was er tat.

Am frühen Morgen schlief jedes Haus, als läge es hinter Hecken und sei Dornröschens Heim. Überall waren die hölzernen Fensterläden sorgsam geschlossen. Man ließ sich nicht ins Familiäre blicken. Aber die Verriegelungen machten die Häuser blind. Ein Polizist schob sein Fahrrad durch das Morgenlicht. Mit seinem Käppi, seiner Pelerine, selbst mit seinem Knüppel war er ganz der »Agent de Police« des bürgerlichen Frankreichs, er allein wachte unter den Schlafenden, bewachte in der sonst menschenleeren Straße das Eigentum. »Man findet in manchen Städten der Provinz Häuser, deren Anblick eine Melancholie einflößt, wie sie die düstersten Klöster hervorrufen, die dürftigsten Steppen oder die trostlosesten Ruinen. Vielleicht hat man in diesen Häusern zu gleicher Zeit das Schweigen des Klosters, die Dürftigkeit der Steppen und das Totengebein der Ruinen; das Leben und Treiben verläuft in ihnen so ruhig, daß ein Fremder sie für unbewohnt halten könnte, wenn er nicht plötzlich dem fahlen und kalten Blick einer unbeweglichen Gestalt begegnete, deren halb mönchisches Gesicht über die Fensterbrüstung hinausragt beim Klange eines unbekannten Schrittes.« So beschrieb Balzac mit durchdringendem Blick die französische Provinz. Selbst die Apotheke öffnete nicht vor neun Uhr. Die lokale Zeitung erschien in einer deutschen und in einer französischen Ausgabe; der heimatliche Teil dachte in beiden Sprachen deutsch, der politische französisch.

Die Gäste des Hotels frühstückten an langer Tafel in einem kleinen Saal, in dem noch aufgeschlagen das Feldbett des froschglatten Managers stand, der schon, adrett gekleidet, den kleinen Schnurrbart, die kurzen Stehhaare gebürstet, charmant, kalt, polyglott, keine Arbeit scheuend, die Frühaufsteher bediente und kranken Damen gar den Pfefferminztee auf das technisch renovierte Zimmer ans breite Bett trug. Im Saal schlürften kleine Geschäftsleute den Milchkaffee, stippten das frische Weißgebäck hinein, lasen den »France-Soir« von gestern und verstanden sehr wohl alle Dramen der Eifersucht, die aus Frankreichs unerschöpflichem Vorrat groß in dem Blatt standen.

Über die Straße gingen zwei junge Araber. Ihre europäischen Anzüge wirkten ärmlich und saßen schäbig auf den mageren Körpern; die Anzüge waren dreckig, sie waren zerrissen. Die Augen der jungen Leute schienen scheu zu blicken. Die beiden Araber erinnerten an verprügelte Hunde. Sie liefen wie Wild durch einen Wald von Jägern. Aber sie waren ein Wild, das die Jäger in diesem Wald ausgesetzt hatten. Waren diese armseligen mitleiderweckenden Gestalten die Untergrundkämpfer, die Frankreich terrorisierten, oder waren sie die Opfer des Terrors, verfolgt ebenso von ihren fanatisierten Brüdern wie von der Folter der blankgesichtigen und christlichen Befriedungsarmee? In Straßburgs Straßen wirkten die Araber verloren, und ihr einziger Verwandter weit und breit war wohl ein kleiner mißbrauchter Esel, der mit Lavendelsträußen bepackt zur Place Kléber getrieben wurde.

Das Münster lag nun in einem Sonnenschein, der es magisch verklärte, es schwerelos und zu einem schimmernden Gral machte. Dies Münster könnte an das zu oft berufene Europa glauben lassen; aber drängt es Europa zu einem Gral?

Im zum Münster gehörenden Museum fand ich die Baugeschichte der Kathedrale, sah ich die alten Pläne mit den in der Zeichnung vollendeten zwei Türmen und erkannte im tatsächlichen Zustand des Bauwerkes die Größe in der Unvollendung, die Kraft und die Schönheit im menschlichen Scheitern. Das Museum ist in einem ehemaligen Nonnenkloster untergebracht; die Fenster schauen auf stille Höfe, und die getäfelten Räume sprechen noch heute von Geborgenheit und auch von Freude. Der Besucher überlegte, ob er hier nicht wohnen und die Zeit nur noch durch den Glockenschlag vom Münsterturm empfangen könnte. Das ist Flucht; der Besucher weiß es, nutzlose Flucht, denn schon im nächsten Saal erinnert ein Bild von Matthias Grünewald an das angeborene, das unaufhörliche Drama menschlicher Existenz: ein Liebespaar wandelt da, nackt und Hand in Hand, und aus Brust und Geschlecht winden sich Kröten und Schlangen. Das Palais des gefürchteten, des intriganten, des mächtigen Fürsten und Kardinals Rohan wendet sich noch immer mit breiter Terrasse zur Ill. Was, überlegte ich, hätte man zur Zeit der Aufklärung anderes sein mögen, als ein Voltaire, ein Diderot oder ein Fürstbischof? Das Palais Rohan war das Heim eines geistreichen, kunstverständigen Mannes, das Lager eines unterrichteten Wollüstlings. Heute ist das Schloß von Schulen umgeben, auf seiner Terrasse spielen Buben und Mädchen, werden Verschwörungen ausgeheckt, Freundschaften geschworen, Herzen verschenkt, und der Kardinal hätte sicher mit Vergnügen den Erfolg des Tages, die Geschichte der kleinen Nymphe »Lolita« gelesen.

Die Ill wird von Baumalleen begleitet. Die Bäume, die Alleen sind immer das liebe, das süße Frankreich. Der Fluß verästelt sich, umwindet in vielen Armen die Altstadt, Fachwerkhäuser spiegeln sich auf brackiger Fläche, uralte Festungstürme stehen wie schlafende Wächter da, Wälle, die der Kriegsingenieur Vauban gezogen hat, Kasematten der kaiserlich deutschen Heeresbaumeister, uneinnehmbare Forts des irrenden Maginot, unkrautüberwachsen, im Mauerwerk gespalten, im Beton gerissen, traurige Soldatenlieder fielen mir ein »O Straßburg, o Straßburg«, »Zu Straßburg auf der Schanz« und »Rosen blühen auf dem Heidegrab«, der armen Ruhestätte des Deserteurs, der Straßburg weder für Deutschland noch für Frankreich verteidigen wollte. Stufen führten zu einem Bootssteg, zu einem Wirtshaus am Wasser hinunter. Man trank Bier und afrikanischen Wein unter einem prächtigen Kastanienbaum. Ein großer fleischiger Mann stand in einer zu kleinen Badehose am Ufer und bot seinen Nachbarn ein Schauspiel. Er nahm Anläufe, um in die Ill zu springen, und immer wieder ließ er's bei der Geste. Schließlich wusch er sich mit viel Seifenschaum das schwarze Haar. In diese »Kleinfrankreich« genannte Idylle sind Bomben gefallen. Man hat die zerstörten Häuser wiederaufgebaut, ganz im überlieferten Stil, aber was einst natürlich und traulich gewesen war, wurde nun gesucht und snobistisch, ein bloßer Blickfang für gelangweilte Touristen, und die verräucherte Gesindelkneipe der Rue du Bain aux Plantes ist als Gänseleber-Restaurant für wohlgefüllte Börsen aus Schutt und Asche auferstanden.

Im Elsässischen Museum wird die Geschichte mit französischen Augen betrachtet. Viel Uniformen hängen auf Wachspuppen. Man sieht Staub, Plüsch, Mottenfraß, Epauletten, gestickte Käppis, rote Hosen, Stahlhelme, horizontblaue Grabenröcke; den deutschen Betrachter erinnert dies leider an die Illustration von Knabenbüchern »Aus großer Zeit«. Bilder, Aufrufe, Versprechungen, Dankadressen, Gelöbnisse zeugen 1870, 1918, 1940 und 1945 von der Heimkehr des verlorenen Sohnes. Die Dokumente der großen französischen Revolution sind auch in Straßburg ein Gruß an die Menschheit, ein Aufruf »An Alle«. Ein vergilbter Stich zeigt die arbeitende Guillotine, ein anderer die rauchenden Kanonen von Valmy. Waren die Kanoniere sich, wie Kriegsberichter Goethe, der neuen Zeit, die angebrochen war, bewußt, ahnten sie die Konsequenzen? Im berühmten gepflegten Haus am Münster speist der Troß des Europa-Gedankens und mancher Berichterstatter. Er speist teuer. Er speist auf Spesen, das ist angenehm. Er speist mäßig, das ist das Verhängnis. Selbst in die heiligsten Küchen ist die Einheitssoße eingezogen, und die »Poularde au Riesling« kommt aus dem Schnellkochtopf, ist ein Fließbandgeschöpf. Wieder wird von »Hier und Heute« ein neues Zeitalter beginnen, und wieder sind wir dabeigewesen.

Nur in der unmittelbaren Umgebung von Straßburg bot die Landstraße nach Colmar das gewohnte, erschreckende Bild des hastenden, des hektischen, des um die Sekunde geizenden, Mensch und Natur verdrängenden Verkehrs. Dann waren, wie fast immer in Frankreich, die Wege leer, breit, gepflegt, von Bäumen begleitet und beschattet, sanft gewundene, schöne, menschenfreundliche Alleen. Es gab noch Platz jenseits des Rheins, es gab den erträumten Garten, zu dem die Franken zogen. Die Vogesen begrenzten den Horizont als blauer Schimmer. Im Tal gedieh der Weinstock auf sanft ansteigenden Feldern. Auf den Hügeln verdämmerten Burgruinen nicht wie zerstörte Raubritternester und Fronsitze, sondern wie alte Heger der Fruchtbarkeit. Die Winzerdörfer lagen mitten im Rebland, aber in ihrer landentzogenen Hauptstraße, der Grande Rue, waren sie städtisch bürgerlich, bewußt urban, wenn auch neben den hoch und schmal gebauten Fachwerkhäusern die breiten Ställe standen.

Auf manchen verwitterten, blitzgeschlagenen, stumpfen Türmen, auf vielen steilen Firsten hatten in Ribeauvillé und in Riquewihr Störche ihr Nest gebaut. Sie saßen und flogen, schwarzweiße Schwingen, wie vertraute freundliche Schutzheilige über den Siedlungen. Pferde wurden zum Schmied zum Hufbeschlag geführt. Es roch nach verbrannter Hornhaut und gegen Mittag würzig nach Holzfeuern aus ehrwürdigen Kaminen. In Ribeauvillé wurde vor einem Amtsgebäude auf einem kleinen, baumbewachsenen Platz die Habe eines Toten versteigert. Er hatte nur ein schmales Bett, einen einfachen Tisch, einen Stuhl und einen Topf hinterlassen, aber diese Armseligkeit berichtete nicht von Armut, sie erzählte von einem mönchisch geführten und erfüllten Leben. Ausgebot und Zuschlag bestimmte ein freundlicher Ortspolizist. Die Amtshandlung geschah in deutscher Sprache. Ein paar Neugierige standen im Kreis. Eine gelähmte alte Dame, die mit gebleichtem Haar und rotem Umhang wie eine pittoreske Komödiantin aussah, bewegte sich in einem Rollstuhl, einem Selbstfahrer um die ausgebotene Hinterlassenschaft herum, und ein aufgeregter kleiner gelber Hund bellte aus dem Krankenstuhl wütend den Polizisten an. In manchen Schaufenstern stand der Wein der Gegend. Die Flaschen wollten Fremde zum Kauf lokken, aber es gab keinen Fremdenverkehr. Erst in Riquewihr erschien ein Autobus mit einer Reisegesellschaft älterer Frauen, die ein Geistlicher beaufsichtigte. Riquewihr hatte sich auf Besucher vorbereitet, aber man schien Snobs erwartet zu haben. In einem traditionsschiefen Stall hatte man eine alte herrschaftliche Kutsche neu lackiert, hatte weißgedeckte Tische auf die Tenne gestellt, Kerzen und Sturmlampen angezündet und eine hochmütige Speisekarte für reiche Leute aufgelegt. Kein Gast war zu sehen. Auf der schwarzlackierten Kutsche gackerte ein Huhn.

Der Geistliche und seine Herde mieden verständlicherweise die Dekoration. Die Bürger gingen nach dem Mittagessen mit geschulterten Hacken und Rechen zum Weinbau. Ein Böttcher dichtete im Schatten einer Hofeinfahrt mit den Geräten seines Vaters ein Faß.

Andere Orte hat der Krieg zerstört, doch auch sie klammerten sich an das Alte, versuchten die Vergangenheit zu restaurieren, die Dörfer waren nach altem Grundriß wiederaufgebaut, Bauernhöfe, Landbürgerhäuser waren in hergebrachter Weise wiedererstanden, aber sie wirkten kulissenhaft, altertümelnd, sie waren rührend in ihrer Traditionsgebundenheit und lächerlich in dem aussichtlosen Versuch, den Schrecken, die Zerstörung, den Tod, die unbarmherzig fortschreitende Zeit zu leugnen.

Colmar hatte ich mir wie eine Burg gedacht, wie ein Himmelsjuwel, wie einen heiligen Schrein um den Isenheimer Altar herumgebaut. In die Stadt führte aber die »Straße der Ersten Französischen Armee«, und die Häuser sahen wie Kasernen aus, wie Exerzierschuppen aus dem Beginn unseres kriegerischen Jahrhunderts, Zuchtstätten schon, aber noch nicht technisch perfektioniert, noch nicht durch Propaganda und Komfort glorifiziert und getarnt, ich glaubte, noch den Schweiß, den Mief, die Not deutscher und französischer Soldaten zu riechen, und den Tag erhellte eine gewölkverschleierte triste Sonne.

In der Stadtmitte gab es ein Gewirr enger, krummer Straßen. Aber nur wenige geschichtsbeladene Fassaden, verträumte Winkel, morsche Brücken erzählten von einer unkontrollierbaren Vergangenheit, weckten die bekannte Rührung beim Anblick des gelebten, des abgeschlossenen Lebens und romantisierten die Stadt. Alle Läden, alle Schaufenster, alle Auslagen, selbst die Filialen der Pariser Einheitspreisgeschäfte und alle Menschen, die hier kauften, gingen, standen, schwätzten, die Frauen, die sich an den Ecken im Tratsch verfingen, prägten Colmar das unauslöschliche Siegel des Provinziellen ein. Der Schriftsteller Huysmans, der sich in allen Höllen dieser Erde, in allen Fegefeuern, die der Mensch dem Menschen entzündet, auskannte, hat den Schöpfer des Isenheimer Altars, hat Matthias Grünewald einen Rasenden genannt, einen rasenden Idealisten, einen rasenden Realisten, einen rasenden Frommen und einen rasenden Empörer. Der dunkle gotische Ziegelbau des ehemaligen Dominikanerinnen-Klosters, in dem der Altar aufbewahrt wird, ließ von draußen noch hoffen, daß ein Mysterium einen erschüttern würde, aber innen war das Kloster ein Museum wie andere auch, und allzuviele Touristen, Sternwanderer der Reiseführer, hatten mit den kalten Augen der Neugier selbst diesen Gekreuzigten, den gerichteten Christus, den geschundenen Erlöser, das verwesende Fleisch menschlicher Verfluchung und göttlicher Erniedrigung, angesehen, so daß man das große, das erhabene, die Wahrheit, die unentrinnbare Tragödie offenbarende Gemälde nur noch mit ästhetischer Vorwitzigkeit betrachten konnte, während die Erschütterung sich in der Vorstellung oder der Erinnerung, vielleicht in irgendeiner Stunde zu Hause und beim Betrachten einer Reproduktion wiedereinstellen mochte. Vor dem Museum hatte ein Trödelmarkt seine Stände errichtet. Hausrat der Armut lag auf den Tischen, aber ich sah keine Armen, die es begehrten, und die Händler standen wie Geprellte da. Gegen Abend, die Sonne war noch lange nicht untergegangen, verschwand alles Leben von den Straßen. Sie liefen in ihre Häuser wie Mäuse in ihre Löcher; die provinziell-pompöse Avenue de la République glich einem

Traumbild von einer erloschenen Erde; tot, von keinem Kind, von keinem Liebespaar belebt, ruhte vor der Avenue die grüne Anlage des Marsfeldes.

Auf der Place Rapp stand der General der Revolution und des Kaisers gußeisern erstarrt da. In den Restaurants froren weißgedeckte unbesetzte Tische im Neonlicht und vervielfältigten sich gespenstisch im Glas der vielen Spiegel. Das Buffet de la Gare sah zu dieser Stunde keinen Reisenden; das Buffet bot sein Souper an, aber das Brot blieb im Korb, der Wein in der Karaffe und das Tischtuch unbefleckt in seinem toten weißen Schimmer. Erst nach der Abendbrotstunde zeigten sich die Colmarer wieder vor ihren Türen. Die Kinder eröffneten den Reigen. Um die Backsteingotik der St. Martinskirche kreisten Jungen und Mädchen auf Fahrrädern in einem merkwürdig lautlosen Korso. Vor dem Café in der Avenue de la République, das nun dunkle Marsfeld im Hintergrund, versammelten sich junge Leute und lauschten der grell über die Straße flutenden Lautsprechermusik. Die jungen Männer bemühten sich offensichtlich um einen trotzig-verwegenen, die Mädchen um einen verrucht-erfahrenen Gesichtsausdruck. Sie schmorten in der Langeweile. Träumten sie von Paris? Ich setzte mich vor das Café, setzte mich in das Neonlicht unter die Lautsprecher sentimentaler oder mutgebender Weisen und las in der Ortszeitung, daß auch Colmar sein »Ballett der jungen Rosen« hatte, die Nachahmung eines hauptstädtischen Skandals um mißbrauchte oder verführende junge Mädchen, doch hatte sich in Colmar alles in einem Keller und unter höheren Schülern abgespielt. So sah ich vor dem Marsfeld und vor dem stolzen, steifen General Rapp ein fast Wedekindsches Frühlingserwachen.

Die Straße nach Belfort führte durch viele Dörfer. Es waren alte Dörfer, sie lagen lieblich am Weg, sie trugen Namen, die aus der Geschichte und der Literatur waren, ihre Kirchtürme waren vertraute Landmarken, aber irgend etwas stimmte mit diesen Dörfern, mit diesen Türmen nicht, sie mimten ihre Vergangenheit, stellten ihre eigene Geschichte dar; sie hatten etwas Kulissenhaftes, sie waren im letzten Kriege zerstört und genau nach dem alten Plan wiederaufgebaut worden, aber gerade das restaurierte Mauerwerk, das nachgemachte Leben ließ, was Überlieferung und wieder Gegenwart sein sollte, sterben. Der helle Anstrich der Bauernhöfe, der bürgerlichen und religiösen Fassaden und der traditionsschweren Kneipen war wie schlechter Firnis über einem alten Gemälde, war wohl die neue Zeit, eine dünne spröde Schicht, hinter der das ursprüngliche Bild zerstört und zugleich erhalten, die Vergangenheit abgerissen und nicht mit sich fertig geworden in ewiger Agonie lag. Die wiederaufgebauten, die neuerrichteten Orte wirkten wie Schauplätze historischer Filme, doch blieb es unklar, ob sie das Überlebte, ihre und unsere Gegenwart oder gar die Zukunft darstellen wollten. Auch die Kirchen waren neu in alten Stilen errichtet, doch schienen sie, die am längsten zurück, am weitesten vorausblickten, die nach Kalk und Farbe rochen und zugleich nach Jahrtausenden, am ehesten Vergangenes und Zukünftiges gegenwärtig zu vereinen. Junge, sehr energische, recht fröhliche Priester fuhren auf knatternden Motorrädern durch ihre Gemeinden. Der Himmel war bedeckt. Unzerstört, aufgespart und altfranzösisch waren in jedem dieser Dörfer nur die baumumstandenen Plätze, die Place d'Armes unter dichtem Laub, immer mit einem Kriegerdenkmal geschmückt, oft mit einer langen erschütternden Totenliste, manchmal mit einem schmiedeeisernen verschnörkelten Pavillon für die Militärmusik. Bei dem bedeckten Himmel machten all die neuen, weiß oder hellgelb verputzten Orte und alle alten grünen Plätze einen düsteren Eindruck. Sie lagen wie teils dunkle, teils schimmelige Flecke in der Landschaft, die mit Auen und Gehölz ein großer weitläufiger Garten war.

Auch die Einfahrt nach Belfort führte wieder durch Festungswälle: alte Aufschüttungen, alte Gräben, alte Mauern, alte Ängste und schließlich eine veraltete Gloire in Gestalt eines riesigen Löwen aus rotem Sandstein, der zu Füßen des steilen Felsens, des eigentlichen Forts, döst oder wacht und an die erhebende Verteidigung von 1870 erinnern soll. Der Bildhauer der Freiheitsstatue von New York hat den Löwen von Belfort geschaffen; der Bildhauer war ein maßloser Franzose. 1870 hatte die Festung achttausend Seelen gezählt, nun hatte Belfort Verkehr und Industrie, sein Wachsen hatte die alten Wälle gesprengt. Aber hatte auch der Geist sich aus den Fesseln der Wälle und Gräben befreit, dachte man europäisch, lebte man weltbürgerlich in der Stadt? Auf dem Bahnhofsplatz schmetterte Militärmusik, die pressierten französischen Märsche erklangen, Clairon und Claxon, deren helle Signale an die Große Revolution, deren diszipliniertes Arrangement jedoch an ihr schreckliches Kind, die allgemeine Wehrpflicht, erinnern. Die Musik dröhnte aus allen Kaffeehäusern des Platzes und pflanzte sich in an den Laternen aufgehängten, fähnchengeschmückten Lautsprechern fort. Nun schritt auch noch eine Armeekolonne am Bahnhof vorbei; sie kam ohne Musik, die Soldaten waren verstaubt, durchschwitzt, sie kehrten von einer Übung heim. Ihre Gesichter blickten grau und erschöpft unter den erdgrünen Stahlhelmen. Die Abteilungen waren von Unteroffizieren eingekreist, die Maschinenpistolen so schußbereit in ihren Händen trugen, daß sie den Soldaten das Ansehen von bewachten Gefangenen gaben. Der hervorragendste, der größte der Korporäle war ein Neger, und die Situation machte ihn zum eigentlichen Anführer des Zuges, zu einem schwarzen Triumphator, in dessen Schatten der kleine weiße Hauptmann ging.

Vor dem Bahnhofsbufett saß ein Geistlicher, ein Curé vom Lande. Ihn störten Soldaten und Märsche nicht. Aus Zeitungen, aus erregten Schlagzeilen wickelte er ein schönes, ein im Pfarrhaus wohlgebratenes Huhn, zerteilte und verzehrte es mit geschickten Händen und Zähnen. Die köstliche Mahlzeit des Selbstversorgers spülte er mit einem halben Liter des billigsten Rotweins hinunter. Die weißgedeckten Tische des Bufetts blieben wieder unbesetzt. Ich mußte die Fenster des Hotelzimmers schließen. Der Lautsprecherlärm war unerträglich. Er erinnerte mich zuerst an Rußland und erst dann mit seinen siegestrunkenen Fanfaren an den Bastillesturm, an Napoleon und den General de Gaulle; noch durch die geschlossenen Scheiben drang der Ruhm der Großen Armee in meinen Raum, der ganz altfranzösisch eingerichtet war, ein Herbergszimmer wie zu Balzacs Zeit, mit gerafften Portieren, zerzausten Fransen, dekorierten Ampeln und einem breiten Bett, das mit seiner seidenbestickten schwarzen Decke wie ein Sarkophag anzusehen war. Im Speisesaal herrschte strenge Sitte. Madame wies die Plätze an. Sie saß auf einem Thronsessel hinter der Kasse und war ein Bildnis bürgerlicher Tyrannei. Auf mich wirkte sie wie das Urbild der mörderischen Wirtin aus dem Roman »Leviathan« von Julien Green. Die lange Tafel in der Saalmitte war den Stammgästen vorbehalten. Sie waren die Junggesellen von Belfort; sie stellten sich pünktlich ein und machten einen gedemütigten Eindruck. Die Serviette der Woche lag schmuddelig auf ihrem Platz, und dazu bekamen sie das Menu und den Wein, der in halben Flaschen serviert wurde.

Alles spielte sich nach einer hergebrachten Ordnung ab, jeder Tag glich dem vorhergehenden, und jeder Gang des Menus wurde feierlich zelebriert. Eine Scheibe mäßiger Leberwurst kam als »Terrine du Chef« auf den Tisch und erhielt so einen königlichen Rang.

Die Tafelrunde aber war demokratisch. Die Herren sahen wie Hochschulabsolventen, wie Advokaten, Ingenieure oder Beamte aus, doch auch ein Lastenfahrer in seiner gestreiften Transportschürze war zugelassen. Der Patron des Hauses war ein dicker Mann in einer von Trägern gehaltenen zerdrückten Hose über dem bloßen Wollhemd. Sein Gesicht war aufgedunsen, teigig, leberkrank, enttäuscht. Auch er empfing die Befehle von Madame. Auf ihren Wink öffnete er das große Wandfenster zum Bahnhofsplatz und stellte Kübel mit kleinen Palmen und kranken Zimmerlinden in die frische Luft. Auf Belforts »Place d'Armes« standen kugelig gestutzte Kastanien und hüllten den schmiedeeisernen Pavillon für die Militärmusik, das gußmetallene Denkmal für die Verteidiger von 1870, die überall in Frankreich zu finden-den, schwarzgekleideten alten Frauen auf verwitterten Bänken und die weißen freßsüchtigen Tauben zu ihren Füßen in tiefe melancholische Schatten. Vor der dem heiligen Christoph geweihten Kirche trennte ein junger Abbé die Geschlechter einer Kinderschar, bevor er sie – seine Soutane umwehte ihn in energischen Schwüngen – zum Altar führte. Im »Café zur Befreiung« saßen drei alte Männer an einem Tisch und blickten sich böse an. Die Männer hatten etwas Versteinertes und erinnerten mich an in erster Weltkriegszeit gesehene Bilder von Poincaré und von Clemenceau. Das Band der Ehrenlegion fehlte nicht im Knopfloch der Revers und nicht der weiße Spitz, der Hund der französischen Rentner, der die Männer begleitete. Plötzlich schmetterten aus den mit der Trikolore geschmückten städtischen Lautsprechern, die am Nachmittag geschwiegen hatten, wieder die hellen, erregenden Signale der Revolution und des Krieges. Belfort war noch immer eine Festung.

Auf der Place d'Armes in Besançon aber stand der Dichter Victor Hugo – die Franzosen nennen ihn ihren größten Schriftsteller – mit nacktem Oberkörper und schaute auf den Einheitsmusikpavillon unter den schattenspendenden, auch ein wenig verdüsternden Bäumen, blickte genüßlich auf das Gartenlokal »Palais de la Bière« mit seinen unbesetzten Tischen und Stühlen, sah auf einen Herkules, den Wächter einer feuchten Grotte, auf vier bemooste Säulen dahinter und die »Cabinets« für die Notdurft, auf artige Kinder in den von ihren Müttern geschobenen Wagen, auf einen weißhaarigen Abbé mit einem freundlichen Hirtenhut, auf das konventionelle Kommerzienratsdenkmal, einem städtischen Wohltäter von seinen Mitbürgern geweiht, und schließlich auf ein modernes stilisiertes Monument für Pierre-Joseph Proudhon, né à Besançon, man hatte auch seiner gedacht, der der Sohn eines armen Handwerkers gewesen war, undankbarer Stipendiat der Akademie, mit Gott verfallener Hegelschüler, gutmütiger Bekämpfer des Eigentums und des Staates, kindlicher Träumer von Gerechtigkeit und Anarchie, Stendhal meinte: »Besançon ist nicht nur eine der schönsten Städte Frankreichs, es ist auch überreich an Menschen von Herz und Geist.« Die Zitadelle liegt hoch über der Stadt; man kann dies romantisch oder drohend finden. Julian Sorel, Stendhals Held aus »Rot und Schwarz«, blickte sehnsüchtig zu der Festung auf, sah sich als Offizier durch das Tor reiten und duckte sich ins Priesterseminar. Der Weg zur Zitadelle hinauf führt an der Kathedrale vorbei. Ein Priester, assistiert von grauen Ordensschwestern, studierte mit Kindern eine Prozession ein. Die Kinder waren sehr gehorsam, sie reihten sich still in militärähnliche Gruppen ein, sie falteten die Hände, sie senkten die Köpfe, und manche schienen unsichtbare Kerzen in den Händen zu tragen.

Mit Pferdeschwanz und modisch engen Hosen ratterte die hochnäsige emanzipierte Tochter eines Patriziergeschlechts, das lange die Stadt beherrscht hatte, auf einem Motorroller den Berg hinauf. Von der Höhe hatte man einen herrlichen Blick auf die alte Stadt, die von den Bogen des Doubs wie von einem zärtlichen, aber auch tyrannischen Arm umschlossen wurde. Jenseits des Flusses dehnten sich horizontweit neue, freier gebaute Vororte, reckten sich die Schornsteine der Industrie, aber das wahre Besançon war noch immer der alte Stadtkern, die vom Fluß umschlossene und beherrschte Halbinsel mit ihrer anziehenden und beklemmenden Zusammendrängung pittoresker Dächer. Die Straßen waren ein Wirrwarr, und die rotweißen Einbahnpfeile waren für die Autofahrer der Ariadne-Faden, der durch das Labyrinth, aber zu keinem Ziel führt. Noch immer war Besançon eine Stadt der Priester und der Kirchen. Frommer Glockenschlag tönte zu jeder Stunde. In geweihten Mauern brach sich ein mächtiger Orgelklang, das leidenschaftliche Spiel eines Unbekannten in dem säulengehaltenen Glaubensschiff und über dem betend gebeugten Rücken einer einsamen alten Frau. Die Kommunikanten waren in Besançon wie kleine Mönche und Nonnen angezogen; sie trugen fußlange weiße Kutten. Die kleinen Mädchen waren keine Bräute Christi, sie ähnelten vielmehr ältlichen Beschließerinnen einer düsteren Burg, und nur als sie bei einem plötzlichen Regenguß die langen Gewänder hoben, offenbarte sich mit den Söckchen und nackten Beinen ihre Weltkindlichkeit. In schönen alten Arkadenhöfen, noch immer uneingenommene Festungen des Patriziats, wohnten Notare und Doktoren und die feinen Großhändler aller Branchen. In einem dieser Höfe erinnerte eine schlichte Tafel an einen Mitbürger, der verschleppt worden und nicht zurückgekehrt war. Die einfache Tafel wirkte unter so viel Wohlstand und Frieden ringsum wie die feurige Schrift an Nebukadnezars Wand. Im gepflegten Park am Ufer des menschenfreundlichen Doubs wandelte ich in lieblichster Landschaft, hörte das poetische Rauschen der Stromschnellen, blickte zu den lächelnden Höhen des Jura auf und dachte an Julian Sorels bedrückt schlagendes stolzes Herz. Auf einer Bank am Fluß saß ein junger Soldat. Er las in einem Buch und war versunken. Überwältigte ihn Stendhal? Auf einer anderen Bank lehnte einsam ein afrikanischer Rekrut. Er langweilte sich, oder er träumte von den Huris des Paradieses. Was sagte ihm der Doubs, was das christliche Besançon und Stendhals kühne Gedanken? Am anderen Ufer des Flusses blickten stille Häuser auf stille Bäume und spiegelten sich mit ihnen im Wasser. Auf der Kaimauer saß ein alter wirrhaariger Mann und trank den roten Wein aus einer Literflasche. Der Clochard von Besançon? Ein Pariser Clochard auf Sommerwanderschaft? Mein Hotelzimmer schaute in einen finsteren, von keinen gefälligen Arkaden umzogenen Hof. Hinter dem breiten Fenster einer erleuchteten Küche agierte ein Koch wie ein Schauspieler auf einer Guckkastenbühne. Er dressierte gerupfte Hühner für den elektrischen Grill, bepinselte die weißen toten Leiber mit Öl; er tat es mechanisch mit der Perfektion des Fließbandarbeiters, und ich schmeckte über den dunklen Hof hinweg das Poulet Rôti, das selbst in Frankreich, dem Land der geringsten Vermassung, unwiderruflich den einheitlichen faden Geschmack des Massenproduktes angenommen hat.

Nach Dôle ging es wie über Wellen, hügelauf, hügelab, durch

ein Landschaftsmeer, und von seinen Kämmen boten sich die freundlichsten Ausblicke in eine Gartenwelt voll milder, verläßlicher Fruchtbarkeit. An diesem Tag hing eine jahreszeitlich bedingte, nicht allzu erschreckende Drohung über dem Land. Ein zerfetzter Himmel, jagende graublaue Schauerwolken, die sich zu einem Gewitter nicht zusammenfanden und ständig grollten. Vor Dôle duckten sich die Bäume, der Spiegel des Doubs kräuselte sich, Sand wirbelte hoch, an einem Karussell zurrte man das Zelt fest, die Löwen einer Menagerie brüllten und rieben sich unruhig das Fell an den Stäben des Käfigs. Es war Sonntag. Es war Mittag. Auch in Dôle schritten Kommunikanten in langen weißen Eremitengewändern über die Straße, verschwanden in schmalen, schlauchartigen, bunten, glitzernden Läden, in denen allein Bonbons verkauft wurden, wohl hundert Sorten, die in wie mit Leuchtfarben angestrichenen blinkenden Kübeln lagen. Vor der Hauptkirche, vor Notre-Dame von Dôle, vor einem gedrungenen Forum aus grauem Mauerwerk, stand ein junger fröhlicher Priester, agierend, diskutierend, lachend unter mopedbewaffneten Jünglingen. Der Priester war der kindlichste in der altersgleichen Schar. Die übrigen Jünglinge blickten finster drein, als fürchteten sie, man könne sie in der Gesellschaft des geistlichen Bruders für gutmütig halten. Im Hotel hatten Kaiser und Könige übernachtet, von Siegen träumend, um verlorene Schlachten weinend und das schöne Burgund im Herzen. Der Besitzer des Hotels war ein Chef des Protokolls. Alle Räume des Hauses standen leer, aber er überlegte lange, welches Zimmer er dem unangemeldeten Gast geben könne. Jedes Gemach war verschlafen und zugleich pompös. Vorne hinaus blickten die Fenster auf die stillste Kleinstadtstraße, nach hinten in einen verwilderten Garten aus Es-war-einmal. Das Restaurant erinnerte mit seinem üppigen Blumenschmuck an eine teure Beerdigung oder an einen russischen Speisewagen. Ober im Frack, Kellnerinnen mit gestärkten weißen Spitzenschürzen kreisten den einsamen Fremden ein. Der Protokollchef reichte feierlich die in Leder gebundene Weinkarte. Ich glaubte schon, im alten glücklichen Frankreich gelandet zu sein, doch das Essen kam aus der internationalen Allerweltsküche, war mittelmäßig städtisch, uncharakteristisch. Auch der Wein hielt nicht, was das Leder versprochen hatte. Zum Glück erschien noch eine Familie, eine Gesellschaft aus Dôle, die Kommunion einer Tochter zu feiern. Eine alte Dame in schwarzer Seide erhielt den Ehrenplatz. Wer rechnete sich Erbschaften aus? Die kleine weiße Nonne, die Kommunikantin, sah sich an den Rand des Ereignisses gedrängt und baute mißgelaunt aus Messer, Gabel und Löffel eine Brücke. Diese Leute, Honoratioren der Stadt, hatten ihr Essen oft besprochen und seit Wochen vorbestellt. Aus silbernen Töpfen duftete es dann auch pantagruelisch, und die Weinflaschen, die auf den Tisch kamen, glichen den sagenhaften Gebilden gewisser Weinreklamen: sie waren größer, dickbäuchiger als gewöhnliche Gefäße, sie waren mit ehrfurchterweckendem Staub bedeckt und mit echtem Lack versiegelt. Nach dem Mahl führte der Weg durch eine tote Stadt. Die Straßen, die Häuser schliefen. Von Notre-Dame lenkten menschenleere Winkelgassen zum Fluß hinunter. In der engen, kleinbürgerlichen Rue Pasteur spielte ein einsamer kleiner Junge mit einem possierlichen Hund. Das Geburtshaus, die Maison Natale von Pasteur stand einstöckig, bedrängt in einer Reihe ähnlicher Häuser und war im Licht des Ruhmes nach Paris ausgerichtet. Seine Fenster blickten auf ein gegenüberliegendes, in eine Mauer eingelassenes Pissoir mit halben schwebenden Flügeltüren. Was mochte aus dem kleinen Jungen werden, der mit dem Hund spielte und in dieser Gasse aufwuchs wie einst Pasteur? Würde er zum Mond reisen, den Mars erobern, den Menschen Glück und Dôle noch größeren Ruhm bringen? Ein paar Häuser weiter hatte sich ein Arzt niedergelassen. Er hatte sich beschieden. Er hatte sein Haus nicht nach Paris und nicht nach den Sternen ausgerichtet. Sein Praxisschild erzählte, daß er in Lyon studiert und an der Klinik in Dijon assistiert hatte. Nun war er hier. Hinter allen Fenstern schien wieder Dornröschen zu schlafen. Das Wetter hatte sich verzogen. Der Doubs strömte wieder lieblich durch die Auen. Der Schleusenwärter des Rhein-Rhône-Kanals setzte seine Kaninchen ins frische grüne Gras. Ein junges Paar spazierte Hand in Hand und im Sonntagsstaat über die Insel zwischen Kanal und Fluß und hatte schon sieben Kinder, jedes Jahr war eines gekommen, wie Orgelpfeifen schritten sie den Eltern voran, sauber, artig, im Stil der Provinz modisch gekleidet. Der französische Staat ernährte sie mit seinen reichlichen Kinderbeihilfen, und sie stellten für ihn, für sich, für mich, für alle das ewige Frankreich dar.

Kleine Stadt Auxonne, wie ein Schneckenhaus um die alte Kirche gelagert, ein Wehrgemäuer des Glaubens, der spitze Turm wie ein Pfeil gegen den Himmel gerichtet, sechstausend Einwohner, Schweigen. Napoleon war Artillerieleutnant in Auxonne gewesen, drei Jahre lebte er in dem verschlafenen Nest. Auxonne träumt noch heute von Napoleon, aber Napoleon träumte in Auxonne nur von Paris. Schreckliche Jahre. Die Generalstände tagen, die Bastille wird gestürmt, das Königtum zerbricht, ungeahnte Möglichkeiten zeichnen sich ab, große Karrieren beginnen, in Auxonne Stille, ein Raunen nur hinter geschlossenen Türen und Fensterläden. Wir sind an der oberen Saône, lieblich wie alle Flüsse Frankreichs. In ihrem Wasser spiegelt sich Frieden; ihr Lauf ist das Unaufhörliche, doch mit ihm schwimmt die Vergänglichkeit. Vor dem Café, gegen die sonnenbleiche Mauer des Hauses gelehnt, ein klappriger Stuhl. Hier mag Napoleon gesessen haben, den Säbel des Eroberers zwischen den Knien. Was bot sich dem Blick? Mißtrauen, Langeweile, Stagnation und die Weltherrschaft wie eine ferne, ferne Fata Morgana. Sein Denkmal auf der Place d'Armes von Auxonne zeigt Napoleon als nachdenklichen, als hungrigen, vielleicht als zornigen jungen Mann zwischen Kirche und Stadthaus. Bronzene Lorbeerkränze rosten zu seinen Füßen. Durfte er auf sie hoffen? Schulkinder kommen und mustern das deutsche Automobil. Die Kinder sind still, sie sind höflich. Manche von ihnen scheinen nachdenklich zu sein wie der junge Napoleon, aber sie sind nicht hungrig und wohl auch nicht zornig. In der Kirche romanisch-gotischer Ehrwürdigkeit ruft eine erzene Tafel »Gloire à Notre-Dame« und dankt für die Befreiung von deutscher Besatzung. Jenseits des silbernen Bandes der Saône liegt ein Campingplatz. Alte verschrammte Automobile, ein paar Zelte. Angler wie unbewegte, im Sonnenschein fast durchsichtige Silhouetten.

Dijon, die einstige Residenz der Herzöge von Burgund, empfiehlt sich heute den Touristen als Hauptstadt der französischen Gastronomie. Wer in norddeutschen Kellern, in Bremen, in Lübeck, in Schwerin, in Königsberg Burgunderwein trank, sah Dijon wohl leuchten, seine Dächer waren golden, fromm, königlich und weinselig der Erzklang seiner Glocken, und über prächtige Plätze ritten weißverschleierte Herzdamen auf stolzen Pferden, von Rittern und Minnesängern geleitet. Wer sich Dijon auf der Landstraße nähert, träumt von einer köstlichen Mahlzeit. Er schnuppert nach Düften aus kupfernen Kasserollen und alten Eichenfässern. Die Wirklichkeit dunstete nach Benzin in überlasteten Straßen, der Zufall roch nach Eiern, nach einem riesigen, den Asphalt verschmierenden Omelette aus der Eierfracht eines umgekippten Lastwagens, aus Autoöl und Staub. Die kulinarischen Genüsse waren große fette Kunststoffschnecken vor den Türen zahlreicher Restaurants, auf deren Tische die Schleimtiere der Werbung als kleine schwarze, in Öl gebackene oder in Knoblauchsauce geschmorte Gummistückchen kamen, oder das in Wein gesottene Burgunderrindfleisch, talgig oder faserig. In am Tage türenlosen Läden, in immer beleuchteten Schaufenstern lockten Bonbons, dazu Pfefferkuchen wie zur Weihnachtszeit und Säfte von schwarzen Johannisbeeren. Die alte burgundische Welt lag versteckt in krummen lärmerfüllten Gassen, hier war eine schmutzdunkle noch immer edle Fassade, dort ein schwarzes machtverkündendes Tor, von einem Künstler geschmiedetes Eisen, ein kühner Giebel, ein Fenster aus ritterlicher Zeit zu sehen, geträumt, gebaut, benützt, verschwendet, verloren. Der Betrachter riskierte, um Abstand und Überblick zu gewinnen, sein Leben im Verkehrsstrom enger, für Reiter oder Sänften gebauter Straßen. Ein betrunkener junger Araber taumelte durch die Menge. Ein Spielball welcher Mächte? Nach drei Schritten blieb er jedesmal stehen, klatschte in die Hände, schrie »Hoch das französische Algerien!« Die Franzosen wichen dem Araber, der Mohammeds Gesetze so öffentlich verletzte, erschrocken aus. Eine Leere bildete sich um den seiner Sinne nicht mächtigen Sohn Afrikas. Sein schwankender Anblick, seine hektische Begeisterung für ihre Sache, sein geschrienes Bekenntnis zu Frankreich waren den Franzosen überaus peinlich.

Auf dem ehemaligen Turnierplatz vor dem Palast der Herzöge kämpften in der feierlich höfischen Runde die Automobile um eine Parklücke. Vom bröckelnden Turm Philipps des Guten sah man sie ihr Blech und das Leben ihrer Insassen wagen. Philipp der Kühne, Johann Ohnefurcht und eine Margarete von Bayern lagen in Stein gehauen und düsteren Sinnes auf ihren Grabmalen, wie Fossilien ausgestorbener Saurier von den wenigen Touristen bestaunt. Der Himmel verdüsterte sich, ein Gewitter ging nieder, überfiel den Palast und die berühmten Gräber mit dem Donner einer katalaunischen Schlacht, der Regen wusch alle Dächer burgundisch rot, Automobilisten eilten im Schein der Blitze wie Kreuzfahrer ihrem Jerusalem zu.

Weinfelder säumten den Pfad, grüne gestützte Rebstöcke soweit das Auge reichte, ein sanftwogendes Meer der Verheißung, manchmal durch graue Mauern unterbrochen, die großen Lagen, die berühmten Namen Gevrey-Chambertin, Clos-Vougeot, Nuits-St. Georges, schon ihr Anblick wärmte das Herz, in Lübeck stellte man den Rotspon, den man am Abend trinken wollte, schon am Morgen in die Nähe des Kachelofens, nun war ich hier, sah reifen, was ich genossen hatte, Plakate rühmten längs des Weges den Trank, aber es waren nun Marken, es waren Firmennamen, es waren Industrieprodukte, die sie dem Vorüberkommenden priesen, und das Blut der Trauben wurde aus den Winzerkellern in rote Tankwagen gepumpt und wie Treibstoff respektlos verfrachtet. Das reiche, das fröhliche, das fromme Burgund! Kirchtürme, müde ehrwürdige Abteien, verfallene oder museal erhaltene Klöster der Zisterzienser, neben der Autostraße stille Dörfer, stille Kinder. Eine vom Lärm abgeschiedene, doch immer noch wohlgeborgene Welt. Ein weißummauertes türmebewehrtes Schloß beherbergte den Orden der Weinkenner, aber auch diese höchst ehrenwerte Gesellschaft war zu einer Institution der Propaganda geworden, und das Land und die Reben gehörten den großen Weinverwertern. In Beaune hatten sie ihre Kontore, hatten sie ihre tiefen Keller, ihre ausgedehnten Lager, ihre werbenden Ausstellungen, in Beaune hatten sie ihre Medaillen angeschlagen. Es hätte ein Betrieb wie in der Drosselgasse zu Rüdesheim sein können, aber als ich in Beaune weilte, interessierte sich glücklicherweise kein Mensch für die Besichtigung der Keller und der Sehenswürdigkeiten. Ich stieg unbehelligt, von albernen Gesängen nicht belästigt, in schweigende Grotten hinunter, in von einsamen elektrischen Birnen spärlich erhellte Verliese. Fässer ruhten zuhauf. Ich klopfte an. Die Weingeister kicherten. Batterien von Magnumflaschen. Barrikaden versandbereiter Gebinde. Adressen der ganzen Welt. Dann ein unterirdischer Dom: im Licht von Scheinwerfern wartete ein riesiger runder Tisch, waren glitzernde Gläser, entkorkte Flaschen zur freien Weinprobe hingestellt. Da sich niemand blikken ließ, war ich wie im Zauberberg des Weingottes zu Gast. Aber über mir hörte ich selbst in diesem tiefen Gewölbe das Rollen der schweren, rot angestrichenen Weintankwagen, das Dongrollen der unaufhaltsam fortschreitenden Zeit. Oben im Tageslicht auf der Mitte des Hauptplatzes der Weinhandelsmetropole wuchsen in einem Rundbeet immergrüne, lappige Pflanzen wie im Schaufenster eines altmodischen Kleinstadtschlächters. Die nach außen hin einfach gehaltenen Häuser der Place Carnot ließen den großen, den wohlfundierten Reichtum nicht ahnen, der hinter ihren weiß angestrichenen Fassaden wohnt. Selbst die Automobile, die vor den Türen standen, waren bescheiden. Niemand saß auf der Terrasse des Grand Café de Lyon, kein Mensch promenierte an den paar Tischen und Stühlen vorbei. Gleich hinter der Kirche war die »Straße zur Hölle«, und im Hof des Weinmuseums, einer alten Burg der burgundischen Herzöge, rostete still eine Pflugschar, und die Luft schien jahrhundertelang stehengeblieben und die fromme Zeit bewahrt zu sein. Das Mittelalter atmete im Sonnenschein, und unter seinem tieflastenden, schützenden, zusammenhaltenden, wohlrenovierten Dach bot auch das Hôtel-Dieu, das städtische Krankenhaus, ein Bild des lebendigen Glaubens, der alten Weltordnung. Weißvermummte Nonnen eilten noch immer wie geschäftige Dienerinnen des Himmels über den mit groben Steinen gepflasterten Hof. Im großen Andachtssaal standen Betten für die Sterbenden, Betstühle für die Genesenden und eine Kanzel für den Bußprediger. Die Betten waren leer, die Stühle unbesetzt, die Kanzel verwaist. Es kostete die Kranken nicht einen Sous, im Hôtel-Dieu zu sterben, zu beten, zu büßen. Das Hotel Gottes in Beaune ist reich. Millionen Trinker in der Welt unterstützen, ob sie wollen oder nicht, die fromme Stiftung, der die köstlichsten Einlagen ringsum gehören; doch sind die alten, die heiligen Stätten des Dionysos längst schon an die Konzerne der dem Massenkonsum huldigenden Tankwagenbesitzer verpachtet. Im Hôtel-Dieu hing auch Roger van der Weydens großes Polyptychon vom Jüngsten Gericht; aber niemand in Beaune dachte an das Endspiel, kein Händler blickte von seinen Weinkontobüchern zu den strafenden Engeln auf.

Ich kam nach Chalon-sur-Saône. Für eine Weile zog sich das Weinland zurück. Dionysos mied diese Stadt. Rauch lag in der Luft, aber nicht der würzige Rauch verbrannten Rebholzes, sondern ein häßlicher Qualm von Kohle und Öl. Fabrikschornsteine drohten dem Himmel. Irgendwo in der Nähe arbeitete Schneider-Creusot, der französische Krupp. Was stellte er her? Kanonen für den Frieden? Hochhäuser, modern, etwas roh gebaut, liefen der Stadt davon, eroberten das Land. Arbeitersiedlungen, Angestelltenparadiese, noch unasphaltierte Wege, dreckige

Erde, Reifenspuren, überall Kleinkraftwagen, Motorroller, Schwärme spielender Kinder, zu Mittag ein Gewimmel von Fahrrädern und knatternde Auspuffstänkereien. Die Bäume in Chalon waren schäbig und bedrängend, in ihren Alleen bewegte sich hastendes Volk. Das Hotel war ganz unfranzösisch hochnäsig und teuer, ein miserables Essen wurde pompös serviert. Der Wein kam aus dem roten Tankwagen, war in Flaschen gefüllt, mit einer Marke versehen, geschändetes Blut Burgunds. War das der Lebensstil von Industriekapitänen, von Stahlkaufleuten, von Gästen der Schneider-Creusot? Chalon war eine kleine Hölle. Das Geschäft mit dem Tod rächte sich schon vor dem Jüngsten Gericht. Die Saône trug hier eine schillernde Teerschicht, einen gleißenden Ölfilm, und ihr immer glatter, sonst weicher Spiegel täuschte auf einmal eine metallische Härte vor. Kaffeehäuser am Kai. In Korbstühlen ein paar ältere, gezwungen aufrecht sitzende, merkwürdig starre Damen.

Schneider-Creusot kam nicht bis Tournus. Gleich an der Einfahrt nannte sich ein Landrestaurant von der snobistischen, Städter anlockenden Sorte Greuze, nach dem Maler, der in Tournus geboren ist. Seine schönen Modelle aber, seine jungen, seine zarten, seine bukolischen Mädchen mit dem nach Liebe verlangenden Lämmerblick waren verschwunden. Ein Ungeheuer, die Zeit oder das Restaurant Greuze hatten sie gefressen. Eine robuste Person fegte mit kräftigem Schwung die Terrasse, rückte die Tische zurecht, war resolut und unbukolisch, ein abschätzender, kein Lämmerblick traf den Besucher.

Hinter dem Restaurant lag, ummauert, verwinkelt, verwittert, verfallen, eine aufgegebene Bastion, die uralte Abtei von Saint-Philibert. Der Glockenturm dörrte in der Sonne. Das herrliche Tonnengewölbe der Kirche erhöhte sich zu nutzloser Schönheit. Kein Neugieriger war zu sehen, kein Fremdenführer bot seine Dienste an, kein Beter sprach mit Gott, und über allem lag ein Hauch von Ewigkeit. Auf einem Pult ruhte aufgeschlagen ein von kräftiger Mönchshand geschriebenes kostbares Evangeliar. Das Evangeliar lag unbewacht, es lag unbeachtet da. Nur eine graue Katze saß regungslos wie eine graue Katze aus altem Stein auf der Brüstung eines schöngeschnitzten Beichtstuhls.

Ein Schloß an der Straße nach Mâcon, ein Schloß mit runden weißen Türmen und einem schwarzen Dach, ein Grafensitz wie auf einem Weinetikett, nahm zahlende Gäste auf. Himmelbetten, wie für Könige und Filmprinzessinnen gerichtet, boten sich auch ungekrönten Häuptern an. In der riesigen, steingepflasterten Küche fror der Gast. Das Herdfeuer war erloschen, und die mächtigen Rauchzüge waren vermauert. Ein herbes älteres Mädchen briet das Huhn auf einem elektrischen Rost; eine andere Herbe – wohl beide Töchter des Schloßherrn – servierte auf silberner Platte das trockene Einheitsgericht. Der Wein von den Rebstöcken, die bis an die Fenster reichten, ging zu den Konzernen, kam für den Hausgebrauch im Tankwagen zurück und schmeckte wie überall. Der Schloßbesitzer zeigte sich nicht. Lag er schon in einem der Himmelbetten? Las er Ritterromane? Starb er in Afrika? Amüsierte er sich in Paris? Seine herben Töchter schwiegen. Rüstungen und Schwerter blinkten im Schimmer der Kerzen, die, um den Preis der Gastfreundschaft zu rechtfertigen, in verbogenen Leuchtern auf langer unbesetzter Tafel entzündet waren. Ich erwartete den Schloßgeist in klirrenden Ketten, das abgeschlagene, das blutige Haupt im Arm. Aber der Geist wurde an diesem Abend nicht geliefert. Nicht einmal ein Käuzchen schrie. Die herben Töchter schliefen still in den Himmelbetten.

Die Landschaft war der Sommer; sie war wie ein Anschauungsbild für ABC-Schützen in einer altmodischen Schule; der Herr Lehrer deutete mit dem Zeigestock auf die natürlichen, auf die gebilligten Freuden der Welt: Haine, Auen, Täler und Höhen vermählten sich in der Wärme des Tages mit dem lieblichsten Himmel. Dies war das reiche Frankreich, es war das süße Frankreich; man glaubte gern, hier hatte Gott gewohnt. In Cluny hatte einmal die größte Kirche der Christenheit gestanden, lange vor St. Peter in Rom, und das hochangesehene, berühmte, den Glauben lenkende Kloster hatte einmal die strengsten, dann die klügsten und schließlich die ausschweifendsten Mönche beherbergt. Enge Gassen. Mißtrauische Häuser. Verdächtig viel Wegweiser zu den Sehenswürdigkeiten. Ein Platz öffnete sich, lag unter Staubwolken von Reiseautobussen. Sie jagten davon. Nur Kinderfüße wirbelten noch Staub auf. Die Schule war aus. Die Trikolore wehte im Wind. Die Religion, die lateinische Sprache waren aus dem Unterricht verbannt. Ein Restaurant mit einem Pappkoch vor der Tür bot dem Fremden ein Menu zu tausend Francs an. Phantasiearme, lieblose Speisenfolgen: das übliche Schweinekotelett, das herkömmliche Schnitzel, das trockene Huhn. Die alte Abtei lockte hinter ihrem Tor mit strahlendem Garten und schattigem Kreuzgang, aber ein mißgelauntes Weib wehrte den Eintritt. Sie wies auf Führungen hin, die zu bestimmten Zeiten in Gruppen stattfanden, und da der Gast wiederum wußte, daß die alte Kirche zerstört war, und es ihn nur angezogen hatte, in diesem Garten des Abälard allein der Geschichte nachzuwandeln, verzichtete er auf das Geleier des Guide. Das Kloster ist so ein trister Stern in einem bunten Prospekt. Dennoch läuteten von anderswoher Glocken über Cluny den Mittag ein. Aus stillster Gasse führte ein schmaler Hausgang in das Hinterzimmer eines Gasthofes. Rote Blumen leuchteten vor dem Fenster. Ein freundliches Mädchen sagte: es gibt Huhn à la Diable. Sie sagte: Sie tun unrecht, die Pastete nicht zu essen, sie ist gut. Der Patron hatte Zunge und Bauch und war nicht aus Pappe; er wendete das Teufelshuhn im Topf hin und her, würzte es mit aromatischen Kräutern und schwebte im Rauch seines Herdfeuers teufel- und erzengelhaft. Die Erdbeeren waren im Garten gepflückt und rochen nach Erde, nach Tau und nach weisen alten Kröten. Cluny schlief. Die Menschen, die Hunde, die Katzen, alle Vögel schliefen, selbst die Sonne, die Geschichte, der Ruhm und der Skandal des unruhigen, des liebenden, des entmannten Abälard. Auf der Straße saß einer vor seinem Haus und las in Hemdsärmeln die Zeitung. Er las den Ruhm und den Skandal von Monsieur Bill, der in Paris ein Sohn reicher Eltern war, ein Gangster sein wollte und ein dummer Mörder wurde. Der Zeitungsleser war auch ein Monsieur; er war ein Monsieur in Hemdsärmeln. Geschäftig eilte nun Monsieur le Curé durch Cluny. Er knatterte auf seinem Moped durch die Stille. Seine Soutane flog hinter ihm her wie die schwarze Fahne einer einsamen Demonstration. Im Café saßen junge Leute in ihrer Arbeitskleidung beim Kartenspiel; ihre Augen blickten leer, und kein Laut begleitete die Bewegungen ihrer Hände.

Das nahe Mâcon gilt als die Königin der Saône, als Herrscherin über die Weinlagen Juliénas, Fleurie, Morgon, Moulin-à-Vent, als Stadt des sanften Dichters Lamartine, und all dies ist auch Mâcon und dazu noch und vor allem Namensgeberin eines Industrieprodukts, des Weins »Mâcon« in jedem Kolonialwarenladen auf der ganzen Welt. Noch immer war Mâcon eine Landstadt, ein in einer Flußschleife und in einer Bergmulde eng zusammengedrängtes schönes Menschenwerk. Im Zentrum träumte ein kleiner Park. Ein Denkmal ehrte die Weinbauern; sie trugen eine

Kiepe voll Trauben einen Hang hinab. In den kleinen Kaffeehäusern rings um den Platz schenkte man den beizenden algerischen Rotwein aus. Auf einer öffentlichen Bank lag ein junger Mann in der Sonne und schlief. Mâcon war kein Paradies, es war kein Schlaraffenland. Ein dicker Polizist, ein Zwitter aus Feldwebelhaltung und bürgerlicher Jovialität, kam und weckte den Unschuldigen, verhörte ihn streng und schrieb seinen Namen in ein dickes Notizbuch. Anatole France sagte: das Gesetz in seiner erhabenen Gleichheit verbietet Reichen wie Armen gleichermaßen Brot zu stehlen und unter Brücken zu schlafen. Der unsanft Aufgeweckte, der peinlich Vernommene murmelte einen Fluch hinter dem breiten Rücken des sich entfernenden Polizisten, grinste, zwinkerte mir zu, von Mensch zu Mensch, und streckte wieder die müden Glieder in die Sonne. Lamartine war es gut gegangen in seiner Stadt, sein Geburtshaus war erhalten, wie auch das warme behäbige Bürgerheim, das sein Vater gekauft hatte, wie die alten romantischen Schlösser ringsum, die der Dichter geliebt und aufgesucht hatte. Gedenktafel, eine Statue, ein geschmücktes Grab zeugten von fortdauernder Verehrung. Die Saône floß hier breit, freundlich, bourgeois. Am Kai lösten sich die Häuser, ein dichter Verkehr, die vielen kleinen Cafés in ein einziges Lichtflimmern auf. In den engen Gassen vom Ufer fort gingen in tiefem Schatten schwarzgekleidete alte Frauen. Ein Schlächter schlief hinter seiner Fleischbank. Eine Gemüsefrau saß wie eine brütende Henne aus Ton im frischen Salat. Im Büro des Gerichtsvollziehers lächelte ein junges Mädchen über Schuldurkunden, unschuldig wie die Heldinnen Lamartines. Der Abend verwandelte Mâcon in eine Rose; jedes Haus war wie ein rotglühendes Blatt, und mit dem Sinken der Sonne schlossen sie sich zu einer festen Einheit, zu einem Schutz- und Machtbündnis zusammen. Ich fuhr über die gewölbte Steinbrücke, zum anderen Ufer. Es war eine Gegend vor den Mauern, außerhalb des Burgfriedens, außenseiterisch und anarchisch. Eine Polizeistation, Mopedfahrer sinnloser Kreise, ein paar Zelte am Ufer, Paare unter den trauernden Zweigen der Weiden. Das Wiesenland war morastig, Löwenzahn und Sumpfdotterblumen wucherten. Um eine schon in Dunkelheit liegende einsame Wirtschaft, einen roten Ziegelbau mit einer faulenden Holzveranda, hatten sich Zigeuner gelagert. Nackte braune Kinder, in altmodischer Sittsamkeit langröckig gekleidete Frauen, die Männer im grellbunten Stil amerikanischer Armutsviertel angezogen. Ein Radio ruft die Nachrichten: De Gaulle spielt die Sphinx, ein unbestätigter Sieg in Algerien, Zurückweisung eines Gerüchtes über Folterungen, der Traum von der eigenen Atombombe, Monsieur Bill gesteht weitere Morde, schweigende, urzeitliche Gesichter der Zigeuner, große, fragende, vorwurfsvolle, vielleicht hassende Augen. An der Tür der Wirtschaft hing ein schmutziger Zettel und lud zum Froschessen ein. Ich sah mich die Spezialität bestellen und sah, auf einen Pfiff des mürrischen tyrannischen Wirtes, alle Zigeuner auf der morastigen Wiese hinter der hüpfenden Beute herjagen. Ein Wind kam auf, aber in den Gassen der Stadt blieb die Nacht warm.

Auf dem Platz mit dem Denkmal der Winzer standen junge Mädchen in amerikanischen Farmerhosen und blickten auf die Burschen, die mit ihren Motorrädern nichts anzufangen wußten. Die Mädchen stießen einander an und kicherten. Auch das provinzlerische Gehabe, auch die Langeweile und die Geilheit sind international. Im Fenster einer Buchhandlung lagen in wunderschönen, in handlichen neuen Ausgaben die französischen Klassiker von Villon bis Valéry: ein einziges Bemühen um Klarheit und um Menschlichkeit. Im Hotel, das mit einem urväterlichen Weinfaß um Vertrauen warb, gab es die Limonade aus dem roten Tankwagen.

Die Straßen um Lyon, das dichte kommode Netz hatte schon Augustus gebaut, aber die Stadt ist dem Verkehr, den die guten breiten Wege herantragen, schon lange nicht mehr gewachsen. Man fährt in Lyon wie in eine Falle ein. Durch einen spiegelnden, funkelnden Tunnel geht's unterirdisch und unter dem Fluß oder an der Saône entlang durch ein sich verengendes Tal, plötzlich durch eine Schlucht modernster Hochhäuser, dann über alte schwankende Brücken, und schon ist man in einem Labyrinth von Einbahnstraßen, in einem einzigen Strom eines wie unaufhaltsam fließenden Kraftverkehrs, der von Parkwarnungen und Halteverboten begrenzt, von Ampel und Polizisten vergeblich gelenkt und von einem Schwarm unaufhörlich ihr Leben wagender Fußgänger durchbrochen wird. Ich durfte mein Fahrzeug nirgendwo lassen, ich durfte nicht mehr anhalten, Lyon trug mich in die Irre, ich erreichte nicht das gewählte Hotel, ich sah es wohl manchmal wie in einem Zaubermärchen, konnte mich ihm aber nicht nähern, durfte in seine Richtung nicht abbiegen, wanderte auf vier Rädern wie Hänsel und Gretel im Kreis, landete schließlich auf einem Markt an der Saône, war mitten in der angenehmsten Altstadt, sah Blumen und Früchte und Fleisch und Fische und alte Häuser und alte Kneipen, sah Priester, Nonnen, Hausfrauen, sah alte Junggesellen und alte Huren, sie alle füllten ihre Markttaschen, man watete durch den Abfall, zerquetschte Orangen, verwelkten Salat, ich sah, daß Lyon schön war auf seine Art, doch wurde ich von der Polizei vom Markt vertrieben und fuhr wieder, Odysseus gleich, durch die Geschäftsstraßen, hoffte auf das Mittagläuten, schließlich schlugen die Glocken hochgekuppelter Kirchen, der Verkehr kam auf seinen Wogenkamm, Radfahrer wie Springfluten, dann waren die Straßen auf einmal leer, lagen automobil- und menschenverlassen andersgesichtig da, ich konnte das Hotel erreichen, ich durfte anhalten und war angekommen. Es war ein Hotel für Geschäftsreisende, die Gänge standen voller Musterkoffer, ich schaute aus meinem Zimmer auf die Place des Jacobins, auf elegante Geschäfte, auf lockende Schaufenster, Lyon war eine schöne, eine regsame, eine lebensfreudige Stadt, es blickte auf eine blutige Geschichte zurück und war immer fleißig und immer ein Platz der Aufstände, ein Herd der Unruhe gewesen. Man hatte sich um die Geschäfte, um den Besitz, um den Glauben und um die Revolution gestritten, man hatte sich bereichert und sich erniedrigt, man hatte Präsidenten ermordet und sie mit einem Denkmal geehrt. Zwei Ströme flossen in die Stadt und vermählten sich in ihr; die Saône kam wie eine anschmiegsame Geliebte, die Rhône wie ein stürmischer Liebhaber. Am Ufer der Saône gab es alte hohe Häuser, tiefe schattenvolle dunkle Gassen, dunkle Lokale, in denen das Volk zu schlemmen versuchte, Austern und Krustentiere waren erschwinglich, ein trockener Weißwein billig, Katzen bewachten modrige Handelsgewölbe, die Damen des Trottoirs frequentierten die Bar »Zum Neger«, und der Neger war schwärzer als die finsterste Gasse und ein zärtlich sorgender Familienvater seiner milchkaffeebraunen Kinder und ein eifersüchtig-sittsamer Gatte seiner bleichen kunstblonden Frau. Am Ufer der Rhône gab es schöne Alleen alter Bäume, gab es Bänke zum Sitzen und Banken für große Geschäfte, es gab die Angler, wie überall in Frankreich, und die Damen des Trottoirs saßen im hellen Sonnenlicht vor dem schmucken Café des braven Mannes. Lyon ist die Stadt der Seide, der duftenden Gewebe, der schön gefärbten und bedruckten Stoffe, und jede Lyonerin sah aus, als könne sie schneidern.

Im Herzen der Stadt, auf der freudigen Place Bellecour, unter den Bäumen, im flimmernden Licht, vor Blumen, Terrassencafés und einem Reiterdenkmal Ludwigs XIV. hielten die Mädchen eifersüchtige Modenschau. Studenten mit sehr nüchternen, mit illusionslosen Gesichtern blickten den schwebenden Lingerie-Kleidchen, den Träumen aus Vichy-Leinen nach. Unter den Studenten sah man Neger und Araber, und auch sie blickten intelligent, nüchtern und illusionslos den schönen Mädchen nach, und in den Zeitungen las man, daß sich die Araber in Lyon gegenseitig ermordeten, sie erdolchten einander, schnitten Kehlen durch, schossen, sprengten sich in die Luft, aber sie taten es nicht der hübschgekleideten Mädchen wegen. De Gaulle reiste im Land herum und hielt Reden der Befriedung. Sein Minister, der bedeutende Schriftsteller Malraux, ein Fachmann für Unrast des Herzens und Aufstände der Massen wie der Eliten, empfing im Foyer der Oper die Sängerin Renata Tebaldi: »Je vous adresse les compliments de la France.« In einem Café studierte ein alter Mann mit einem merkwürdigen, einem hungrigen und fanatischen Gesicht eine alte dicke Schwarte, die Geschichte Robespierres. Im »Museum der Stoffe«, einem schönen, geräumigen Adelspalais, konnte man die Gesichter des Lyoner Reichtums, im »Museum der Marionetten«, einem verwinkelten burgartigen Haus der Altstadt in der Nähe eines Domizils Heinrichs IV., die Geschichte der Lyoner Volksaufstände bewundern. Im Stadtteil La Guillotière wählte man kommunistisch und surrten die Webstühle. Im neuen Viertel Villeurbanne ließen die von jungen modernen Architekten errichteten weißen wabenartigen Häuser mit ihren verschachtelten Terrassendächern an eine arabische Kasba auf altem europäischem Boden denken. Der Abend roch nach Bergwiesen und Regen; er kam mit violetten Wolken, die seidenüberzogenen daunigen Kissen glichen.

Das Rhôneufer roch nach Heu und nach Schnee, selbst in der strahlenden Sonne duftete es montblancisch nach Schnee und nach grünen Almen, doch nichts war schweizerisch idyllisch, und die Luft über Vienne, der alten, überrundeten, wirtschaftlich zurückgebliebenen Rivalin von Lyon, war schon südlich-römisch, und überall sah und spürte man die Hinterlassenschaft des antiken Weltreichs, die Vienne noch heute seine Größe gab, weit über seine provinzielle Gegenwart hinaus. In der Kirche Saint-Pierre, wie ich glaube einer der ältesten in Frankreich, einer grauen Basilika, die für den Gottesdienst aufgegeben und zu einem Museum gestaltet war, vermählte sich Heidnisches mit Christlichem, sang Orpheus aus einem lebendigen bunten Mosaik, daß die Vögel bewundernd verstummten, lächelten Faune, blickten Gorgonen, kniete eine Venus überaus wollüstigen Leibes, waren Götter und Halbgötter auferstanden, aus den Wellen der Rhône geboren, den grünen Hügeln, der dunklen Erde, den faulenden Jahrhunderten entrissen. Die Tore des Museums waren weit geöffnet. Kein Wächter kümmerte sich um mich. Ich stand allein vor den blinden Augen, vor dem zum Schrei aufgerissenen Mund der alten Tragödie. Nebenan in der romanisch-gotischen Kathedrale von Saint-Maurice, prächtig wie ihre Schwestern in Paris und Reims und hier an einem stillen Platz mit schlafenden kleinen Restaurants ein absolutes Wunder, dufteten Lilien und brannten Kerzen zu Ehren und zum Geleit eines Verstorbenen, der in seinem im Kirchenschiff aufgestellten Sarg wie ein Büßer unter einem schwarzen Tuch ruhte. Kinder kürzten, indem sie achtlos durch die Kirche gingen, lachend vorbei an der Bahre, den Schulweg ab. Priester eilten geschäftig. Der Tod war ihnen vertraut. Die Götter waren lange schon gestorben. Das römische Theater lag über der Stadt wie ein erloschener Krater. Der Weg hinauf führte durch enge Gassen, an kleinen Läden vorbei. Geschlossene Fenster, hinter ihnen Schatten von alten Frauen, neugierige oder mißtrauische Blicke, Maurer und Erdarbeiter nahmen sich im römischen Theater der Antike an, kitteten klaffende Risse, schütteten in die Unterwelt führende Löcher zu. Vienne schien unten im Sonnendunst zu sieden. Die Zeit, selbst der schöne kräftige Fluß der Rhône schienen im Mittag stillzustehen. Auf einem benachbarten Hügel läutete die Glocke einer Kapelle. Die Maurer, die Erdarbeiter gingen zu Tisch. Ich folgte ihnen in die kleine Wirtschaft einer engen Gasse. Die Maurer setzten sich in ihren weißen Mörtelanzügen zum Mahl, und ich bekam wie sie, von einem freundlichen derben Mädchen aufgetragen, das Menü: eine Leberpastete, mit Käse überbackenen Tomatenreis, gekochtes Ochsenfleisch, eine Schüssel voll grünem Salat, ein großes Stück Käse, Kirschen nach Verlangen und dazu einen halben Liter algerischen Rotwein. Diese Speisenfolge, von dem Wirt, den man in einem blauweiß-gestreiften Hemd hinten am Herd stehen sah, sorgsam bereitet, kostete 600 Francs, was ungefähr sechs Mark waren. Die Maurer hatten vor dem Essen noch jeder einen Apéritif getrunken, und hinterher nahmen sie einen Kaffee. Apéritif und Kaffee waren extra zu bezahlen. Das Essen war gut. Lebten die Maurer, die Erdarbeiter wie Gott in Frankreich? Standen die Kosten ihres Mittagsmahles in einem wirtschaftlichen Verhältnis zu ihrem Lohn? Wofür aber, wenn nicht für Essen, konnte man in Vienne schon Geld ausgeben? Das Leben in den Straßen stagnierte. Man arbeitete, man aß, man trank, man schlief und starb. Die lange Rhônebrücke bebte und klapperte, als hätte sie schon Hannibals Elefanten getragen und wolle nun zusammenbrechen. Ich fuhr zum Friedhof. Überall blühten Blumen in angenehm verwilderten menschenleeren Gärten, doch auf jedem Grab lagen künstliche Blüten aus Stoff oder gar aus Metall – welch rührende Beschwörung der Ewigkeit! Die teuren Verstorbenen blickten aus ihren Grabsteinen aufgeklebten Photographien auf ihre letzte Ruhestätte; manche ernst und gefaßt, andere mit einem überraschenden Optimismus. Am Ortsende von Vienne, hinter einer kleinen, an die Rhône verpflanzten Pyramide, in der Nähe eines grauen Mauerbruchs, einer Spina, der Wendemarke einer römischen Arena, hielten chromglitzernde, aus aller Welt herbeigeraste Automobile. Ihre Besitzer trafen sich in einer nach außen hin unscheinbaren Villa, in einem der teuersten Restaurants in Frankreich. Dicke Teppiche dämpften den Schritt, und selbst die Wände, die Decke, die Sessel, die Tische, alles ringsum schien wohlgepolstert zu sein. Man speiste Gratin de queues d'écrevisses, Truite farcie braisée au porto, Volaille de Bresse en vessie, man trank Schloßabzüge von Condrieu, man huldigte den Göttern der genießenden Zunge und des schweren Bauches, man betete zum Dämon der erzürnten Leber. Man tat es hinter einer hohen Mauer, manchmal in einem von Kerzen erhellten Garten; es war eine Feier des internationalen Snobismus an der Heerstraße Paris-Côte d'Azur und hatte mit Vienne wenig gemein. Vienne war viel unheimlicher und war am Abend der alte Tempel des Augustus und der Livia. Säulengetragen, von Flutlicht angestrahlt und gehoben, wuchs er in der Nacht, überirdisch und göttlich, aus kleinbürgerlichsten Verhältnissen, und Vienne duckte sich am Tempelplatz in den Schatten ringsum, und die Menschen duckten sich in den niedrigen Häusern, duckten sich in den engen Kammern, duckten sich selbst noch in den ererbten kleinstädtisch-bäuerlichen Betten, nicht unzufrieden mit ihrem Los, von kommunaler oder staatlicher, Lebenslust vortäuschen sollender Lautsprechermusik berieselt, deren sentimentale oder werbende Klänge an den feststehenden Säulen des stolz ragenden Tempels zerschellten.

Etwas weiter die Rhône hinunter hat unsere Zeit, hat das Frankreich von heute dem Gott der Technik einen Tempel gebaut, haben zeitgenössische Prometluden das Wasser des Stroms umgeleitet, die Erde bewegt, die Landschaft verändert, haben den Canal de Donzère-Mondragon geschaffen, ein Meisterwerk der Ingenieurkunst mit einem künstlichen Wasserfall, einer riesigen Schleuse, dem größten Elektrizitätswerk Westeuropas, eine stolze Leistung, gleichwertig ähnlichen Zaubereien zum Glück des Menschen und seiner nie gelingen wollenden Befreiung vom Fluch der Arbeit in Asien und in Amerika. Mondragon selbst ruhte am Fuße eines Felsens, schien menschenleer zu sein, unberührt von zwei Milliarden Kilowattstunden, und oben auf dem Stein trauerten die Ruinen eines Schlosses dem dunkelen oder himmelsnahen Mittelalter nach.

Trauerte die ganze Provence? Soweit sie römisch war, trauerte sie nicht. Soweit sie römisch, war die Provence groß, erhaben und auf ernste Art heiter. Alles andere schien in Städten, Dörfern, Flecken, Eremitagen, Wäldern, Schluchten, Steinen, salzkrustigen Morästen, selbst in seiner Fauna und Flora erstarrt zu sein und Grafen und Rittern für immer nachzuweinen, Grafen und Rittern und Troubadouren, die von überall sichtbaren Drachen gefressen waren. Das Tor zur Provence ist der Triumphbogen von Orange, er ist die schönste, zugleich die abweisendste Pforte zum Süden, zur lateinischen Welt. Der Triumphbogen ist ein in seinen edlen Maßen gedrungener Block mit drei Durchlässen, er führt aus dem Schatten ins Licht, er galt einem Sieg über die Gallier und ist noch immer ein gegen jede Barbarei gesetztes Zeichen. Hier schwimmt der mittelmeerisch gewandte Touristenstrom um ein Riff. Das alte Tor, das sich selbst genügt, wird schnell photographiert. Die Automobile fahren weiter: ihre Besitzer wissen nicht, was sie tun. Die Einwohner von Orange winken mit Andenken, Strohhüten, Lavendelsträußen. Verkaufsbuden säumen die Durchfahrt, aber hinter dieser Saisonkulisse bleibt ein schattiger Hof, mit einem Maulbeerbaum und einem kleinen Restaurant, vom Fremdenverkehr ganz unberührt, träumt wie die Katze auf dem buntgedeckten Tisch, wie der dicke Stadtpolizist unter der Trikolore vor der Gendarmeriestation. Das schönste am antiken Theater von Orange ist seine Mauer. Sie steht gerade, schmucklos, grau, sonnendurchglüht zur breiten Straße, zu einem, von Festspielzeiten abgesehen, leeren sandigen Platz. Diese Mauer, dieses Theater, diese Ruine biedert sich nicht an; diese Steine sind Rom, sind eine Fassade der reinen Vernunft, und was sich dahinter auf den Rundbänken versammelte, waren Menschen, die Klarheit suchten, selbst aus dem Mund von Göttern. Es war natürlich, daß die Söhne dieser Menschen den Canal de Donzère-Mondragon und das große Elektrizitätswerk der zwei Milliarden Kilowatt geschaffen hatten.

Vorher die Sänger, die Könige und die Päpste und all die einfallenden Völker und Briganten von der Küste her! Châteauneuf-du-Pape: ein zerrissener Turm mit hohlen Fenstern auf dem Hügel, alte Mordhäuser zu seinen Füßen, in weiterem Kreis neuere Villen provenzalischen Stils, kleine Festungen gegen die Sonne und den Wind, und natürlich ein Restaurant, in der Schüssel Coquelet en Clos des Papes, der Wein Châteauneuf-du-Pape durch den roten Tankwagen geleitet. Ich hatte Glück. Der Mistral wehte. Er fegte den Himmel rein, wehte die Schwüle, die Wolken fort. Der Horizont war unermeßlich hoch, von reinstem Blau. Und in dieser klaren Luft waren die Bäume sturmgepeitscht, Felder und Sträucher wie das erregte Meer; das Automobil war auf der Landstraße kaum in der Spur zu halten, man mußte gegen den Wind steuern, man fühlte noch in den Händen seine unwahrscheinliche Gewalt. So kam ich nach Avignon. Reiseautobusse umlagerten das französische Rom und sahen aus wie feindliche Heere. Die Mauer aus dem vierzehnten Jahrhundert umzog mit ihren Zinnen und Türmen noch immer die eiförmige Stadt, das Gewirr ihrer engen und krummen Gassen und die ganze Geschichte von der babylonischen Gefangenschaft der Kirche. »Wohin haben sie mich geschickt!« schrieb ein verzweifelter Volkskommissar 1791 aus Avignon nach Paris. »Es ist das Land der Falschheit. Das Italienertum hat hier tief Wurzel gefaßt, und ich befürchte, daß diese lebensfähig sein werde.« Und Taine nennt in seiner »Geschichte des modernen Frankreich« Avignon zur Zeit der lauen und korrupten Verwaltung der Päpste und ihrer Legaten eine Stadt der dunklen Existenzen, der Diebe, der Hehler, der Mörder. Avignon wehrte sich auch heute noch mit Erfolg gegen die geldbringenden neugierigen Fremden. Avignon überließ ihnen den Papstpalast. Sonst eigentlich nichts. Selbst auf dem einen breiten Boulevard dominierte die einheimische Jugend, rebellierte mit Blue Jeans und Petticoats gegen die Welt der Erwachsenen, und in den engen krummen Gassen blieb sowieso jeder bessere ausländische Wagen stecken. So traten sie dann unterm Wanderhut, in Shorts und bunten Hemden grotesk gewandet, den Photoapparat schußbereit in der Hand, die Besichtigung der geistlichen Exilburg an, wurden vom schnellsprechenden, trinkgeldheischenden Guide durch die hohen kalten Räume, in die mauerumwehrten Verliese des Trotzes und der Furcht geführt, die Geschichte langweilte sie, aber sie schluckten sie, man war in Avignon und mußte bei den emigrierten Pontifizes gewesen sein, und abends saß man im Hotel, allenfalls vor dem Hotel, wie in einem Getto. Hoch oberhalb des Palastes, im schönen Garten auf dem Gipfel des Schutzfelsens wandelten nur Avignoner Mütter mit ihren Kindern. Man blickte auf die Stadt, auf das Gewirr ihrer alten roten Dächer hinunter, man sah das mistralbewegte Land, den großen, prächtigen Bogen der Rhône, man sah die berühmte, besungene, halb in den Fluß gesunkene Brücke, man sah alte Burgen und aufgewirbelte Staubsäulen wie von sich nähernden Heerwürmen, man konnte meinen, der verbannte, der erzürnte, der sich fürchtende, der mächtige und ohnmächtige und wohl manchmal auch – unter diesem Himmel, in dieser Landschaft – vergnügte Papst zu sein. Der Mistral rüttelte den alten Gasthof, schlug die Fenster. Ich ging durch gewundene Gassen zur Rhône. Lichtlose, stumme Häuser. Nur manchmal ein Schritt auf dem holprigen Pflaster. Ein Geistlicher – pergamentbleichen Gesichts zeitlosen Charakters und mit der ganzen Würde der

Kirche – trat aus einem schönen schweigenden Haus und schloß sorgsam hinter sich eine schwere Tür, auf der kein Name stand. Der Sturm zerrte an den verrosteten Seilen der alten, noch immer benutzten Hängebrücke. Die Brücke schwankte wie eine Schaukel über der Rhône. Ihr Tal lag, in etwas Mondlicht getaucht, groß, urweltlich und ungeheuer geheimnisvoll da. Der Pont Saint-Bénézet, der Pont d'Avignon des hübschen Liedes von den tanzenden Herren und Damen, war von Scheinwerfern angestrahlt, wie auch der, aus dunkler Ferne gesehen, gewaltige Papstpalast. Die Brücke und die Glaubensburg hoben sich schön, aber auch gespenstisch aus der Nacht. Es war, als sei die Vergangenheit ins grelle Licht gerückt, ein Leichnam... Im geschützten Binnenhof des teuersten Hotels saßen die Gäste, Pelzmäntel über der Abendkleidung, im milden Schein von in Windgläsern angezündeten Kerzen. Unterhalb der Papstburg bildeten niedrigste verfallenste Häuser einen Platz aus Sand, vom Sturm bewegt, und hinter klirrenden spanischen Glasperlenvorhängen wirtschafteten bei offnem Holzfeuer alte, in Avignon seit den Päpsten heimische Zigeunerfamilien. Der Morgen weckte mit Militärmusik, der Mistral, noch stürmischer, noch himmlischer geworden, zerriß die stolzen Fanfarenklänge, eine Kompanie marschierte durch die Rue de la République, ein Offizier schritt ihr voran, der wie ein Jugendbildnis des Dichters, des Rebellen, des Ministers Malraux aussah, ein ernstes, ein waches, ein von jungen Gedanken schweres Gesicht, und unter Führung der lächerlichen Kapelle des Trupps, dick wie ein Komiker der Paukenschläger, lahmärschig der Posaunist, zogen sie vor ein Warenhaus, stellten sich dort auf, bliesen, trommelten die Marseillaise und den Algerischen Marsch, während im Kaufhaus eine Ausstellung eröffnet wurde, »Die Sahara und die Französische Armee«, und man sah die weite, die zugleich beschwingende und trostlose Wüste, man sah die Flugplätze, man sah den Kampf, man sah den domestizierten, den Frankreich freundlichen Teil der arabischen Bevölkerung, man sah die verlorenen Posten der Fremdenlegion, und man sah das Öl der Sahara, sah seine Bohrtürme, die Frankreich stärken sollen, in den heißen fremden Himmel ragen, und ich fragte mich, welche Gedanken sich der an den jungen Malraux erinnernde Offizier bei seinen Werbeständchen wohl machte. Der Mistral hatte das alte Avignon wie ein zerknülltes Papier in seinem Wehen.

Die Provence bebte im Wind. Sie lag spanisch, urweltlich, bergwellig, kargwüchsig und dann auch wieder üppig, blühend, tropisch fruchtbar, mit allem, was nicht aus Stein war, sturmgepeitscht. Ein Blick in die unendliche Höhe des blauen Himmels machte trunken. Bauernhöfe wie alte Burgen, mit festen Mauern an die Erde gekrallt, vollkommen verlassene, aufgegebene tote Städte, Stadtgespenster, Zivilisationsschutt im Département Vaucluse, die, wieder Natur und Felsen gewordenen Schloßruinen von Les Baux, störrische Maulbeerbäume, hochmütige, der Gegenwart und dem Himmel trotzende römische Arenen. »Die Sonne ist hier so gewaltig, daß sich mir die Gegenstände in Silhouetten zu verwandeln scheinen, nicht nur in schwarze oder weiße, sondern in blaue, rote, braune, violette«, notierte Paul Cézanne. Der Pont du Gard, ein wunderbar erhaltenes römisches Mauerwerk, eine noch immer gute Straße, eine bogengetragene Wasserleitung überspannt eine Schlucht fremd blühender Granatäpfel, wildwachsender Orangenbäume. Der Pont du Gard ist immer einsam, auch wenn ihn Touristen umschwärmen, ihn auf ihre Filme bannen und mit ihren Autobussen seine Tragfähigkeit erproben. Eine Geröllhalde, eine Steinwüste in der Nähe der Brücke ist ein Parkplatz geworden und von Unrat bedeckt. Ein Automat verkauft Zigaretten, ein anderer Ansichtskarten und Briefmarken. Ein Bauernhaus, das statt vom Feld von der Dummheit lebt, bietet ein Menü zu 1800 Francs an. Alles zittert im Sonnenlicht und im kräftigsten Mistral.

Tarascon war der abweisendste Ort. Die wohlerhaltenen Mauern seines Schlosses boten dem Fremden die Stirn; sie schienen ein Drama zu umschließen, das nicht offenbar werden sollte. Die Gassen der Stadt waren nicht mehr als schulterbreit. Tarascon war bewohnt. Seine Einwohner hatten Mülltonnen vor ihre Häuser gestellt, aber man sah die Menschen nicht, von denen schließlich nur Müll übrigblieb, man sah nur eine Meute von sehr großen, sehr hungrigen Hunden, die um die Abfallkübel strichen, sie mit ihren schweren Pfoten umwarfen und den Unrat durchschnüffelten. Der Sturm drang kaum in das graue Steingewirr; er strich über die Dächer, rumorte wie eine Schar von Teufeln in der Luft. Die Sonne teilte die Gassen schwarzweiß: blendend helle Mauern oder düsterste Schatten. In kleine, höhlenartige Läden schien niemals ein Käufer einzutreten. Die Perlenschnüre der Türvorhänge rieben sich leise in eigener Bewegung aneinander.

Beim Rathaus gab es alte Arkaden. Sie bargen nur modrige Luft und wiederholten sich, diesmal aus Beton gebaut, kalt, nüchtern, häßlich und unsagbar trostlos in einem Viertel plötzlich sinnlos breiter Straßen, die durch Kriegsereignisse zerstört gewesen und nun in einer nicht überzeugenden, nicht zu dem verwunschenen Tarascon passenden, neuen und doch schon wieder altmodischen Sachlichkeit errichtet waren. In Tarascon wohnten uralte Nachtmare und waren begreifbar, soweit es ein Spuk sein kann. Im neuen Quartier am Stadtrand aber wohnten Gespenster aus unserer Zeit, sichtbar und doch nicht zu fassen. Zehrten sie von Tarascon? Unter den Betonarkaden gab es ein Restaurant, das aufgemacht und geleitet war, wie man sich in der Provinz das feinste Lokal von Paris vorstellt. Hier saßen die reichen Junggesellen der Stadt. Tarascon ernährte sie, ernährte sie teuer mit nicht gut gekochten Speisen, die in silbernen Schüsseln serviert wurden. In den Gesichtern der Esser spiegelte sich der Geiz und die Genußsucht alter Familien, die Enge und der Starrsinn der Provinz, die Disziplin guter Schulen und eine für die gehobene Gesellschaft von Tarascon zugeschnittene Religion. Man zahlte die Atzung nicht bar, man schrieb am Ende des Monats oder des Jahres einen Scheck. Man trank einen guten Kaffee. Man trat wieder hinaus in die häßliche Betonstraße, in den starken Wind, die grelle Sonne und verschwand schließlich und wirklich geheimnisvoll in den engen, den echten Gassen der alten unheimlichen Stadt.

Wie lieblich, wie freundlich, wie heiter, wie ganz und gar menschlich zeigt sich dagegen Aix, der heilende Ort der römischen Bäder, das trauliche Nest der Grafen der Provence, die zufriedene Gemeinde der plätschernden Brunnen und rauschenden Bäume, die akademisch-bohemische Promenade der studierenden Jugend. Sie saßen auf den Bänken der Place de la Libération, wandelten unter den hohen Platanen des Cours Mirabeau, bevölkerten die lange Reihe der Kaffeehäuser, sahen wie von der Schule überanstrengt aus und doch als ob sie unendliche Muße hätten, sie waren modisch schick oder modisch verwildert nach berühmten Vorbildern gekleidet, sie bemühten sich um die nötige Tristesse, Malaise und Kälte in ihren noch kindlichen Gesichtern. Die Beziehung zwischen Student und Studentin war schwierig, sie huldigten der Libertinage der führenden Literatur, nichts war ihren Gedanken fremd, aber sie lebten in der Provinz, auch das freundliche Aix war Provinz, und die Mädchen standen mit

Wippröckchen, durchbrochenen Blusen und sinnlichem Mund unter dem alten Familiengesetz von der Bewahrung für die Ehe. So fühlten die Männer Verzweiflung, und um die Mädchen schwebte das Verlangen und ließ sie manchmal in einem Sonnenstrahl, durch das Platanendach des Cours Mirabeau gebrochen, brennen! Schwarzgekleidete alte Damen, den Rocksaum knöchelbedeckend, den weißen Spitz an der Leine, gaben dem lockeren Bild der Jugend den ernsten, bewahrenden, auf die Zukunft weisenden Rahmen. Manche mochte dies in den Wahnsinn treiben. Eine junge Irre ging vorüber, der man noch ererbte Wohlhabenheit, gute Kinderstube, strenges Behütetsein ansah; nun fielen ihre langen, noch immer sorgsam gekämmten roten Haare auf einen im Staub nachschleifenden, mönchskuttenartigen schwarzen Mantel, und ihre schönen und schrecklichen irren Augen suchten auf jeder Kaffeehausterrasse den Engel der Erlösung. Ich suchte das Atelier Cézannes. Ich fand es nicht, aber die hügelanführenden Gassen, die gelben Häuser, die weißen Mauern der Gärten, die kleinen Lokale, die Trinker vor ihnen, die spielenden Kinder, die alten Frauen in ihrem Schwarz, sie alle waren Cézanne. Ein rührendes kleines Pferd, ein Fohlen, war an eine Laterne gebunden, ein großer betrunkener Mann versuchte, die arme Kreatur mit einer Bürste zu striegeln, das Tier wich scheu zurück, und der betrunkene große Mann beschimpfte es grob, und dann wieder bemühte er sich, ihm freundlich Zucker zu geben. Ein Karren stand neben der Szene, ein Wagen mit zwei Pferdeköpfen bemalt: es war der Karren des Roßschlächters. Am Abend fand ein Radrennen statt. Militär hatte große Strohballen um die Fontäne der Place de la Libération gelegt. Das Stroh roch nach Stall und irgendwie nach römischem Zirkus. Die Wasserspiele der Fontäne waren illuminiert. Lampions hingen in den Platanen des Cours Mirabeau. Die sportlichen Ritter des Pedals, den Sturzhelm aufgesetzt, das bunte Vereinstrikot wie die Farben des großen provenzalischen Königs René tragend, sausten wie Gladiatoren oder wie junge Götter um die Promenade des Grafen Mirabeau, des Deputierten des Dritten Standes, des großen Redners der Menschenrechte, der Freiheit, der Revolution, und legten sich auf dem Platz der Befreiung von verhaßter Besatzung kühn in die Kurven. Vor den Kaffeehausterrassen rezitierten Sänger die Lieder von Frédéric Mistral, dem provenzalischen Dichter, der sich nach dem wütenden, herrlichen Wind seines

Landes genannt hatte. Die Studenten blickten finster. Die Mädchen zitterten. Ein Kino hieß »Le Cézanne« und hatte rote Wände, gelbe Türen, einen blauen Himmel mit weißen Sternen und den Kopf einer Vedette du cinéma. Auf einem kleinen stillen Platz standen ernste Männer und spielten das alte Kugelspiel: Boule.

Olivenbäume, Maulbeersträucher, Platanen, Granatäpfel, Weinfelder, blühende Disteln, Sonnenfeuer, Gewitterfronten, von van Gogh gemalte Landschaften und dann schwerer, am Boden haftender Ölrauch, ein beinahe süßlicher, ein dekadenter und zugleich explosiver Geruch, mich erinnerte er an Texas, an die höllische Gegend von Houston und Baton Rouge, und das Licht reflektierte nun in Frankreich wie dort in der Neuen Welt weißglühend, böse in Leichtmetall und brackendem Wasser, facettiert in Rauch- und Hitzeschleiern, so erschöpfend wie aktivierend. Das Brackwasser war der Étang de Berre, das glitzernde Metall Frankreichs jüngstes und expansivstes Industriegebiet, ein Panorama aus Ölraffinerie, Petroleumleitungen, Benzinbehältern, Tankschiffen, Eisenbahnwagen, hohen Schornsteinen und überall flackernden Bränden. Der fette goldwerte Saft der arabischen Wüsten, die reichen, noch gar nicht recht erschlossenen Ölfunde der Sahara wurden hier veredelt, zum oktanhaltigen Futter für alle europäischen Maschinen verwandelt, und wenn es nach Frankreichs Wünschen geht, wird die flüssige Kraft einmal in Pipelines ins Ruhrgebiet geschickt werden. Diese Zauberküche lag auf dem Wege nach Marseille, war eine Gründung von Marseille, der ältesten Stadt Frankreichs, der einstigen Kolonie der Seefahrer aus Phokäa. Noch immer lebte Marseille vom Meer, blickte von seinen Hängen wie aus der Runde eines antiken Theaters erwartungsvoll auf die Wellen, und die Hauptschauplätze seines Lebens waren noch immer die Canebière, der Cours Belsunce und der Alte Hafen. Auf dem Cours häuften sich die Austern und Muscheln, dünsteten dort in nicht eisgekühlten Körben, auf der Promenade begegnete, vermischte sich Afrika und Europa, in allen Cafés saßen malerisch gekleidete, etwas verkommene und sehr ängstliche Scheichs, vor den freundlichen Stuhlreihen wanderte, europäisch-schäbig angezogen, arabisches Proletariat, schritt, mit Gott weiß was für Waffen im zerrissenen Jackett verborgen, der arabische Haß. Der Cours Belsunce war ein Kriegsschauplatz, ein Partisanendschungel, ein Spionagezentrum, ein strategisches Vorfeld des algerischen Krieges. Neben den Verhüllungen der frankreichfreundlichen Scheichs sah man die roten Barette der Fallschirmjägersoldaten, die weißen Käppis der Fremdenlegionäre, die nicht zu enträtselnden Gesichter der Negertruppen. Marseille war Etappe, war Marschgarnison und Lazarett. Als Belohnung für die Krieger oder als letztes Erlebnis vor dem Tod gab es Mädchen und Frauen jeder Aufmachung und für jeden Geschmack, dazu vor dem Café au Palais ein Rudel hinterhältiger Strichjungen. Seit der Zeit der Griechen hatte sich da nichts geändert. Die Neger aber bevorzugten reife, verblühte oder mütterliche Frauen, das letzte Aufgebot der Prostitution in den tiefen Straßenschluchten des Hintergrunds. Ein Kind drehte sich in einem Hula-Hula-Reifen. Gauner lockten zu Kartenspielen ohne Gewinn. Die Neger standen mit unendlicher Geduld an die Häuser gelehnt, warteten und lugten wie das Wild in ihren Wäldern und Savannen; sie waren erstaunt und blasiert, sie waren scheu und aggressiv, sie schienen zu frieren und glühten, und die ältlichen weißen Frauen betrachteten lange die unter Frankreichs Fahne gezwungenen Neger, die in dieser Gasse verirrte Jäger und in die Falle gegangene Opfer waren, und zählten aus der Ferne den Sold in ihren Taschen. Weniger afrikanisch, weniger vom Schatten des Krieges getroffen, weniger von Soldaten begangen war die berühmte Canebière, die alte Straße der Kapitäne; sie war freundlich unter dem Laub ihrer Bäume und ein Welthandelsplatz in ihren Geschäftspalästen. Hier auf der Canebière sah ich zum erstenmal das Liebespaar von Marseille, und während ich in der Stadt weilte, begegnete ich ihm immer wieder auf allen meinen Wegen, eng umschlungen, aus der Welt gesunken, mitten im Verkehr vom Tod bedroht in Küssen hingegeben, sie war groß und blond und trug ihr Haar lang und offen, er war klein und schwarz, sie waren beide jung und nach gewissen tragisch-düsteren Gestalten des französischen Films gebildet, und als ich, an meinem letzten Tag in Marseille, das Mädchen allein sah, sehr blaß und mit nichts erkennenden Augen, wußte ich, daß die Tragödie klassisch geendet hatte. Die Canebière führt zum Alten Hafen. Kriegsschiffe lagen nebelgrau am Kai. Sie störten nicht. Noch immer war das in seiner Übersichtlichkeit so schöne Becken Anlegeplatz der Fischerboote, und unter ihren roten oder rostbraunen, so herrlich und so ehrwürdig mediterranen Segeln lagen ausgebreitet in ihrer glitzernden, sterbend tragischen Schönheit die gefangenen Meeresbewohner, die silbernen, goldenen oder juwelenfunkelnden Fische, die an Licht gehobenen Geheimnisse der See. Aber sonst – welche Enttäuschung der Erwartung! Das alte enge, wilde, ungesunde und doch tausendundeinenachtgleiche Hafenviertel der Strandräuber, der Deserteure, der Schmuggler, der Gangster, der Bordelle, der Mischtiegel aller Rassen des Mittelmeeres, die größte afrikanische Kolonie, eine Kasba auf europäischem Boden war verschwunden, war von deutschen Pionieren in die Luft, ins Nichts gesprengt, und die Marseiller Bürger danken es den Pionieren noch heute. Was hat man aber nun um den schönen Hafen herum aufgebaut? Betonschlösser, Betonwohnkasernen, so kalt, daß sie noch in prallster Sonne zu frieren scheinen. In den Sockel dieser Bauten versucht das gastronomische Gewerbe zu retten, was zu retten ist. Es ist nicht viel. Man richtete Betonhallen wie alte Kneipen aus der Zeit der Entdeckung Amerikas ein, man dekorierte die Terrassen wie für Seeräuber und erwartete dort doch nur den Strom geldausgebender Touristen, dem man die Bouillabaisse vorsetzte, ein mildes, dem Allerweltsgeschmack angepaßtes Fischsuppengericht, in dem ein einsames Langustenbein schamrot den Preis von 1000 Francs zu rechtfertigen versucht. Dennoch – am Abend saß es sich gut auf diesen Terrassen, eingelullt in Kitsch und falsche Historie. Sänger, Kapellen, Lautsprecher wetteiferten in der Darbietung der letzen Sentiments, beleuchtete Vergnügungsboote schaukelten zum Château d'If des Grafen von Monte Christo, und die Mitglieder des vornehmen Jachtklubs setzten oder rafften die weißen Segel ihrer teuren Hobbys. Die Pforte des Alten Hafens bewachten zwei auf Felsen gebaute Festungen, die wie fromme Kreuzritterburgen aussahen. Von der einen Burg blickte – schwarze Gesichter unheimlich unter schwarzen Stahlhelmen – eine Negerbesatzung auf die am Fuße des Felsens wandelnden Mädchen hinunter. Im anderen Felsennest, auf der gegenüberliegenden Seite der Hafeneinfahrt, hausten die Fremdenlegionäre und sangen deutsche Lieder. Diese Lieder der SS, diese zackigen, stampfenden Märsche haben es einem Teil der französischen Jugend angetan, sie lauschen ihnen verzückt und gebannt wie andere dem Jazz, und die Fallschirmjäger, die roten Barette, die Paras, die nach vielen, wenn auch in Frankreich unterdrückten Zeugnissen, in Algerien folterten, haben manche der deutschen Lieder umgedichtet, haben Thors und Himmlers Musik neue Worte gegeben aus einer neuen Brutalität und seltsam pervertiertem Existenzialismus. Niemand, der durch de Gaulles Frankreich reist, wird meinen, sich in einem Land am Vorabend des Faschismus zu befinden, keine Aufmärsche, keine Erregungen, keine Versammlungen, keine Saalschlachten. Die Atmosphäre ist bourgeois, alle Gespräche sind unpolitisch, das Wetter ist schön. Aber diese Bürgerruhe, dieses sonderbare französische Biedermeier, diese geduldige Hinnahme der Entmachtung des Parlaments, das stumme Anhören der Sprüche und unlösbaren Widersprüche des Generals, der ausbleibende Protest der Volksstimme gegen das Verbot von Zeitungsartikeln und Broschüren und die ganze farblose Einmütigkeit und lächerliche Kritiklosigkeit der Presse geben den zweifellos vorhandenen rechtsextremen Tendenzen in einem Teil der wollüstig Befehle erwartenden Jugend und in den mutigsten Abteilungen der die Niederlage und die Vergeblichkeit aller Opfer fürchtenden afrikanischen Fronttruppen vielleicht eine finstere Chance. Wer wird, wenn die Dämme brechen, wenn Algerien verlorengeht, wenn de Gaulle seine Versprechungen nicht zu halten vermag, wenn Rattenfänger die Rüstung der Jeanne d'Arc anziehen, sich der Flut der blinden Nationalwut entgegenstemmen? Die nach der Volksfront rufenden Kommunisten haben seit Ungarn ihren Kredit als Anwälte der Freiheit verloren, und Mendès-France ist ein Prophet für Intellektuelle, mit denen nach Burckhardt kein Staat zu machen und zu erhalten ist.

Am oberen Ende der Canebière, unter den Bäumen, vor dem schmiedeeisernen Musikpavillon der Place d'Armes war ein kleiner Jahrmarkt aufgestellt, es roch süßlich-ranzig nach Schmalznudeln und sauer-zwiebelig nach marinierten Fischen, und die Soldaten, die in den fremden, heißen Krieg ziehen sollten oder aus der ruhmlosen und mörderischen Guerilla zurückgekommen waren, zielten mit Kleinkalibergewehren nach Spottfiguren in den Schießbuden und empfingen glücklich den Preis, einen Narrenorden oder eine Flasche Sekt aus Birnenmost und künstlicher Kohlensäure. Ein junger, feminin wirkender Mann stand in der sanften Haltung eines heiligen Franziskus da, weiße Tauben saßen auf seinem Haupt, seinen Schultern, seinen Händen, und ich weiß nicht, für wen er bettelte, Kinder turnten im Gestänge des Militärkapellen-Pavillons, und Greise berauschten sich auf seinen rostigen Stufen an afrikanischem Rotwein. Ein junges Paar, einander ähnlich und Junge wie Mädchen gleich angezogen,

Schüler der Akademie von Marseille, malte auf den Asphalt ein schönes Mosaik und nannte es stolz »Der Hermaphrodit«. Die Sammelbüchse war zu Füßen des Hermaphroditen aufgestellt und füllte sich spärlich. Marseille saß vor den Kaffeehäusern unter den geliebten französischen Bäumen und schwatzte. Kirchen hoben sich gotisch oder byzantinisch auf breiten oder engen Straßen, aus einer nach zwei evangelischen Jahrtausenden wohl schon wieder glaubenslosen Menge. Von einer dieser Kirchen war die Bewegung der Mission de France, das Apostolat der Arbeiterpriester ausgegangen, die ein Kardinal von Frankreich »die Pupillen seiner Augen« genannt hatte. Die jungen Priester hatten die Pfarrhäuser verlassen, hatten sich zu den Dockern gesetzt, hatten den Asbestkittel des Heizers angezogen, hatten mit den Zuhältern gewürfelt, mit den Streikenden protestiert, sie hatten Achtung und Freunde unter dem Volk gewonnen, hatten die Kirche aus ihrer bürgerlichen Gefangenschaft befreit, hatten wie die Fischer des Herrn ihre Netze ausgeworfen, hatten Seelen vor der verkündeten Verdammnis gerettet und das Mißfallen der Kurienkardinäle in Rom erweckt. Marseille war zur Nacht ein heidnisches Rom, es war mehr als Paris die Hauptstadt des französischen Imperiums, es glänzte im wohl letzten europäischen Versuch, allerlei Barbarei unter das Gebot seiner Grandeur zu zwingen, und die Beglückten rächten sich, indem sie ihre Armut, ihre Zurückgebliebenheit oder die Faulstoffe ihrer alten untergegangenen Kulturen, ihre Laster, ihre Krankheiten, ihren Verrat und ihren Haß in die Stadt brachten. Das Kolonialreich war längst zerbrochen. An allen Ecken standen und froren Indochinesen und Annamiten und gingen zweifelhaften Gewerben nach, entwurzelt, verloren in der Stadt ihrer ehemaligen Herren, während die Heimat sich neuen Göttern unterworfen hatte. Aber wie schön war das bürgerliche Marseille am Morgen, das Gespräch mit dem Kaffeehauskellner auf der frisch gesprengten Terrasse, wie schön war es, dem Muschelhändler zuzusehen, der seine Körbe öffnete und die ersten Krusten aufbrach, wie eifrig war der Buchhändler, der die neuesten Hervorbringungen, die Medizinen und Gifte der Literaten in die Sonne legte, und von wieviel Menschlichkeit erzählten die ersten, noch schüchternen, die Finger wieder gelenkig machenden Übungen der Taschendiebe, die für ihre großen Familien rührend zu sorgen hatten. Am Rande von Marseille, im Villenpark Amable-Chanot lag die Cité Radieuse, die strahlende Stadt des Architekten Le Corbusier wie ein gestrandeter großer Dampfer. In seinen lichtdurchfluteten Appartements aus Stahl und Glas bewegten sich die Bewohner wie bunte Fische in einem sehr sauberen hellen Wasser, und noch ihre alltäglichsten Verrichtungen wurden geheimnisvoll wie die Vorgänge in einem erleuchteten Aquarium. Vom Dach, vom menschenleeren Promenadendeck der berühmten Wohnmaschine glich das zum Meer gewandte Marseille einem uralten Seeräubernest.

Gleich hinter Marseille liegt die Küste der nackten Menschen und der farbenprächtigen, lang ist's her, arm gewesenen Fischerdörfer, in die die nackten Menschen als Wohltäter gekommen sind. Die Côte d'Azur beginnt und das Paradies der Hotellerie, die Riviera der Fürsten und der Kommerzienräte von 1900 und die Strande der klassenlosen Urlaubsgesellschaft von heute, der verblichene Ruf von Nizza und der modische Schrei von Saint-Tropez. La Ciotat, Bandol sind noch Vororte von Marseille. Bankiers- und Reedersgattinnen fahren mit nichts als mit Südseeunschuld bekleidet zum Obst- und Gemüsemarkt, ihre artigen Kinder, hier kleine Bikinipuppen, brav an der Hand. Alle französischen Ufer sind menschenfreundlich und frei. Der Sand ist nicht nach italienischer Weise in Parzellen aufgeteilt, verpachtet und abgesperrt, jedermann hat ungehindert Zugang zum Meer, und das Badewasser wird nicht verkauft. Glücklich, griechisch liegt der ruhende, der spielende Mensch in der Sonne und findet Freude an seinesgleichen. In jedem Augenblick steigt eine Venus, schaumgeboren, aus den Wellen. Aber bevor die Côte zum großen Jahrmarkt der Eitelkeit, der Lust, des Reichtums, der Starlet-Karrieren, des Kunsthandels, der Literaturbörse, der Schmarotzer und der vielen, die dabeigewesen sein möchten, wird, droht Mars in Toulon.

Auf der Reede lagen die Kriegsschiffe, graue, angekettete Wachhunde für Afrika und noch immer die französische Gloire. Die Flotte war nie besiegt. Als man sie im zweiten Weltkrieg erniedrigen wollte, versenkte sie sich heroisch ins Meer. So war sie ein Phönix, nicht aus dem Feuer, aus dem Wasser wiederauferstanden; stolz wehte die Trikolore am Mast, und die roten Bommeln auf den Mützen der Matrosen strahlten. Der Hafen lag klein, übersichtlich, quadratisch wie ein Planschbecken vor der Stadt, und hinter ihm erhoben sich am Kai hohe Häuser von einer hier überraschenden Architektur, Bauten in einem neurussischen, in einem wahren Stalin-Stil, denen man mit manchem Schnörkel und diskreten Sonnenveranden französische Spitzen beigemauert hatte. Es waren Kriegsfolgen, die man sah. Hier hatten einmal freundliche, alte, vielleicht verwinkelte Logis gestanden; sie waren zerstört worden, und nun hatte man gesunde helle Wohnungen für viele Familien geschaffen und ihnen den schönsten Blick auf Frankreichs Flotte und Frankreichs Meer gegeben, ich hätte gern da gewohnt, aber wenn man vor diesen Häusern weilte und sah, wie sie sich unmittelbar und grob aus dem schmeichelnden Wasser hoben, wirkten sie wie eine gegen den Spiegel der See errichtete Festung oder wie ein von Gespenstern bewohntes hohes Riff. Im Parterre der Betonklötze hatte man Restaurants, Kaffeehäuser, Spielsäle und Läden eingerichtet, die selbst in heißester Sonne die Kälte noch nicht getrockneten Zements ausstrahlten; doch überall schrien Lautsprecher, spuckten Fröhlichkeit und manchmal gar Ekstase, fluteten Jazz oder gallische Märsche über die Terrassen und über die Seepromenade, die am Abend zu einem Korso, zu einem Festsaal, zu einem Spektakulum wurde, wenn Damenkapellen, schmachtende Liebesweh-Tenöre auf einem fahnengeschmückten Podium vor dem Hintergrund der ungerührten See, der kühlen Meeresbrise, der Leuchtfeuer und des Mondes auftraten, oder wenn bei Befreiungsfeiern die Marseillaise gesungen wurde und die Schlachtschiffe Raketen in den Himmel schossen. In einem der Kaffeehäuser, auf einer der Terrassen saß die Jugend von Toulon, isoliert von den Älteren, wie es ihr Wunsch und nun internationale Sitte ist, gekleidet wie am Washington-Square in New York, wie in Soho in London, wie in Schwabing, wie im Quartier Latin, und die Lautsprecher schrien über ihre cäsarisch gekämmten Köpfe den Jazz der Tristesse. Sie wollten Ingenieure, Ärzte, Anwälte, Kaufleute, Kinetiker, Atomspalter werden, sie würden es werden, Jungen wie Mädchen, aber erzfranzösisch, erzliterarisch und sehr beglückend waren ihre Bakkalaureatsorgen, Voltaire, Baudelaire, La Rochefoucauld galten die in allen Zeitungen veröffentlichten Prüfungsfragen des französischen Abiturs, die Kandidaten hatten den Geist Voltaires zu analysieren, eine Dissertation über das große und viel gescholtene Gedicht »Spleen« von Baudelaire zu schreiben und ihre Meinung zu der Maxime von La Rochefoucauld zu äußern, daß die Jugend eine fortgesetzte

Trunkenheit, das Fieber der Gesundheit und der Wahnsinn der Vernunft sei. Welche Lehrer, welche Tradition hatte Frankreich! Hinter der Betonburg liefen die nettesten Straßen stadtwärts und hügelan, und die Matrosen verschwanden eiligst in krummen Gassen, altersschrägen Häusern und gemütlichen, schmutzigen Kneipen, wo eine Musikbox im Dämmerlicht glühte und freundliche Mädchen die Tränke ausschenkten, die alle Gloire, doch nie Baudelaire vergessen ließen. Wer sich aber den Ruhm, auf den stolzen Schiffen gedient zu haben, für das Leben und für die Nachwelt bewahren wollte, ließ sich schnell noch von Spezialisten photographieren, die den mit einer Marinemütze geschmückten Kopf des Interessenten wie eine aufgehende Sonne über den Schlachtschiffen oder den Torpedobooten schweben ließen. Schon am frühen frischen Morgen waren Ordonnanzen unterwegs, in allen Straßen Toulons sah man sie mit ihren schwarzen Mappen gehen, und manche der dienstlich schreitenden Matrosen waren von Offizieren eskortiert, die sich mit Pistolen bewaffnet hatten, und ich kam zu dem Schluß, daß die Admiräle der französischen Flotte andauernd einander Liebesbriefe schrieben oder Geld schickten. Marineläden, Marinefrauen, Marinekinder, manche der Frauen waren aus anderen Erdteilen geholt, viele Kinder bezeugten gelungene Rassenmischungen, die Läden hingen die Matrosenblusen und -hemden wie Wäsche quer über die Straße, und Ordensbänder waren billig zu haben, Bänder für Indochina, Bänder für Afrika, Dekorationen für Weltkrieg I und Weltkrieg II und selbst Bänder für erlittene Gefangenschaft. So manifestierte sich wieder einmal und im heiteren französischen Süden die europäische, die weltumspannende Tragödie. Zwei alte, zierliche, äußerst vornehm wirkende, in tiefes Schwarz gekleidete Damen beunruhigten eine stille Straße. Die eine Dame sang mit jämmerlicher Stimme ein trauriges Lied, und die andere blickte bittend zu den Fenstern der Häuser auf und sammelte die spärlich fallenden Münzen ein. Das ewige Frankreich spielte eine maupassantische Szene: ein uraltes Automobil voll greller Mädchen wurde von Burschen, die offenbar von den Mädchen lebten, zu einem fröhlichen Betriebsausflug angeschoben. Als der pensionierte Motor endlich zu neuem Leben erweckt war, sprangen die Burschen zu ihren Ernährerinnen in den Fond, und die lustig skandalöse Gesellschaft brauste dem Meer, der Sonne, den Stranden, den Spielen zu.

Die breiten Palmenstraßen von Hyères, die natürlichen und doch die künstlerischen Paradiese des Baudelaire, die Dampferfahrten zu den verzauberten Inseln Porquerolles und Port-Cros, Madame, Monsieur, die Kinder und der weiße Spitz und die Scharen nacktschenkliger Mädchen, und dann Fels, Wald und Massiv der Mauren, kristallinischer Schiefer, verwetterter Gneis, dunkle abgerundete Kuppen, Wolfsschluchten wie in romantischen Opern, Korkeichen, Pinien, Fichten, in der Sonne geschmolzenes duftendes Harz, die würzigste Luft, Grillengesang, abseits der großen Straße Märchenwaldeinsamkeit, auf guten Wegen kein Mensch, kein Wagen begegnete einem, aber auf der Route Paris-Saint-Tropez die wilde Jagd der schicken Sportwagen, das rasende Heer der Jeunesse dorée, der Glücksritter, der Erfolgreichen, der Tagesberühmtheiten, der Leinwandschatten, der ehrgeizigen Mädchen und der Schnorrer, à Saint-Trop, à Saint-Trop, wie es im Jargon der Up-to-date heißt. Ein Fischernest, in das ein Goldregen fiel. Noch sind die Häuser festungsartig, dickwandig, natürlich-sonnenfeindlich, aber selbst das kleinste, kühlste Loch ist für mehr als den Erlös vermietet, den der Jahresfischfang eines Bootes einbringt. Im übrigen schläft man in Saint-Tropez nur aus Erschöpfung. Die Größen der Champs-Elysées rauben einander das Licht, und die Närrischkeiten reiben sich wechselseitig auf. Eine Republik der Zukunft! Man geht einträchtig barfuß und in Lumpen und läßt durch die Löcher des Hemdes die Eitelkeit schimmern. Dazu trägt man Frisuren und Hüte, deren Preis jeder kennt, und setzt sich unbequem, selbstquälerisch in die in gefährliche PS umgewandelten Vermögen. Die Seele ist von Françoise Sagan bezogen, Rudimente des Verstandes stammen von Sartre oder vom reichen Vater, für das Gesicht lieferte der Filmfriseur den Schnitt, und das Herz schlägt für de Gaulle oder für Monsieur Bill. Infantilismus ist Trumpf! Kein Mensch will über Zwanzig sein, und wer graue Haare hat oder kahl wird, hüllt sein Haupt in ein parfümiertes Schaffell. Die Scheidungen, die Verhältnisse, die Mariagen einer Saison registrierten Experten des Klatsches, und niemand kennt sich drin aus oder kümmert sich drum. Wer an der Börse nicht notiert wird, sorgt schnell für das Unwahrscheinlichste.

Wäre Leda in Saint-Tropez, sie hätte zum Rendezvous mit dem Schwan die Reporter bestellt. Ist kein Gott vorhanden, tut es ein Schwindler auch. Man fällt rein und gräbt andern die Grube. Niemand liegt auf der Bärenhaut, und schließlich heben sich aus diesem Leben und Treiben, aus den schönen Tagen von Saint-Tropez die Sterne des Pariser Winters, die Vedetten, die Regisseure, die Theaterstücke, die Ballette, die Filme der nouvelle vague, die Bestseller von tiefsinniger Modernität und letztlicher Unverbindlichkeit.

In den heilenden Gerüchen, in den Eukalyptushainen von Val d'Esquières und Saint-Aygulf weideten Esel und säten und axteten Menschen für wenig Geld und gar keinen Ruhm. In Fréjus, dem alten, dem zugeschwemmten, nun meerfernen römischen Hafen ging in einer Gasse toten Lebens die Schaltung meines Wagens kaputt. Das deutsche Automobil sperrte die Straße. Ein kleiner Omnibus konnte nicht weiterfahren. Sein Chauffeur stieg aus, besah mein Gefährt, zuckte mit den Achseln und setzte sich mit philosophischer Geduld in ein Café. Seine ländlichen Fahrgäste fingen an, Mitgebrachtes zu verzehren und Wein zu trinken. Kein böses Wort fiel, keine Geste der Ungeduld. Schließlich kam ein Mann im ölverschmierten Overall, der irgendwo eine Garage hatte, und sagte, er würde den Invaliden abschleppen. Ich fragte ihn, ob er die Schaltung reparieren könne. Er sagte, er kenne das System nicht, aber er werde darüber nachdenken. Ich nahm meinen Koffer, und der Mann, der nachdenken wollte, schleppte meinen Wagen ab. Der Autobus fuhr weiter, und seine Fahrgäste winkten mir zu. Ein Haus, das einen düsteren, ja unbewohnten Eindruck machte, nannte sich Hotel. Hinter einem Glasperlenvorhang saß eine alte schwarzgekleidete Frau und strickte an einem langen Wollstrumpf. Sie sah wie eine Parze aus, doch war sie freundlich und gab mir ein Zimmer, das mit seinem Steinfußboden und dem wenigen Licht, das durch eine Art Schießscharte fiel, einer Zelle in einem Militärgefängnis glich. Ich wusch mich über einem rostigen Becken, und dann traf ich im Gang und auf der Treppe auch wirklich Soldaten, Angehörige der Negergarnison von Fréjus, die in diesem Hotel ihre privaten Zimmer hatten. Die Soldaten grüßten die alte strickende Frau freundlich, und mich beachteten sie nicht. Ich besuchte mein Auto, die Garage war sehr klein, ihr Werkzeug war primitiv, und der Mann im ölverschmierten Overall versicherte mir, er werde nachdenken, er könne mir gar nichts sagen. Fréjus war reizend. Es mußte dort einmal eine Fremdensaison gegeben haben, aber das war lange her, war zu Großmutters Zeiten gewesen, und die neuen sonnen-

und wasserwütigen Ausflügler mieden die nicht mehr am Meer liegende Stadt. Alles spielte sich unter Einheimischen ab, und ich war aufgenommen. Ich aß mit den Soldaten, einem Eisenbahner und einem streunenden Hund zu Abend. Nur die Unbehausten besuchten das Restaurant; die anderen speisten gemütlich und besser hinter sorgsam geschlossenen Fensterläden. Nach dem Abendbrot inszenierte sich das Leben von Fréjus auf einer Art Forum. Breite Steinstufen führten hinauf, da war ein Café mit Tischen auf dem Platz und war ein Bistro, und auf den breiten Stufen hockte, wer kein Geld hatte, und ich saß vor dem Café unter alten menschenfreundlichen Bäumen, während vor dem Bistro sich die junge Welt versammelte, auch sie schon in Blue jeans, und der Besitzer eines Mopeds ließ sich bewundern, zeigte, erklärte sein Fahrzeug, ratterte eine Runde um die noch römische Stadtmauer und sonnte sich wieder im Neid seiner Freunde. Das Café war, wie oft in Frankreich, ein reines Frauenunternehmen, eine tüchtige Vorstufe des Matriarchats; die Chefin saß hinter der Kasse, dirigierte die kleinen Serviermädchen und herrschte auch über die Soldaten und selbst über die Militärpolizei, die zu meiner Verwunderung in rechter Schützenlinie, vier großgewachsene Neger, den Stahlhelm festgebunden, auftauchte. Im Hotel der strickenden Parze führten die Soldaten zur Nacht mit ihren Freundinnen ein glückliches und stilles Familienleben. Sie störten mich nicht, ich störte sie nicht, wir schliefen gut. Am nächsten Morgen dachte der Garagenmann noch immer über mein Auto nach. Ich vertraute ihm weiterhin und besichtigte Fréjus. Ich fand Reste der Römer, eine gänzlich sich selbst überlassene Arena, ich fand, in Stille und Verlassenheit gebettet, ein Kloster mit einem wunderschönen Kreuzgang, wilden Blumen und einem alten Brunnen, ich fand kleine Läden, in denen der Geist der französischen Provinz, in denen ganze Kapitel aus der Menschlichen Komödie von Balzac wie in Weckgläser konserviert waren, ich sah viele alte, schwarzgekleidete Leute, ich begegnete artigen Kindern, aber die tätige, die schaffende Generation schien hier nur durch die auch wiederum nichts tuende, sich überall freundlich und etwas verlegen herumdrückende Negertruppe vertreten zu sein. Ich ging die Landstraße zum Meer hinunter. Ich wandelte unter Palmen. Auf einer Bank am Wege schlief ein wandernder Clochard. Sein Freund, ein großer, traurig aussehender Hund, bewachte den Schlaf des Gerechten und knurrte treu und abwehrend, wenn man sich dem Bett des Müden näherte. Es war Pans Land. Die neuen modernen Villen in ihren nach alter Mittelmeerweise ummauerten Gärten machten einen unbewohnten Eindruck. Leere Balkons, leere Terrassen. An einigen Häusern war ein Schild »Zimmer zu vermieten« zu lesen, aber niemand schien hier ein Zimmer mieten zu wollen. In sauberen, frisch angelegten Straßen stand hin und wieder ein Knabe oder ein Mädchen an ein Fahrrad gelehnt, des Radelns, der Fortbewegung, jedes Zieles überdrüssig. In einem wohl eben eröffneten Laden wurden Badeanzüge angeboten; sie lagen wie ein ewiger Vorrat einer nicht verlangten Ware da. Der Strand war leer. Am Abend konnte man von dieser Stelle die spektakulösen Lichter von Saint-Tropez sehen, aber der Strand von Fréjus war leer. Nur eine einzige Familie lagerte am Wasser: ein junger fleischiger Mann mit einer sehr weißen Haut, seine Bikinifrau, seine Kinder, sein Hund. Sie hatten das Meer für sich. Erst im nahen Saint-Raphaël gab's wieder Badegäste, bürgerliche Hotels um einen kleinen Hafen herum, ein Kurhaus und alle Langeweile des angestrengten Nichtstuns. Die Entblößungen, die Drapierungen, die Verwilderung, die Verfeinerung und die Schreie von Saint-Tropez waren in Saint-Raphaël verpönt. Man strebte nicht in das Licht der Öffentlichkeit, der Skandale und des immer gefährdeten Ruhmes, man begnügte sich mit dem bescheidenen Glanz der kleinen Pensionen und einer in der Mittelklasse anerkannten Stellung. Man blieb unter sich, sympathisierte mit den Kolonialfranzosen in Algerien, glaubte an den Endsieg der Paras, und so war abseits der Hotellerie, jenseits der Bahnlinie, hinter dem alten Nahrungsmittelmarkt ein einheimisches, ein ursprüngliches Saint-Raphaël erhalten geblieben, wo man in einem Winkel alter Mauern plötzlich eine wirklich gute Fischsuppe essen und den Sorgen einer dicken, kleinen und höchst respektablen Wirtin lauschen konnte. Im ehrwürdigen römischen Fréjus war mein Garagist noch immer mit tiefem Nachdenken beschäftigt. Er schien mir inzwischen blaß geworden und abgemagert zu sein, und mein Wagen war noch immer kaputt, doch von keinem Werkzeug berührt. Vielleicht sei es nur eine Schraube, meinte der Grübler, vielleicht auch etwas Schlimmes. Ich vertraute ihm, ich machte ihm Mut. Wir gingen zusammen auf das Forum, setzten uns vor das Café und tranken etwas. Er erzählte mir, er habe als Kriegsgefangener in einer deutschen Werkstatt gearbeitet, aber ein

Fahrzeug wie meines habe er noch nie gesehen. Immer fährt man das falsche Automobil. Der Abend war schön. Wieder saßen die alten Bewohner der Stadt und die Kinder auf den breiten Stufen des Forums, und das Moped des forschen Jünglings war für die Gäste des Bistro noch immer eine Sensation. Die Negersoldaten lachten kindlich, sie wollten teilhaben am Leben der Familien, und im Hotel der strickenden Parze schlief man ruhig und nicht allein. Mein Vertauen zum französischen Handwerk wurde endlich aufs schönste gerechtfertigt: Probieren Sie, fahren Sie, sagte mein Freund, es war eine Schraube! Der Wagen ließ sich wieder schalten, und der für das Nachdenken geforderte Lohn war bescheiden. Auch die Parze verlangte nicht viel, und aus den schießschartigen Fenstern des Hauses blickten die Neger und ihre Freundinnen und winkten »Auf Wiedersehen«.

Die schönste Luststraße, die kühnste Achterbahn, hoch über tiefen tiefblauen Buchten, überragt von Felsen aus amarantfarbenem Porphyr, die die Automobile in die Abgründe drängen wollen, das ist die Corniche d'Or, die goldene Schlangenlinie nach Cannes, die zur Urriviera in das englische, das amerikanische, das einmal russische Frankreich führt, in das Land der Reichen und der Rentner, heute auch der verarmten Alten, der reisenden Sekretärinnen und einer professionellen Schicht, die, man weiß nicht auf welche Art, vom Nichtstun lebt. Im hübschen, subtropischen Meerespark der Ferienstadt erinnert ein Denkmal an Eduard VII. von England, »den treuen Freund von Cannes«, dieser wohlgekleidete Bonvivant eroberte, des Nebels und des Cants der Heimat überdrüssig, die sonnenbeschienene glückliche Küste, setzte die Hoteliers, die Köche, die Grundstücksmakler und die Demimonde in Brot, der Nebel blieb über den nordischen Inseln, aber die Vorurteile wurden mitgebracht, wurden zumindest in Nizza auf der Promenade des Anglais angesiedelt, doch erscheinen sie heute in Cannes nur noch amerikanisch-international-kinemaskopisch gemildert. Im bequemen, sturmgeschützten Jachthafen liegen die allstündlich von den Besatzungen gewaschenen und blankgeriebenen weißen Boote. Einige gehören noch geborenen Lords, die anderen geadelten oder noch nicht nobilitierten Fabrikanten. In makelloser Seglertracht sitzen sie in den wie die Schiffe sauberen Bars und Cafés des Kais und betrachten stolz ihr schmuckes Eigentum. Auf manchen Schiffen wohnen auch Familien, kochen, braten und backen, leben angenehm und billig vor der Nase der erzürnten Hoteliers und Restaurateurs, und zuletzt gibt es neuerdings noch Boote, die »Stern des Südens«, »Aphrodite«, »Kithera« heißen und Damen gehören, die dem Bordgast einen von Joseph Conrad nicht beschriebenen Zauber der See versprechen. Die weißen Hotelpaläste träumen von vergangenen Zeiten, die nur noch in den Tagen der Filmfestspiele wiederkehren. Sanft rauschen die Palmen, schütteln etwas melancholisch ihr staubiges Haupt, und im feinen Sand des Strandes ruht eine Großstadtbevölkerung, aus den Straßen hinter der Hotelfront gekommen und geschickt im Organisieren kostenloser oder zumindest billiger Vergnügungen. Das Meer, die Sonne sind auch in Cannes umsonst, und alte, in Schals und Schleier gewickelte Damen, Zurückgebliebene der Belle Époque, blicken schauernd auf die braunen, bis zum äußersten entblößten Leiber und erinnern sich der vergangenen eigenen Verhülltheit, der einst erwünschten Blässe. Die Fremden soupieren auf strahlend erleuchteten Terrassen in schicklicher Kleidung. So mancher Tisch blieb leer. Das andere Volk lag in Shorts, in zerdrückten Sweatern auf Liegestühlen an der Croisette und knabberte was aus der Tüte. Alle aber blickten auf die Leuchtfeuer des Meeres, und ein jeder auf sein Kap der Guten Hoffnung. Das in allen Prospekten erwähnte sogenannte Nachtleben war an den dafür eingerichteten Stätten konformistisch und langweilig wie überall auf der Welt. In den Straßen um den Bahnhof gab es eine verjüngte Prostitution in hautengen Hosen und Diebe, die nachts die Automobile der Fremden aufbrachen. Überall wurde gebaut, die Grundstücksspekulation florierte. Auf kahlen Felsen und noch wüsten Stranden wurden wolkenkratzerhohe Kuben aus Stahl, Beton und Glas für eine sonnengierige und sich ständig und rätselvoll vermehrende, überaus wohlhabende Bevölkerung errichtet.

Im Herzen von Nizza stand der Sonnengott, er stand als Statue etwas schamlos da, ein üppiger Sybarit aus bürgerlicher Zeit, seine marmorbleiche Hinterfront zeigte er kühl dem Meer, Automobile umkreisten ihn wie ein wildes Karussell, er blickte wohlwollend in die schöne, von Platanen beschattete Avenue de la Victoire mit ihren Läden, Kaufhäusern und Caféterrassen für die Einheimischen, er sah links das Geld bringen sollende Fremdenviertel, die Promenade des Anglais, ihre altmodisch gewordene, heruntergekommene Pracht, und rechts die malerische, schon ganz italienische Altstadt mit ihren volkstümlichen Märkten. An der Avenue de la Victoire mochte ich lange sitzen, man war dort in Frankreich, die Franzosen waren dort unter sich, die Avenue war wie eine nicht allzu feine und auch nicht allzu schäbige Straße in Paris, doch die überall durch ihr Platanendach brechenden Sonnentupfen gaben dieser Straße einen eigenen Reiz, der an Renoir erinnerte. Alle Frauen, alle Mädchen hatten den Charme seiner Modelle. Man schob und drängte sich, man kaufte ein, man guckte nach der Mode, man trank Kaffee oder Pastiche, den starken provenzalischen Pernod, die Kinder waren auf dem Schulweg, und aller Verkehr sammelte sich um die Galerie La Fayette, ein großes Warenhaus, an dem eine breite Tafel an Menschen erinnerte, die an dieser Ecke hingerichtet worden waren. Das war vor fünfzehn Jahren geschehen, und der Portier in meinem Hotel erzählte mir: um sechs Uhr, zur Hauptverkehrsstunde hat man sie aufgehängt, und Tausende haben zugesehen. Die Avenue de la Victoire war nicht nur von Renoir gemalt. Auf der Promenade des Anglais standen deutsche und englische Automobile, deutsche und skandinavische Omnibusse friedlich nebeneinander. Am Abend war auf der Promenade eine Menge los, auch hier schob und drängte man sich, aber es waren Leute aus Nizza, die hier den Abend und ein Schauspiel genossen; sie beobachteten die Fremden auf den Terrassen der großen Hotels, und es schienen nicht allzuviele Gäste dazusein, denn vorherrschend war die Leere. Große weiße Kästen mit stolzen britischen Namen machten einen gänzlich verlassenen Eindruck. Kein einziges Fenster war erhellt, und in der düsteren Halle saß ein einsamer Herr, las die »Times« und sah aus, als werde er dafür bezahlt, einen Lord zu spielen. Andere, noch größere Karawansereien waren in Appartements aufgeteilt, die an Dauergäste vermietet oder gar verkauft wurden. Vor dem Casino de la Méditerranée musizierte eine gute und sicher nicht billige Kapelle, eine berühmte Schallplattenstimme sang die beliebten Lieder, aber Tische und Stühle der Terrasse standen leer, ein Getränk kostete 800 Francs, und alle genossen die Musik, indem sie vor dem Casino auf der Straße stehenblieben, oder andere setzten sich in das benachbarte Café, wo die Konsumentation nur 80 Francs kostete und alles genauso gut zu hören und zu bewundern war. Ein paar englische Damen vertraten die Welt der Jahrhundertwende. Sie tranken Tee in einem englischen Teesalon, und ein dicker Geiger mit einem schlechtsitzenden Toupet und einem gefärbten schwarzen Schnurrbart und ein magenkranker Pianist spielten für sie den Valse triste. Eine Altersgefährtin der beiden Damen, die sich den Tee im englischen Teesalon nicht mehr leisten konnte, ging vor dem britischen Stützpunkt auf und ab und haderte mit ihrem Mops, der am Valse triste keinen Gefallen fand. Vor einem berühmten Restaurant gähnte der junge Torhüter, und im hochgewölbten, spiegel- und goldverzierten Raum, der einmal ein Schauplatz des Glanzes und der Verschwendung gewesen war, standen die reichgedeckten Tische in gespenstischer Einsamkeit. Im Garten einer Pension saß eine einzige englische Familie sehr aufrecht und bot der Zeit die Stirn. An einer Villa in einem Palmenhain waren die Fensterläden und die Türen mit Brettern vernagelt, aber der Besitzer hatte, bevor er sein Haus schloß, seine Blumentöpfe auf den Kies des Weges gestellt, wo die Blüten nun traurig ihre Köpfe hängen ließen. Wenn man fröhliche Stimmen hörte, waren es die Stimmen junger Amerikaner, die dies alles nicht kümmerte. Die Deutschen verhielten sich achtungsvoll, die Reisegesellschaften verlangten für ihr Geld den Hauch der großen Welt und schnupperten begierig nach ihm. Das Meer spielte in Nizza am Abend eine beschämende Rolle. Niemand beachtete es. Auf einem Hügel stand eine russisch-orthodoxe Kirche mit Türmen wie von St. Basilius in Moskau, ein Geschenk des Zaren, und trauerte nach älteren, weinte großfürstlichen Zeiten nach. In einer Straße, die noch durchaus zum vornehmen Fremdenviertel gehörte, gab es neben einem Garten mit reifen, über die Mauer fallenden Orangen das Restaurant Municipale, eine Armenspeisung der Stadt, die mit erstaunlichem Takt geschah, eine Speisekarte hing vor der Tür, das Diner kostete 55 Francs, 50 Pfennig also, und bestand aus dem Hors d'Œuvre, einem Fleischgang, Gemüse und Obst. Die Armen, die sich mit einem Kärtchen auswiesen, waren Damen und Herren, die wie alte arme Kirchenmäuse, aber doch so aussahen, als ob sie einmal in dem prunkvollen und nun gespenstisch gewordenen Restaurant sagenhafte Gastereien gegeben hätten. Ich aber fand nicht weit von diesem wundermilden Restaurant Municipale in einer Ausstellung in Nizza lebender Maler, in einem mit Bildern geschmückten Keller einen jungen Koch, der das Ansehen der ganzen ehrgeizlos gewordenen französischen Zunft wieder rettete. Dieser Meister strengte sich an, er übertraf sich, als ich ihn lobte, er stellte mir

Speisen auf den Tisch, die ich gar nicht bestellt hatte, und servierte Portionen, die nicht aufzuessen waren, und dies alles für einen bescheidenen, nicht anschwellenden Preis, so daß ich diesen letzten Jünger Brillat-Savarins leider kein zweites Mal besuchen konnte, denn ich wollte ihn ja nicht ruinieren. Am Sonntag versorgte sich das Volk in der Altstadt. Alle Läden, alle Stände waren geöffnet, und die engen Gassen der Metzger bildeten ein einziges Gewirr von Tierleichen und Fliegen. Die Kaldaunen, aus denen die schmackhaften Tripes à la mode de Nice gekocht werden, hingen wie ekle bleiche Waben im langen Riemen an den Haken. In einer Fischhalle weilte ein weißgekutteter aufrechter Mönch und hielt den Hausfrauen mit sanfter Beharrlichkeit eine Sammelbüchse hin, während unter den Händen der Händlerin die zuckenden Fische erschlagen und ausgenommen wurden und ihr Blut die weiße Tonbank färbte. Hundert Sorten Käse gab es wohl, die meist vom Hausherrn mit Kennerschaft für das Mahl ausgesucht wurden, Kinder trugen die meterlangen Brote heim, und der Blumenmarkt zeigte noch die volle Farbenpracht der Ansichtspostkarten aus Großmutters Album, der Grüße, der Erinnerung an Nizza. Am Meer aber, unterhalb des Château genannten, kiefernbewachsenen Hügels, auf dem die antike Stadt gegründet wurde, vor der Treppe Lesage, die mich an den Hinkenden Teufel erinnerte, der geht, die Dächer abzudecken und das wahre Leben zu sehen, am Hafen, wo die Schiffe aus Korsika lagen, wo Napoleon in italienischen Eissalons mürrisch bediente, im Schatten der Kirche Notre-Dame-du-Port, auch vor dem Felsen des unheimlichen, erdrückenden Gefallenendenkmals agierten, zerstörerisch gesonnen, die Schwarzen Lederjacken, die überall im bürgerlichen Frankreich sich organisierenden Banden der Halbwüchsigen, der Unbefriedigten der Lernschule, der von Rimbaud, Baudelaire, Sartre, Malraux Verwirrten, der von der Familienenge, vom Hausvatertum, solider Lebensplanung und Heuchelei Angeekelten, hinneigend zu völligster Anarchie wie zu brutalster Autorität und vielleicht, in ihrem Schwanken, die Zukunft Frankreichs.

Hoch über der Riviera, hoch über Villefranche, auf dessen blauer Reede amerikanische Kriegsschiffe ankerten, hoch über dem gelben und roten, ganz impressionistisch malerischen Beaulieu, wo ein zur eigenen Maske erstarrter Cocteau die Anbetung der armen Jünglinge und der reichen Gesellschaft empfing, lag

Eze, schwindelerregend, ein wirklicher Adlerhorst, ein bizarres Räubernest, eine uneinnehmbare Fluchtburg. Wer atemlos oben anlangte, war aus der Welt ausgewandert und befand sich in einem Labyrinth von Steintreppen, die alle, wie Jakobs Leiter, in den Himmel führen wollten. Der Himmel war ein lichtblaues, nahes und fernes Zelt. Der Horizont weitete sich so sehr, daß er das ganze Mittelmeer zu umfassen schien. Täuschte ich mich, oder war es wahr? Ich glaubte, Italien und Afrika, die Säulen des Herkules, ja die Trieren der Griechen, die Schiffe der Römer, die Galeeren der Karthager zu sehen. In den seltsamen Bergwabenhäusern von Èze aber schienen nur uralte Frauen zu wohnen, Witwen der schon Jahrhunderte toten Seeräuber vielleicht, die alle nun Ansichtspostkarten des beglückenden und befremdenden Ortes verkauften. Eine Reisegesellschaft holländischer Damen, die kürzeste französische Shorts auf allzu niederländischen Schenkeln trugen, fragten nach Ablegern der flammend blühenden, fleischigen Agaven, der igelartigen Kakteen eines der reinsten Höhenluft und der ikarischen Sonne ausgesetzten Steingartens.

Monte Carlo war, vom Meer oder von einer Höhe betrachtet, ein kleines New York. Wenigstens tat seine Sky-line so, prahlte mit Wolkenkratzern, die sich größenwahnsinnig auf Felsstufen erhoben. Die Wolkenkratzer waren Früchte des Fürstentums und der Steuerfreiheit. Die Polizisten Monte Carlos aber waren amerikanisch uniformierte Preußen, von einem Geist beseelt, der uns in Verruf gebracht hat. Sie dirigierten den Verkehr wie Feldwebel ihre Rekrutenscharen auf einem Exerzierplatz, und immer lenkten sie die Wagen, mit Hilfe von Einbahnstraßen und Abbiegeverboten, auf den Schloßhügel von Monaco, man konnte nicht anders, man mußte hinauffahren, man mußte den Prinzen und die aus Hollywood geholte Prinzessin auf Postkarten bewundern, die Operette der Wachablösung vor der bescheidenen Residenz sehen, erst dann durfte man wieder hinunterfahren nach Monte Carlo, am Hafen vorbei, wo die Jacht des wahren Königs von Monaco, des Herrn Onassis lag, und weiter zum Spielkasino, das eine einzige Versteinerung der Epoche vor 1914 ist. Dies alles schien unsympathisch oder grotesk zu sein; erst allmählich begriff ich, daß es liebenswert war. Vor dem Kasino fuhren in unaufhörlicher Folge die Autobusse vor, die Transporte der Amerikaner, der Deutschen, der Holländer, der Engländer, der Skandinavier, der Reisegesellschaften aus aller Welt. Sie kamen in Abendkleidung, wie Hochzeitsgäste angezogen, in Shorts, in bunten Hemden, in Jägerkostümen, in bayerischer Tracht, sie alle wurden hineingelassen in die altmodische Pracht des Rien-ne-va-plus, sie umlagerten die Roulettemaschinen, staunten, daß sie weit und breit nur ihresgleichen sahen oder doch nur einige der Figuren, die zu sehen sie erwartet hatten, die kleinen, schmuddligen, rechnenden, papierverschmierenden, behutsam 20 Francs setzenden Systemspieler und ihre im Verlust verblühten, zu stark mit dem Rot der Hoffnung geschminkten, kräusellockigen Gefährtinnen. Aber wo bleiben die aus unzähligen Filmen bekannten Gestalten im Frack, die dem Schicksal trotzenden Ritter, die in gefaßter Haltung ihr Vermögen auf eine Karte setzen und mit einem Scherzwort dem Rendezvous mit dem Tode entgegengingen? Es gab die Helden des Grünen Tisches, der kreisenden Kugel, der verdeckten Trümpfe nicht mehr. Die Helden ruhten nicht auf dem Selbstmörderfriedhof der Spieler, sie lagen auf den Schlachtfeldern der Weltkriege begraben. Der Saal war angefüllt mit kleinbürgerlichen Zuschauern eines Schauspiels, das nicht mehr stattfand. Hin und wieder riskierte ein Amerikaner zehn Dollar, und ein Raunen ging dann durch den Raum, als sei die Bank in Gefahr gewesen, gesprengt zu werden. Die alten Croupiers verbargen mühsam ihre Verachtung. Die wirklich reichen Leute hatten ihre eigene Kolonie, ihren eigenen strenggeschlossenen Zirkel. Sie soupierten auf der Terrasse des Hôtel de Paris, eine kleine Welt, die sich kannte, sich selber überdrüssig war und nicht voneinander loskam. Es seufzten Geigen im Hintergrund seideüberspannter Zimmer, und vor dieser noch nicht von jedermann eroberten Burg der echten Nabobs, der Sagengestalten des Society-Klatsches und der Illustrierten Zeitungen warteten geduldig und in erstaunlicher Zahl die silberbeschlagenen, die ruhig schleichenden oder geräuschlos dahinbrausenden schwarzen oder grauen Särge, die hoheitsvollen, altmodischen englischen Automobile. Doch hinter dem Kasino wurde gemordet, geliebt und gelacht, es wurde gesungen, geschrien und laut geflüstert, eine große Leinwand war so aufgestellt, daß sie über den Palmen und Kakteen des Hanges, daß sie über dem Meer zu schweben schien, und ein gespenstisches Amerika der auf dieser Fläche grellbunt erscheinenden Filme faszinierte ein im Park und milder Nacht promenierendes oder staunendes Volk. Monaco war sauber und war sittenstreng. Andauernd wurden die Straßen gefegt und gesprengt, und im Hotel mußte der Gast, um ein Zimmer zu bekommen, einen peinlichen Fragebogen ausfüllen. Oben in der Fürstenstadt, die kein Hotel auf ihrer Höhe duldete, lebten die Ureinwohner, die wahren Monegassen, die beneidenswerten Nichtsteuerzahler und jeder Wehrpflicht Entronnenen in Sauberkeit und, wie mir dünkte, auch in Glück und Zufriedenheit zusammengedrängt. Einer konnte dem anderen über schmalste Gassen ins Fenster schauen, aber sie schienen nichts zu verbergen zu haben und nur ihren Fürsten zu loben, der in seinem kleinen, wie eine bessere Fremdenpension aussehenden Schloß den ältesten und den jüngsten Adel glücklich vereinigte, der Linie der Grimaldis und die Hoheit der Leinwandschatten. Nie erblickte ich einen friedlicheren Ort! Im sehenswerten ozeanographischen Museum verschwisterte er sich mit dem Meer, das ihn umgab, und zeigte die erstaunlichste Sammlung von Seebewohnern und Wasserschätzen und wie sie dem Menschen dienen. War Monte Carlo, die prinzliche Enklave, noch Frankreich? Es war Frankreich in jeder Wohnung, in jedem von Fremden nicht betretenen kleinen Restaurant, in jeder Wirtin, die würdig, liebenswürdig und rechnend hinter der Kasse saß, in jedem Herrn, der die Rosette der Ehrenlegion im Knopfloch trug, die Finanzzeitung las und genüßlich die Schalen der billigen Langusten aussog, in jedem Kind, das in seiner Schule zu Voltaire, zu La Rochefoucauld und selbst zu Baudelaire geführt wurde.

Menton, nahe der Grenze nach Italien, gab sich ganz italienisch, eine sich eifersüchtig bewahrende Stadtrepublik mit einem skandinavisch-englisch bevölkerten Strand, mit allen behüteten und wohlgenährten Kinderstimmen Europas im flachen freundlichen Wasser und mit den grauen, das angenehme Leben schützenden oder es am Ende bedrohenden Silhouetten der sechsten, der atom-strategischen Flotte Amerikas am glitzernden, noch immer antiken Horizont, aber wenn man die Grenze passiert hatte, in Ialien war, das kommerziell abgesperrte Meer vor Badehütten und Verkaufsbuden nicht mehr sehen konnte, dann begriff man, daß auch Menton unverkennbar französisch gewesen war, daß es in hohem Maße jene bürgerliche Freiheit hatte, die Frankreich hoffentlich niemals verlieren wird.

Die altmodischen, die lächerlichen, die gefährlichen, die blutgetränkten Grenzen zwischen den Ländern des kleinen geschichtsbelasteten Europas sind an der Saar von den Zöllnern beseitigt worden, von einer vorläufig noch beargwöhnten, aber doch erfreulichen Güterfreiheit, die auf dem deutschen Boden Saarbrückens lustig französische Fähnchen über Alkoholflaschen, Modewaren, Parfüms und gar über Automobilen wehen läßt. So ist Saarbrücken eine Stadt unserer Zukunft. Deutschland und Frankreich begegnen sich freundschaftlich auf Gartenschauen, und Minister schütteln einander die Hände. Die vielen großen Freiflächen, die noch immer ausgedehnten Schutthalden der Zerstörungen des letzten Krieges geben der Stadt ihr mittelalterliches und zugleich doch utopisches Gesicht, Kirchen und Wolkenkratzer erheben sich gleichermaßen jung und unmittelbar aus dem Nichts, ein großer Brückenbau über den Fluß ist wie ein Holzschnitt anzusehen, der ein altes Bauhüttenwesen zeigt. Stahlgerüste wachsen wie in Amerika in die Höhe, und eine Kontinuität des Geistes und des Schaffens offenbart sich zwanglos vom Dom bis zur Bank der Montanunion. Reaktionäre der begrabenen Großdeutschheit murren im wilhelminischen Ratskeller beim Bier und unter dem rührenden Bild des Trompeters von Säckingen. Das bevorzugte Kind der Zeit, der wendige Geschäftsmann, nützt die Chance der offenen Grenzen, der sich weitenden Verhältnisse, er tauscht, er kauft, er bietet an, er ißt im Bahnhofsbuffet nach der französischen Karte und lobt von Herzen den vaterländischen Riesling. Amerikanische Soldaten, Kreuzritter von den Farmen des Mittelwestens, am Rhein kaserniert, warten, einen Tölzer Trachtenhut kühn auf dem kurzgeschorenen Haupt, auf den Zug nach Paris: die Welt ist ein Traum. In Völklingen drohen die Schlote der Röchling-Werke den engen Spitzweggassen und legen über die alte Stadt eine immerwährende Wolke schweren schwefelgelben Rauches. In den Hochöfen schmilzt das Erz, um das sich der dritte Napoleon und Bismarck, Clemenceau und die Alldeutschen, Hitler und eigentlich niemand zum Unglück ihrer Völker gestritten haben. Die Werkmauer zieht sich wie um eine Festung. Doch wessen Vorposten sind die Kneipen, die vielen Bierhähne ringsum? Weder deutscher noch französischer Wein scheint gefragt zu sein. In den Schaufenstern kleiner Krämerläden aber glänzen die Kognakflaschen und sind hier billiger als in Cognac selbst. Bücklinge von der Nordsee liegen neben Artischocken aus der Bretagne, und die heimischen Kartoffeln werden schon französisch in Fett gebakken. Auf der Tür eines Werkbüros steht das Wort »Arbeiterstammrolle« geschrieben, was streng und militärisch klingt. Ein junger Mann in Röhrenhosen kämmt sorgfältig sein überlanges Haar, bevor er hineingeht und sich erfassen läßt. Ein Schild sagt, hier sei ein Parkplatz für Kleinwagen. Es ist aber kein Wagen zu sehen. Auch der Autoabstellplatz vor der Werkbücherei ist leer. Überschätzt das Unternehmen die Motorisierung seiner Arbeiter? Die Saar fließt gemächlich durch ein ländlich grünes, kein steingefaßtes Bett, und selbst wo Häuser stehen, Fabriken sich erheben und Schlote ragen, bleibt das Bild dörflich vor freundlich bewachsenen Hängen, und die schweren Kohlenkähne liegen doch leicht auf dem Wasser und wirken bäuerlich und kindlich zugleich.

Die Natur ändert sich nicht, wenn das Land französisch regiert wird: auch nach Forbach zu behält sie ihr fast bukolisches Gesicht. Das Stahlwerk in Forbach ist wie das Stahlwerk in Völklingen eine Festung im lieblichen Gelände, und der schwefelgelbe Rauch über dem Gewirr von Gestängen, bauchigen weißglänzenden Röhren, hohen Metallkuppeln gleicht einem gigantischen Versuch, die Industrie unter eine Tarnkappe zu legen. Die Arbeiterwohnungen, niedrige Häuser im Schatten der Werkmauer, sind noch aus der Zeit vor der Vierzigstundenwoche: nur enge Schlafstätten. Erst in der Hauptstraße von Forbach merkt man, daß man in Frankreich ist. Das Wetter ist kalt und trüb, aber die kleinen Cafés haben bunte Stühle vor die Türen gestellt und zaubern einen Boulevard. Er ist ein Boulevard der Einsamkeit. Von seiner Werkburg abgesehen, ist Forbach, wie Völklingen, eine rechte Kleinstadt geblieben: selbst die Einheitspreisfiliale eines Pariser Warenhauses hat sich dem glanzlosen Stil traurig-provinzieller Läden angepaßt, in deren grauer Reihe eine geräumige helle Buchhandlung mit allen großen Namen der französischen Literatur überrascht. Der Bahnhofsvorplatz verwundert in seiner Verwahrlosung und läßt an eine Zivilisation denken, die sich aufgibt. Der Putz des Gebäudes ist abgesplittert. Den rohen Stein frißt der Regen. Müll scheint das grobe Pflaster zu decken, und unheimlich öd wie in einem Gespensterfilm steht an einer Ecke das »Hôtel de la Gare.« Kein Reisender wird angelockt. Italienische Arbeiter lungern fröstelnd und wie verloren auf dem unheimlichen Platz; manche hocken auch, als ließe man sie obdachlos, auf ihren schäbigen, abgestoßenen, doch bis zum Platzen gefüllten Koffern. Ein sehr altersschwaches Automobil zeigt den Äskulapstab des Arztes. Kleine arabische Mädchen, mit Augen, als blickten sie noch immer aus Schleiern, huschen in die Schule, das französische, das europäische ABC zu lernen. Die lange Straße der Ortsausfahrt ist fast unbegangen, und die Häuser dukken sich ängstlich unter der Rauchfahne des Stahlwerkes. Vor der Stadt erheben sich dann plötzlich auf Hügeln und im Ackerland mächtige neue Wohnblöcke aus Zement. Sie ragen da himmelauf wie die grauen Schlösser eines neuen glanzlosen Ritterstandes. Die Landschaft zeigt sich weiterhin unbekümmert, lieblich und parkähnlich. Über Bäume, Berge, Täler und Wasserläufe schwebt eine Transportseilbahn, deren Anfang und Ende nicht abzusehen sind. Schwarze Kübel voll Kohle oder voll Erz gleiten lautlos durch den Himmel, sammeln sich wie die Gleise eines Verkehrszentrums um Sarreguemines, verschwinden im Rauch der Hütten oder tauchen wieder auf aus den dunklen Schächten, deren Fördertürme Sarreguemines umlagern. Dennoch, welch stille Stadt ist dieser Ort! Alle Männer scheinen zur Schicht gefahren, alle Kinder brav in der Schule zu sein. Aber was machen die Frauen? Man sieht nur ein paar alte schwarz oder grau gekleidete schattengleich, oft von einem weißen Spitz begleitet, über die Bürgersteige zu den kleinen Geschäften wandeln. Vor einem traurigen Café sitzt ein Jüngling, nach düsteren Filmvorbildern nachlässig gekleidet, und liest den Roman der neuen literarischen Welle. Er haßt Sarreguemines, er haßt die alten Frauen, die kleinbürgerlichen Spitze, es ekelt ihn vor der Stille, den leeren krummen Straßen, den Rauchschleiern des Himmels. Es gibt kein Dornröschen zu befreien und zu erobern im schlafenden, im arbeitenden Sarreguemines. Der Freund der Literatur trinkt das überall angepriesene Mineralwasser, er schlürft die Bitternis des Romans, und sein Traum vom Quartier Latin wird von der Provinz, an der er leidet, allmählich erstickt. Wann werden all die Flaschen geleert, die Flaschen mit den grünen, den gelben, den roten, den weißen, den immer giftig schillernden Bränden? In der

Kirche Saint-Nicolas kniet eine sehr junge Nonne, und die alten, die hohen Pfeiler des Gotteshauses schließen sie wie in einen viel zu großen Käfig ein.

Die Technik hat, so sagt man, die Entfernungen besiegt und die Welt nahe gemacht, aber manchmal läßt gerade das technische Vehikel die Räume groß erscheinen. Das Auto fährt durch Frankreich, und das französische Land, die französischen Dörfer wirken weitläufig und menschenarm. Die Straßen sind immer schön, sie sind gepflegt, sie sind von schattenspendenden Bäumen begrenzt, und für deutsche Augen sind sie überraschend wenig befahren. Lothringens Reichtum sind nicht nur seine unterirdischen Bodenschätze; es ist auch überirdisch ein fettes Land. Überall Weiden, Kühe und Milchwirtschaft. Die Herden grasen in Umzäunungen ohne Hirten. Eine Ausstellung landwirtschaftlicher Maschinen steht ohne jeden Besucher seltsam selbstgenügsam auf freiem Feld. Ein Mann allein umkreist auf einem Traktor pflügend einen bis zur Horizontgrenze reichenden Acker und symbolisiert so eine neue Einsamkeit des Landmannes: auch er ein homo faber, der, auf dunkler Erdenreise, wie eh und je ein Riesenwerk unter einem unergründlichen Himmel tut.

In Nancy, der lothringischen Hauptstadt, führen alle Wege zum schönen Platz des polnischen Königs Stanislaus, der hier der Herrliche genannt wurde. Die Straßen verlaufen schnurgerade, und wie in einem barocken Park die Alleen auf erhebende Points de vues gerichtet sind, lenken sie alle den Blick auf das Denkmal des aus seinem Land vertriebenen Polen, der als Schwiegervater Ludwigs XV. mit dem Herzogtum Lothringen für den Verlust seines östlichen Königreiches getröstet wurde. Stanislaus zeigte sich dankbar und baute in Nancy seinen Louvre, aber die geraden Straßen, ihre Fluchtlinien über den Platz hinweg gleichen heute merkwürdigerweise von Buffet gemalten düsteren Perspektiven: sie glänzen nicht, sie sind einöd. Die Cafébesucher der Place Stanislas wirken vor der höfischen Kulisse klein, bieder, unelegant, und sie benehmen sich, obwohl sie Franzosen sind, laut und unerzogen. Überall erhebt sich, summt, dröhnt die Plage transportabler kleiner Musikgeräte; man unterhält sich nicht mehr, sondern man läßt sich von unsichtbaren Manipulanten unterhalten, und auf der Place Stanislas in Nancy darf man fürchten, daß sogar Frankreich das Denken verlernen wird. Araber wandern geduldig und doch deutlich fordernd von Tisch zu Tisch und bieten schmutzige Erdnüsse zum Kauf an. Es scheint sie nicht im geringsten zu stören, keine Kunden zu finden, und in schäbigster Kleidung zeigt sich ein Stolz, als wären diese armen Emigranten sicher, die Konkursmasse einer europäischen Kultur zu übernehmen. Im Hotel hält man sich an das Zeremoniell der großbürgerlichen Zeit. Das Restaurant zeigt Spiegelwände und weißgedeckte Tische, doch das Glas ist stockfleckig und das Linnen schon zu oft gewaschen. Die Speisekarte liest sich großartig, aber was aufgetragen wird, enttäuscht. Der alte Kellner serviert jeden Gang wie zu einem Fest, doch das Kotelett ist klein und zäh. Viel zuviel Lärm um ein Omelett, und der Aufwand läßt nichts Rechtes mehr auf die Tafel kommen. Nur an zwei Tischen im großen Saal sitzen Gäste und vervielfachen sich gespenstisch in den hohen Spiegeln. Im Schlafzimmer prunkt ein breites Messingbett unter leuchtend roter Decke wie ein Großmutterthron. Die Toiletteneinrichtung verbirgt sich hinter einer Milchglasscheibe, und man sieht den Zimmerpartner in dieser Ecke wie in einem Striptease-Schattenspiel agieren. In der ehrwürdigen Grande Rue, die zum alten Palast der Herzöge von Lothringen führt, haben sich die schönen kleinen Adelspaläste proletarisiert. Der Gewinn ist ein buntes Volksleben. Die Könige der Geschäfte sind die Motorradhändler. Scharen von jungen Leuten sind ihnen tributpflichtig. Am Sonnabendnachmittag kommen sie vor die Läden geknattert und legen ihre Wochenraten auf den Zahltisch. Es gibt aber auch Buchhandlungen in der Grande Rue, und, wie immer in der französischen Provinz, wirken sie wie verlorene Vorposten von Paris. Blasse Schulkinder werfen Bälle über die Gräber der alten Herzöge. Es gibt Weinkneipen für arabische und Weinkneipen für italienische Arbeiter, in beiden ist das Licht dunkel und klingen die Stimmen wie Streit. Ein paar Schritte abseits werden Springbrunnen und Nymphen und die Heiterkeit des Rokoko von Scheinwerfern angestrahlt. Verliebte gehen über die Wege, und Katzen streifen über die Beete des einst königlich-polnischen Parkes. Schreie von Tieren und Rufe junger Leute. Unter Bogenlampen wird Minigolf gespielt und Limonade getrunken. Die zwielichtigen Pfade führen zu Käfigen. Man hat Schakale, Wölfe, Wildkatzen, einen Esel, Raubvögel eingegittert, und die engumschlungenen vorübergehenden Liebespaare betrachten noch zur Mitternacht die unglücklichen Gefangenen und lauschen ihren wehmütig klagenden Lauten.

Bei Frouard fließt die Meurthe in die Mosel, und über den grünen Inseln zwischen den ländlichen, den freundlich gebliebenen Flüssen hängt der rote Rauch aus den Öfen der Gießereien und breitet sich kilometerweit wie ein gefährliches Morgenrot über Pompey und Pont-à-Mousson. Diese kleine Stadt fügt sich, als sei dies ihre Aufgabe und ihr Stolz, um einen großen, kahlen, staubigen Platz, den anheimelnde alte Häuser und dämmerige Arkaden begrenzen. Es baut sich alles wie zu einer Metropole in einer Nußschale auf, zu einem übersichtlichen Zentrum mit Geschäften, Cafés, einem Damenfriseur, der Praxis einer Hebamme, die weiß gekleidet wie eine Waschmittelreklame aus dem Fenster blickt, und der Liter algerischer Rotwein kostet 1,25 Francs, aber der Platz ist menschenleer, die Arkaden sind ohne Promenierende, die Cafés bleiben ohne Gäste, und die Läden scheinen keine Kunden zu haben. Hier und da fegt eine Frau den Steinboden vor ihrem Haus. Fegt sie ihn für die Katze, die ihr zuschaut? Jenseits der Mosel, hinter der 1944 zerstörten, 1949 schmucklos, zweckmäßig wiederaufgebauten Brücke erhebt sich groß, ja imponierend kathedralengleich die Fassade der Hauptkirche des Ortes und besitzt, da sie von den Wellen des Flusses getragen erscheint, einen überirdischen Schimmer. Und ein Denkmal für die Toten der Kriege reckt sich steil – ein wahrer Zornesschrei – gegen den Himmel.

Traurige, provinzielle, eintönige Einfahrt in Metz. Noch immer ist die Stadt eine Festung. Man parkt zur Orientierung auf der Place de la République gegenüber einer bedrückenden Kaserne aus rotem Ziegelstein. Die Kaserne wirkt heute noch so preußisch, daß man fürchten mag, Bismarck oder Kaiser Wilhelm hätten sie gebaut. Doch tut man dem deutschen Kaiserreich hier unrecht. Es hatte die Kaserne vorgefunden, es hat sie genutzt, es hat sie geräumt, und die Franzosen, wieder in ihren anrüchigen Besitz gekommen, erhalten sie preußisch wie die Preußen. Den Bauten des militärischen Zwanges ist es gleichgültig, unter welcher Fahne Soldaten über den Exerzierplatz robben. Ein alter saurer Geruch von Schweiß und Furcht dringt durch das weite Tor. Doch bald schon wird Metz gemütlich und menschlich. Krumme Wege, verwinkelte Geschäftsstraßen führen zur Kathedrale, und auf den Terrassen der provinziellen Cafés, die den hohen Bau umgeben, bewundern die Städter wie die zum Markt gekommenen Landleute die alten Türme. Metz liegt wie Essen oder Bochum inmitten von Tätigkeit und Reichtum, auf Erz und Kohle sind seine Häuser gebaut, Industrie umgibt es, aber dennoch wirkt Metz still und arm, die alten Viertel eng und traurig und die neueren so deutsch garnisonstädtisch, daß man an den Prachtbauten im Gründerjahrestil, am Bahnhof, an der Post, am Gouverneurspalast das Schild »Königlich-preußisch« vermißt. Zwischen Bahnhof und Post promenieren gegen Abend gefällige breithüftige Damen, und von den Terrassen der Bierlokale blicken ihnen sehr martialische französische Unteroffiziere begehrlich und eigentlich altmodisch nach. Die Epoche von 1870-1914 scheint das Gesicht der Stadt für immer geprägt zu haben. Erst die Bauten der neuesten Zeit, die Beseitigungen der letzten Zerstörungen, die Neusiedlungen der Peripherie sind von französischem Charakter. Die Kirche der heiligen Therese gleicht von außen einem Elektrizitätswerk und hat ihre Schönheit. Innen empfindet man das Wohlbehagen eines vorzüglichen Raumgefühls. Schräg geführte Steinwände vereinen sich im First mit den mächtigen Betonstrebebogen und schaffen zusammen mit den bunt verglasten Fenstern Geborgenheit, Ruhe, Frieden und die Bereitschaft zur Andacht. Zuweilen meint man in dieser Kirche, unten in einem gekenterten kielobentreibenden Schiff zu stehen, aber der Gedanke des Untergangs ängstigt hier nicht. In einem Vorort von Metz gibt es noch eine andere zeitgerechte Kirche, ein Gotteshaus der Armut. Es ist eine Wellblechbaracke, eine Art Nissenhütte, die im Schatten eines wirklich riesigen Wohnblocks, einer unheimlichen Übermietskaserne steht. Im Unterbau dieses geordneten Labyrinths bilden Garagen eine tote Front festverschlossener Luftschutztüren, und darüber ziehen sich elf bis zwölf Zementgalerien wie Wehrwülste eines Bunkers und sind das Haus umziehende Straßen, auf denen man die wabenartig in den Beton geschnittenen Türen der Wohnungen erreichen kann. Die kleine Kirche aber, die Eisenblechplatten, auf die ein Kreuz gesetzt wurde, ist innen mit einfacher Pappe verkleidet, hat rohe Biergartenbänke aufgestellt, aus billigen Kunststoffvorhängen Beichtstühle gebildet und wirkt mit all dieser echten Armut sehr rührend, sehr schön und sehr feierlich und merkwürdigerweise sogar hell und freundlich. Die utopische Wohnburg aus grauem Beton und die beinahe früh- oder schon wieder neuchristliche Kirche aus Eisenblech fügen sich, betrachtet man sie, die Stadt im Rücken, vor dem Horizont sanfter Berge, überraschend zwanglos in eine noch immer romantische Landschaft ein. Das französische Industriegebiet um Metz ist von schöner Natur, und die großen, die mit Recht berühmten, die technisch vollkommenen Fabriken liegen so lieblich gebettet, daß man meint, durch das Reich des Novalis, durch die von Magie und Glauben verklärte Welt des Heinrich von Ofterdingen zu reisen. Keine Autobahn, ein schmaler Pfad durch Wald und Feld führt von Metz nach Briey, ins Zentrum des gleichnamigen Erzbeckens und in das zu Spaziergängen einladende grüne Tal der Orne, wo in der Nacht überall die geistergleichen Flammen der Abgase über den Hochöfen brennen. Auf dem Wege aber findet man und seltsam ausgestoßen aus der Schönheit des Landes den kleinen Ort Saint-Privat, berühmt durch eine Schlacht von 1870 und von Schullehrern den Kindern ins Gedächtnis gepreßt. Angesichts der historischen Stätte kann man nur rufen: es hat sich nicht gelohnt, um sie zu kämpfen. Das Dorf ist eine lange traurige Straße aus nicht dörflichen, sondern vorstädtischen Häusern. Farblose rissige Fassaden. Vortreppen, auf deren Steinstufen die Einwohner in einer gespenstigen, an Negerdörfer des amerikanischen Südens erinnernden Leblosigkeit sitzen. Briey, Moyeuvre, Hagondange – triste Städte, freundliche Berge, quellklare Bäche, romantische Schluchten vor der Kulisse der Erzschmelzen, die wie Laboratorien des Doktor Faust aussehen. Der Anblick ist unverständlich, wirr, unordentlich und zugleich gigantisch. Es sind Zauberhütten! Der Rauch steigt aus ihren Schornsteinen schneeweiß, kohlschwarz, giftgelb, hephaistosrot. Überall ziehen sich Röhren hin; manchmal über den Fluß und in die Wälder. Schwere Kähne schwimmen anscheinend unbeweglich auf schmalen Kanälen. Die Wohnungen der Menschen liegen unter Rauch, an Fabrikmauern in engster Nachbarschaft in langen Reihen, dann wieder auf Hügeln mit weiten Ausblicken in die Landschaft, die so verblüffend unberührt und nicht wie aus unserer Zeit ist, und wo man kann, hat man neben dem rußgetünchten Haus kleine Bauerngärten umzäunt und bestellt, und da blüht es in allen Farben, die der Rauch zum Himmel trägt. Gegen Abend steht viel Volk in den Straßen. In Gruppen, doch fast ohne Bewegung, Männer für sich, Frauen für sich, junge Leute und die Diaspora der Italiener, der Araber, der Polen. Überall ist ein wenig Kirmes: ein Kettenkarussell, eine Schießbude, der ranzige Geruch von Backfett und Zucker. Aber die Gondeln schwingen leer, das Schießbudenweib gähnt über den ruhenden Gewehren, und die Schmalznudeln verschrumpfen in einem allgemeinen Warten. Plötzlich dann stolz und großstädtisch die Lichtreklame eines »Café du Rond Point«: hinter unverhangenen Fenstern Männer beim schwarzen algerischen Rotwein und die grünen Beete der Billardtische mit den wie nie bewegt ruhenden gelblichen Kugeln. In Thionville war gerade der Bürgermeister gestorben. Man hatte ihn in der Kirche zwischen roten Vorhängen und festlichen Kerzen prächtig aufgebahrt, Polizisten hielten die Totenwache, und die Notablen der Stadt kamen vorgefahren, dem verschiedenen Oberhaupt die letzte Ehre zu erweisen. Die Trikolore wehte. Was empfand das Volk? Es füllte die Läden, es drängte sich in den Cafés. Auf den Plätzen glitzerten Tausende von abgestellten Motorfahrrädern. Die Mädchen waren aus billigen Läden wie Filmidole gekleidet. Soldaten marschierten hemdsärmelig wie unter afrikanischer Sonne. Ein Neger hatte sich winterlich vermummt und stapfte wie durch tiefen Schnee. Im »Hôtel du Parc« blickten Stahleinkäufer auf die breite schöngefaßte Mosel. In Hayange wurde der größte Hochofen eingeweiht, der täglich zwanzig Waggons Koks fressen wird und eine Gußproduktion von 1200 Tonnen erreichen soll. Er sah zu allem entschlossen und neu schon finster aus. Der Hauptpriester von Hayange segnete auf einem kleinen Altar den Koks, das Erz und kleine Kreuze aus Wachs. Madame la Comtesse de Mitry wurde dann vor den Ofen wie vor ein Ungeheuer geführt; doch sollte sie nicht hineingeworfen werden, sondern war berufen, ihn zu entzünden, was sie, von den Arbeitern bestaunt, in der Tradition der guten Gesellschaft selbstsicher und charmant mit einer langen Fackel tat, die nur ein wenig in ihren spitzenbehandschuhten Händen zitterte.

Die Landstraße nach Verdun führt über kleine, Täler beherrschende Höhen, und sie waren es wohl, die die Generalstäbler angezogen und die Feldwebel wild gemacht haben. Es klingt wie Indianerspiel und hohe Wissenschaft, »die Höhe 112 ist zu nehmen oder zu halten«, und ringsherum liegen Friedhöfe. Da sind die alten Schlachtfelder von Gravelotte und Mars-la-Tour, öde Nester, verlorene Welten, ein Hahn kräht auf dem Mist, und manchmal gibt es ein vom Schuldiener verwaltetes verstaubtes Museum mit den Erinnerungsstücken an 1870, ein durchschossener Küraß vom Garde du Corps – wie fern liegt das! Nähert man sich Verdun, hört man Maschinengewehrfeuer, und Flugzeuge dröhnen in der Luft. Keine katalaunische Schlacht! Man übt wieder den Krieg auf einem Boden, der von Granaten aufgewühlt, mit Menschenfleisch gedüngt war. Schweres amerikanisches Gerät gräbt sich über die Wege, und in den Straßenkreuzern überseeischen Wohlstandes rollen die Familien hinterdrein. Auf der letzten Höhe vor der Stadt und dem Tal der Totenmale steht eine kleine Wirtschaft, verschont geblieben in neunzig Jahren, und sieht den ewigen Heerbann an sich vorüberziehen. Eine freundliche Greisin, ein alter Mann, mythische Erscheinungen fast, reichen dem Gast ein Glas Wein und sprechen an dieser Stätte des Grauens und des Sieges deutsch. Sonst hat man das Entsetzen in einen Park gepackt, dem Tod das saubere Kleid der Statistik übergeworfen, und von weit her kommen die Autobusse wie zu einem Festspiel gefahren, die Touristen schreiten über gepflegte Kieswege und lesen auf schöner Erztafel die Kunde: hier ruhen fünfhunderttausend Tote. Oder waren es eine Million, waren es zwei Millionen, die starben? Die große Zahl löscht das Leid. Weithin schwarze Kreuze. Darüber die Trikolore und das Sternenbanner. Dahinter das Knochenhaus, Massengrab und Denkmal zugleich. Wie ein aus dem Hades aufgetauchtes Unterseeboot liegt es da, und wenn am Abend von seinem hohen Turm Scheinwerfer wie des Sensenmannes bleiche Finger über die Leichenfelder und die Gräben und Kasematten verbissener Kämpfe streifen, mag man wohl doch in den Lüften Schatten und Lärm der katalaunischen Schlacht wahrnehmen. In den Gewölben des Beinhauses hallt hell die Stimme eines Knabenchors. Durch gefärbte Fenster flutet das Licht rot auf die endlosen Totentafeln des Foyers. Namen junger Menschen, achtzehn Jahre alt, zwanzig Jahre alt, im August 1914 von einem Dämon aufgerufen. Man darf den Turm besteigen. Es bietet sich ein Panorama grüner Hügel, ein Gelände, wie der Stratege sagt, und ideal für ein Planspiel. Die Touristen schlendern in Gruppen zu den besonderen Sehenswürdigkeiten. Da ist der schauerliche Graben der Bajonette: die blanken Waffen wachsen wie Nesseln aus der Erde, und unter der Verschüttung steht die Abteilung aufrecht, bis heute vierundvierzig Jahre lang. Man kann in die Höhlung der Festung Douaumont kriechen; ein wohlgeschminktes Fräulein, eine Hostess der Unterwelt, nimmt einen bei der Hand und nennt die Zahl der Gefallenen. Oben auf der unzerschmetterten Betonkuppel des Forts schläft ein junger französischer Soldat in der

Sonne. Ein wie für die Ewigkeit gebautes granitenes Denkmal erinnert an die Unzulänglichkeit menschlichen Planens: es ist André Maginot geweiht, der bei Verdun als Sergeant verwundet wurde und später als Kriegsminister Frankreich durch eine Chinesische Mauer schützen wollte. In Verdun, der kleinen Stadt, stehen entschärfte Granaten vor den Türen der zahlreichen Bonbonläden und werben für die Süßigkeiten, der lokalen Spezialität. Verdun ist Provinz, Verdun ist bourgeois. Mittagshitze, Mittagsstille. Amerikanische Soldatenfrauen wie bunte fremde Vögel in einer grauen Straße vor kleinen geschlossenen Geschäften. Schlafende Karussells und Buden eines Jahrmarkts. Die Maas ist ein hübscher Fluß. Am Abend verklärt ihr sanfter Spiegel das Bild der Stadt. Im Offizierskasino brennen Lichter wie zu einem Fest. In einem alten Turm an der Brücke trommeln Pfadfinder die alten siegversprechenden Märsche. Kinder reiten nun auf stolzen Karussellpferden in die Schlacht. Es riecht nach saurem Hering und süßem Fett. Über Verdun aber erhebt sich die Kriegsgöttin, von Scheinwerfern angestrahlt, auf ihr Schwert gestützt, das »Monument à la Victoire et aux Soldats«, an diesem Abend von Maikäfern bestürmt, die an dem gemeißelten Stein zu Tausenden den Tod fanden.

Glück und Unglück von Sedan sind vergangen. Ein Deutscher mag sich der Schulfreiheit des Tages erinnern. Vergessen sind Wilhelm der Große, Bismarck der Mächtige, Napoleon der Geschlagene. Ein Denkmal feiert Turenne, den General eines französischen Königs. Alte Bauten provinzieller Enge und neue Hochhäuser bürgerlicher Phantasielosigkeit, ein Kleinstadtmarkt. Suppengrün für den Pot-au-feu. Aus öffentlichen Lautsprechern rieselt sentimentale Musik über die Salatköpfe, über die Verkäuferinnen und ihre Kundschaft. Auf der Straße, vor den Türen der Geschäfte werden elektrische Nähmaschinen vorgeführt. Verkaufskanonen, kleine Napoleone des Handels, schlagen Breschen in das bourgeoise Budget. Eine vielfenstrige Textilschule deutet nüchtern auf die neuen Realitäten. Das Gymnasium aber heißt nach Turenne und träumt vom französischen Europa – eine schöne kaiserliche Fassade. Der kleine Empereur überreichte dem Sieger seinen Degen. Es war die letzte ritterliche Narretei vor den Materialschlachten in den Ardennen. Im Café Central sitzen auf kalten frischgestrichenen Bänken polnische Emigranten und träumen nun ihren Traum von einem vergangenen oder zukünftigen Europa.

Auf dem Wege nach Charleville hängen Nebel über dem Tal der Maas, und Raben krächzen in der bleichen Luft. Es sind die schwarzen Vögel des Arthur Rimbaud, »die teuren Raben lieb und fein«. Und da ist auch schon der Bahnhofsplatz von Charleville und ist genau wie in Rimbauds Gedicht »A la Musique«, eine Anlage zur Erbauung rechter Bürgersleute, wo Bäume, Blumen und Gras in strengster Ordnung stehen und »au milieu du jardin« der schmiedeeiserne Pavillon der Militärkapelle alle Katastrophen überdauert hat. Der kleine Park ist umzäunt, und am Tor belehrt eine lange Verbotstafel den Besucher darüber, was er in diesen Alleen alles nicht tun darf. Doch man kam nicht umhin, ihm dem Spötter, dem Unruhestifter, dem Knaben, der unter den Kastanien frühreif flüsternd hinter den kleinen Mädchen her war, ein Denkmal zu setzen. Der Poet blickt kühl zu einem großen neuen Hotel hinüber, in dem Geschäftsleute absteigen und seine Verachtung mit Nichtbeachtung erwidern. Charleville wirkt verschlafen; doch schläft es wohl nicht: im Hotel war kein Zimmer zu bekommen und im Bahnhofsbuffet kein Stuhl frei. Breite Tafelrunden hatten sich um große Rotweinflaschen zusammengefunden. Welche Abschlüsse feierten sie? Gestärkte weiße Hemdkragen, Ordensbänder im Knopfloch. Ein altes Ehepaar trank Champagner. Die Flasche stand im Eiskübel. Sie tranken einander zu wie auf der Hochzeitsreise. Kein Gedanke an den Tod. Rimbaud ist in Charleville geboren und in Charleville begraben. Er zog aus, Paris zu erobern, entdeckte neue Horizonte, die weit in die Zukunft reichten, erschöpfte sich, schwieg, räuberte in Abessinien und fand ein bürgerliches Grab. Man sucht den Friedhof und fährt herum. Auf einem kahlen Schulhof zittern noch am Sonnabendnachmittag kleine Jungen unter eines trillerpfeifenden Lehrers Fuchtel. »Les pauvres Jésus!« Wilde Gesichter! Der Trotz, die Angst und all die schnell erlöschende Genialität der Kindheit. Der Pauker pfeift. Die Buben traben ins Joch. Im Kino gegenüber die Leinwandrevolte der Gangster. Zum Friedhof kommen Pilger. Auf einer hölzernen Wegweisehand steht geschrieben »Tombe du poète Arthur Rimbaud.« Er liegt zwischen seinen Schwestern begraben, zwischen Vitalie, die mit 17 Jahren starb, und Isabelle Dufour, die für die bürgerliche Wohlanständigkeit der Grabstätte sorgte: »Priez pour lui.« Vor dem Friedhofstor steht die Kneipe »Zum letzten Sous«. Der Wirt wartet auf fette Leichen und reibt sich die Hände. Der literarische Pilger trinkt einen fünfundsiebzigprozentigen Rum auf den Poète maudit, auf das Trunkene Schiff und die immerwährende Revolte! Im Museum verwertet man den seltsamen Knaben der Stadt. Viele haben Rimbaud als ein Kind gezeichnet oder gemalt, und alle versuchen redlich, in der Unschuld der Jugend den Dämon darzustellen. Cocteau hat eine Hommage geliefert, die Cocteau ehrt. Der eigentliche Saal »Rimbaud« des Städtischen Museums ist aber geschlossen. Der Museumswächter läßt den Besucher hineinblicken, aber nicht eintreten. An die Tür ist ein geharnischter Wisch des Bürgermeisters von Charleville genagelt, ein Ukas, der die Schließung der Erinnerungsstätte bis auf weiteres befiehlt. Es wurde ein Brief Rimbauds kürzlich aus der Sammlung gestohlen, und das empörte Stadtoberhaupt bestraft nun alle, die manchmal von weither kommen, die ehrwürdigsten Reliquien der modernen Literatur zu sehen. Am Quai Arthur Rimbaud fließt die Maas uneingedämmt und ländlich in eine grüne Vorstadtlandschaft. In roter auf gelben Grund geschriebener Schrift empfiehlt sich das »Café du Port.« Ein alter Säufer sitzt auf den Steinstufen. Eine Frau hockt hinter der Theke und löst das Kreuzworträtsel der Lokalzeitung. Ihr Gesicht ist totenbleich gepudert und wirkt klein unter einem hochgetürmten Dutt fettigen schwarzen Haares. Ein Musikautomat funkelt neonlichtig und schweigt. Zur Nacht spiegeln sich der Himmel, die Wolken, das Abendrot wie die alte Erdkarte einer Weltumseglung im stillen Fluß. Chöre von Fröschen: unsichtbar quakend aus dem Untergrund der Stadt. An den alten Bäumen hängt wieder eine Anordnung des Bürgermeisters, sein Verbot, Wagen am Quai Arthur Rimbaud zu waschen. Armer Bürgermeister! Immer kommt ihm der Name des Aufrührers aufs amtliche Papier. Wie lief er durch den Abend, versteckte sich koboldisch unter den Arkaden der hierarchischen Place Ducale. Sie ist im gleichen schönen Stil wie die Place des Vosges in Paris gebaut, doch hat man das Gefühl, die zierlich wirkenden, aus Ziegeln errichteten Fassaden schweigen, durch irgendein Ereignis beleidigt, seit vierhundert Jahren. Ein kleiner Modeladen versichert stolz, er sei »comme à Paris«, aber schon um neun Uhr am Abend schert sich in Charleville kein Mensch um Paris. Leere Straßen, geschlossene Fensterläden. Der Schritt des Wanderers hallt wie anderswo nach Mitternacht durch die Stille. Dabei werden die alten Häuser der

Place Ducale von Scheinwerfern angestrahlt. Das ist sehr eindrucksvoll, aber es könnte in Vineta sein. Bürgerwohnungen über fest verriegelten Geschäften, verborgenes Licht hinter geschlossenen Vorhängen. Man denkt an Balzac, an Väter, die über Rechnungen brüten, an dem Geiz geopferte Ehefrauen, an Töchter, die an einer heimlichen Liebe sterben. Im großen Hotel am Bahnhof tagte die Table Ronde, angesehene Herren in Amt, Würden und Geld, und zugleich gab es den Ball des Jahres, das Fest der gehobenen Stände. Eine Zofe, schwarz gekleidet, die Spitzenschürze gesteift, nahm in der Halle die Mäntel ab. Eine Jazz-Band war engagiert. Die jungen Mädchen sahen in weißen Gewändern wie Bräute oder wie Gespenster aus, und die Arme der Kavaliere hielten die jungen Damen in sittsamer Entfernung. »Chéri, je t'aime, Chéri, je t'adore.« Rimbaud lauschte unter den schleiernden Bäumen der Nacht den banalen Schwüren. Es war eine bürgerliche Saison, eine bürgerliche »Saison in der Hölle.« Und die Herren der Tafelrunde hatten gewiß alle ihren Rimbaud gelesen, und ihre Söhne und Töchter studierten ihn pflichtgemäß für das Baccalaureat, die populäre, die überaus wichtig genommene, die aufregende Schulabschlußprüfung.

Maubeuge ist eine Stadt von größter Unschönheit. Man zögert, man schämt sich, dies zu sagen. Das alte Maubeuge, das vielleicht schön gewesen ist, wurde im Krieg zerstört – und der Krieg war nicht die Schuld der Stadt. Aber wie lieblos hat man den Ort wieder errichtet! Einige der roten Klinkerbauten haben wohl einen holländischen Charakter, aber es ist leider nichts von der großen Baugesinnung zu spüren, die sich beim Wiederaufbau von Rotterdam so würdig gezeigt hat. In Maubeuge schuf man sich nur vier Wände und ein Dach über dem Kopf. Die halbhohen Gebäude sind weder der Erde verbunden, noch streben sie in den Himmel. Sie scheinen keine Vergangenheit und keine Zukunft zu haben, nur eine häßliche nützliche Gegenwart. Die Bewohner der Stadt sind fleißig, sie sind wohlhabend. Auf allen Dächern ragen Fernsehantennen, die Geschäfte halten die Preise hoch, und die vielen Automobile hindern einander, irgendwo stillzustehen. Die Cafés sind zahlreich. Sie sind in Zementblöcken und in Backsteinburgen untergebracht, ein jedes ist nur zimmergroß und bis zum letzten Platz von Karten- oder Dominospielern besetzt. Das größte Hotel liegt wie ein Flughafengebäude in offener Landschaft, und der Bahnhof macht, wie zuweilen in der französischen

Provinz, einen verlassenen, einen trostlosen, einen gänzlich verkommenen Eindruck. In den jedem Wind geöffneten breiten Straßen stehen am Sonntag gutgekleidete Leute und wissen nichts mit sich anzufangen. Junge wie alte starren auf eine Tafel mit den Ergebnissen der Fußballspiele, und aus kleinen mitgetragenen Radioapparaten spricht die Reklame und manchmal de Gaulle.

Der weiße Nebel, ein melancholisch phantastischer Schleier macht Nordfrankreich, macht die Gegend um Lille, das Industriegebiet an der belgischen Grenze mit seinen Gruben, seinen Gießereien, den Keramikfabriken, den Wollspinnereien und Webereibetrieben meernah, die Landschaft wird schleswig-holsteinisch, die Städte holländisch. Die immer feuchten Wiesen, die trägen schwarz-weißen Kühe, die hohen Linden, in deren Wipfel Spukgespinst hängt, die roten Häuser der Dörfer und ihr Spiegelbild in den dunklen Kanälen lassen erwarten, daß Lübecks Türme aus den Wolkenschleiern steigen werden, und nur die Schar der alten Männer, die in grauen Gummistiefeln durch das Gras waten, einen Leinenbeutel umgehängt, Gnomengestalten, die Frösche fangen, erinnern daran, daß man durch Frankreich fährt, wo die Frösche auf die Tische der Feinschmecker springen. Auch Valenciennes, die alte Stadt der Spitzen, hat der Krieg zerstört, aber hier ist der Wiederaufbau, anders als im benachbarten Maubeuge, artistischer und humaner geschehen, moderner und traditioneller zugleich, und alle zu Hochhäusern aufeinandergeschichteten Betongeschosse fügen sich schließlich zu einer freundlichen Stadt, die stolz die behutsam renovierte Fassade ihres Rathauses aus Flanderns großer Zeit zeigt. Es riecht nach Desinfektion und nach Wein; die Jugend wird zu kostenlosen medizinischen Reihenuntersuchungen geführt; Männer in blauen Schlosseranzügen probieren mit Kennermiene den jungen Beaujolais; und im kerzenerhellten Dom halten andere in schwarzen Anzügen, unbeweglich wie Statuen düsterer Engel, die Totenwache für einen verstorbenen Kaufmann.

Saint-Amand-les-Eaux, einst ein Wallfahrtsort, ein Kloster, eine Heilquelle, fast ein nordisches Lourdes, jetzt von der Industrie besetzt, verändert, aufgefressen, zeigt sich in eigenartiger Mischung aus Tristheit und altem Glanz. Eine schier endlos lange Straße rauchschmutziger einstöckiger Häuser schließt sich fast unmittelbar an die lange eintönige Straße einstöckiger rauchschmutziger Häuser von Valenciennes an. Man denkt an »Germinal«, an die Trostlosigkeit des Bergarbeiterromans von Zola, aber es gibt in Saint-Amand-les-Eaux keine Bergwerke, es ist eine Stadt der Webereien und der Fabriken von Tongeschirr. Doch mit einemmal steht man auf einem weiten grobgepflasterten Platz vor den Resten der alten zerstörten Abtei, vor ihrem hohen verwitterten Turm, der der Zeit trotzt und auf den Himmel weist. Dahinter liegt ein Park mit dem üblichen eisernen Musikpavillon und der Büste eines Bürgermeisters. Es brauchte des Regens nicht, um traurig zu stimmen. Am Mittag gehen die Schulkinder durch die Anlage. Sie eilen zum Essen nach Haus; sie werden um zwei Uhr zurückkehren. Die Schule sieht streng aus, eine Kaserne aus rotem Ziegelstein. Die Schulschürzen und die Halstücher der Kleinen flattern im feuchten Wind. Vom bewahrten Turm schlägt ein mächtiges Glockenspiel und erinnert an eine verlorengegangene Frömmigkeit. In den geborstenen Mauern ist das Museum von Saint-Amand-les-Eaux untergebracht. Ein Gipsmodell zeigt die Abtei erhalten, glaubensstark und mächtig. Dann sieht man schöne Fayencen aus der Steingutfabrik. Zwischen farbenfroh schillernden Töpfen blickt ernst der Gründer der Manufaktur aus einer alten Photographie, ein energischer Geschäftsmann der achtziger Jahre, von dem man vermuten möchte, daß er seine Angestellten und Arbeiter knappgehalten hat. Unter Glas ruhen Erinnerungsstücke an die deutsche Besatzung von 1914-1918. Man zeigt die unfreundliche Seite von Deutschland: Arrestbefehle, Strafverfügungen, peinliche Anordnungen. Die Verwalterin des Museums aber ist freundlich und trägt dem deutschen Besucher nichts nach. Sie läßt ihn vertrauensvoll allein, und aus ihrer Küche riecht es urfranzösisch nach einem Huhn im Topf. Im Gasthof am großen Platz warten die Stammgäste, leidgewohnte Junggesellen, auf eine wäßrige Gemüsesuppe. Ein kleiner blasser Kellnerjunge hetzt atemlos von Tisch zu Tisch, angetrieben von der herrischen Stimme der strengen, hinter der Kasse thronenden Madame.

Lille empfängt den Gast an jedem Tag wie zur großen Handelsmesse. Es schickt seinem Besucher schöne breite Autobahnen entgegen, die freilich, nur ein paar Kilometer lang, nicht viel mehr als ein höflich hingebreiteter Läufer sind, an dem dann schon die hellen, farbenfrohen, sehr selbstbewußten Gebäude der Foire Commerciale stehen und verkünden, daß man in Lille großzügige

Geschäfte liebt und optimistisch in die Zukunft blickt. Doch schon drängt einen der dichte Verkehr, die Trillerpfeife des Schutzmanns in alte enge Gassen und unweigerlich in den Schatten der mächtigen Kirche Saint-Maurice, die nordländisch, backsteingotisch über der blühenden Gemeinde wacht, in ihrem Schiff todesernst und mit tributfordernden Bettlern vor ihren schweren Türen. An den Mauern drängt und stößt man sich, das Auto zu parken. Hier stehen die großen Hotels, Karawansereien aus dem Beginn unseres Jahrhunderts, stuckverziert, plüschgepolstert, portierenüberladen, düster und pompös wie ein Begräbnis in einer reichen Familie. Dem Tag verschworene Geschäftsleute sitzen gewinnerpicht auf riesigen Messingbettstellen und umschmeicheln mit Hilfe museumsreifer Telefonkästen den Kunden, während im sonnenscheuen Café unten gut noch die große Kokotte erscheinen könnte, das flandrische schöne Schiff des Baudelaire und des Félicien Rops. Die stolzen Verführerinnen sind aber auch in Lille ausgestorben. Über den alten Markt, den Hauptplatz, nun nach dem General de Gaulle genannt, schlendert die Schuljugend, französisch lernblaß, eifrig, wohlgesittet, und nur manchmal eine kleine Lolita. Der Platz mit seinen Caféhäusern, ihren immer, selbst bei kaltem Wind besetzten Terrassen, ganz Lille gibt sich flämisch behäbig, ja hanseatisch bürgerstolz, und alle Häuser erzählen von einer wechselvollen, bewegten und immer wieder gemeisterten Geschichte. Vor der von dem fleißigen Vauban erbauten Zitadelle steht das Denkmal der Erschossenen, aufrechte trotzige Bürger, die einem unsichtbaren Feind die Stirn bieten, und Marschall Foch reitet als ernster und anscheinend bekümmerter Sieger auf einem schönen Pferd durch eine stille Allee, in der die Angestellten der Industrie und des Handels zu Mittag flirten. Der erste Friseur der Stadt ist in einem Stil von 1920 eingerichtet, und überall in Deutschland blinken die Spiegel und Geräte heller. Den germanischen Kunden fragt der Meister, ob man Marburg kenne. Er war dort in Gefangenschaft. Er fährt mit dem Messer gewandt über den Hals und schneidet einem nicht die Kehle durch. Er schwärmt von Marburg. Er sagt auf deutsch »Marburg schön.« Der Krieg wird nicht fortgesetzt. Für einen Augenblick ist Europa aus dem Seifenschaum geboren.

Lille, Roubaix, Tourcoing, selbständige, rivalisierende Gemeinden und doch ein einziger Handelsplatz, eine ausgedehnte Industrielandschaft, Straßen, die ineinander übergehen, Fabrikmauern, die einander berühren, aber immer ein eigenes Rathaus, die eigene Geschichte, die besondere Tradition, die gepflegte Spezialität, das eigene Börsengebäude uralter Kaufmannschaft und natürlich Kirchen einheimischen Eifers, lokalpatriotischer Opferpfennige. Roubaix ist am flämisch-gemütlichsten. Deftige Fabrikantenvillen auf geschorenen Rasenteppichen. Dann breite Straßen, breite Plätze, breite Hauseinfahrten, überall Raum, sich zu regen. Tuche und Webwaren vor den Ladentüren in der Nachbarschaft fetter, runder, gelber Käselaibe. Dazu ein Geruch nach süßen Vanille- und Zimtwaffeln. Und dicke Fässer mit schwerem Bier werden von kleinen Kränen in tiefe kühle Keller hinuntergelassen. Bourgeoise Katzen sind die trägen Symbole der Heimischkeit und alter Wohlgenährtheit, während Araber, die in fadenscheinigen Anzügen schmächtig an ihnen vorübergehen, die alte Klasse der fahrenden Leute darstellen: verdächtig, vor der Tür gehalten, manchmal ausgenützt. Aus einem Viertel rauchgeschwärzter einstöckiger Reihenhäuser der Jahrhundertwende und des Zwölfstundentages erhebt sich plötzlich ein Stern modernster Architektur, sozialen Fortschritts, erkämpfter Freiheit, ein Fabrikturm aus Glas und Stahl, aus Licht und Luft und Rationalisierung der Arbeitskraft und der Zeit. Aber unten in der Gasse schwelt es nach alten Essigsuppen. Eine Mädchenschulklasse geht an einer langen roten Mauer entlang. Die gestärkten weißen Hauben der strengen Schulschwestern schwingen wie kühn gesetzte Segel über der unruhigen Gischt vor einer gefährlichen roten Klippe. Nach Tourcoing führt eine unheimliche triste Allee in ihren Kronen gestutzter Bäume. Alle die kahlen Stämme sehen wie für eine Massenhinrichtung bereite Galgen aus. Dieser Boulevard Gambetta endet auf der Place de la Victoire vor einem Siegesdenkmal aus prächtigem Marmor, und von hohen Masten weht, ein bunter schwingender Wald, die Trikolore.

Das große Kohlenbecken südlich von Lille, die schwarze Landschaft von Marchiennes, Lens, Béthune ist noch immer die traurige alte Welt Zolas, seines großen Bergarbeiterromans »Germinal.« Es wurde nicht gestreikt. Die verbreiteten Arbeitsniederlegungen der Nachkriegszeit, die eine Regierung gefährdeten, an der Kommunisten beteiligt waren, sind vorbei. Das Land ist ruhig. Die Straßen sind still. Man verdient. Man wartet. Lenin ist nicht vergessen, Thorez hat seine Stunde verpaßt. Man schweigt über de Gaulle. Ein Land der schwarzen Pyramiden. Wie die

Gräber höllischer Pharaonen beherrschen die Halden der Minen den Nebelhorizont und stehen breitwuchtig, himmelweisend, ein fremdes Menschenwerk auf schwerem dunklem Ackerboden. Die Dörfer sind lange Reihen unverputzter Ziegelhäuser unter schmutziger Altersschminke und von ergreifender Trostlosigkeit. Aus der Eintönigkeit hebt sich immer der Kaufmannsladen heraus, und die Gemeinde scheint ihm, genau wie in »Germinal«, verschuldet und hörig zu sein. In Nœux-les-Mines standen vor dem Laden Scharen von Gartenzwergen zum Verkauf. Welcher Kundschaft galt das Angebot? Daneben lagen prächtige Blumen aus buntem Metall für die Gräber. Das Gotteshaus ist im Stil einer preußischen Garnisonkirche errichtet. Am Vormittag gehört sie den Kindern. Sie sitzen blaß im bleichen Nebellicht, das durch die Fenster dringt. Auch der junge Priester, der sie belehrt, ist blaß, schemenhaft, während seine Gehilfinnen, die Ordensschwestern, hier den Glucken auf einer Hühnerweide gleichen, vor Raubvögeln besorgt. Hinter einer abweisenden bösen Festungsmauer liegt ein unsagbar vernachlässigter, verjauchter Bauernhof. Ein regenverwaschenes Plakat ruft: Bratfertige Hennen! In der Kneipe steht der Wirt in Pantoffeln. Er sieht magenkrank aus, ist mürrisch, doch einem Gespräch nicht abgeneigt. Sein Schnaps ist aus Essenzen gebraut, brennt auf der Zunge und ist gefährlich billig. Auf dem Tisch liegt als einziges Journal die kommunistische Zeitung, die »Humanité«. Das Kino, ein Saalbau aus der Zeit vor der Erfindung des Films, heißt »Palais des Fêtes.« Vor den Häusern liegen schwarze Haufen, die Deputatkohlen der Bergarbeiterfamilien. Die Straße ist menschenleer. An ihrem Ende verriegelt eine Grubenpyramide die Welt.

In Béthune und Lens werden die Minen verwaltet und wird Handel getrieben. In Béthune bilden die Niederlassungen der Großbanken einen kleinen quadratischen Platz, und auch das Polizeibüro sieht hinter Eisengittern wie eine Bank aus. Das kleine Café »Au petit sapeur« kämpft schwer gegen den Auftritt der Macht. Hinter einer hohen, recht finsteren Mauer schallt frommer Chorgesang. Die Mauer gehört zu einer Fabirk für Arbeitskleidung. Singen die Arbeiterinnen so frohes Gotteslob? Ist es eine Schallplatte, sind es Lautsprecher, die sie zu flinken Händen anfeuern? Das Gebäude hat ein sehr technisches und doch auch klösterliches Aussehen. In der Straße zum Bahnhof gibt es Schaufenster von Geschäften, die das Selbstschneidern lehren wollen, und man sieht dort sonderbar schäbige, mumienhafte Puppen, die mit verblichenen Papierschnitten aus einem Modeheft der Jahrhundertwende bekleidet sind. Das Hotel der Geschäftsleute liegt an einem hübschen Platz. Ihre Automobile parken vor einem Beffroi, einem alten Wachtturm mit einer Sturmglocke. Im Restaurant trennt ein großer, grüner, ein russischer Vorhang das Speisezimmer von einem Vorraum. Schmutzige, aber leinene Tischtücher. Glasierte Töpfe mit künstlichen Blumen. An jedem Tisch ein einziger, ein seltsam isolierter, ein seltsam verbitterter, ein bewundernswert disziplinierter Gast. Die Herrscherin im Haus, die übliche Madame, ist hager, streng, säuerlich. Die Kellner sehen krank aus, und zuweilen seufzen sie. Man speist nicht wie Gott in Frankreich, sondern wie ein armer Sünder im Fegefeuer. Bei der wäßrigen Suppe glaubt man an eine schwere Wirtschaftskrise, beim zähen Fleisch an einen verlorenen Krieg. Um zehn Uhr am Abend ist die Stadt tot, ist menschenleer, als habe es lange schon Mitternacht geschlagen. Auf einem dunklen geraden Wasserlauf ruhen stille Kähne. Ein hagerer arabischer Mann trägt ein langes Weißbrot durch die Nacht. Der alte Wachtturm ist aus Werbungsgründen schön erhellt und von seltsam unheimlichen Leuchtschildkröten umlagert, die einen Verkehr ordnen sollen, den es nicht gibt.

Lens ist ein Ort aus Fördertürmen, Gleisen, endlos langen Kohlenzügen, schwarzen Halden, einem großen modernen Bahnhof, dem kleinstädtischen Hauptplatz Jean Jaurès', einer neonlichtstrahlenden Buchhandlung kommunistischer Schriften, in der die Verkäuferin aus Gesinnungstreue einen roten Arbeitsmantel trägt, und der Generaldirektion aller Minen, die in einem prächtigen Gebäude residiert, ähnlich dem Friedenspalast in Den Haag, eisengitterbeschirmt, auf gepflegten Rasen gestellt und doch schon verloren in einer ungeordneten Welt. Ringsum und zwischen den Kohlengruben liegen riesige Friedhöfe, stehen hohe Beinhäuser, ruhen französische, deutsche, englische, kanadische Soldaten. »A l'horizon, le ciel est d'un rouge d'enfer...«.

Die Gruben, die schwarzen Pyramiden, die Kämpfe aus Germinal, die Eroberungen und die enttäuschten Hoffnungen der großen Streiks nach dem zweiten Weltkrieg versanken für den Reisenden, blieben zurück in der Ferne, in der Luft eines großen Vergessens, und weit und hoch wölbte sich der Horizont über der flämischen Ebene, die Weiden lagen satt, die Wolken sprachen vom Meer, die Schlachtfelder des Artois erzählten vom sinnlosen Schrecken der Kriege, die Erde war mit Blut gedüngt, vielleicht waren deshalb die Wiesen so grün, und der durchbrochene Turm des Beinhauses von Notre-Dame-de-Lorette reckte sich höhnisch wie das Skelett eines Riesen aus dem Land. Kanadische, deutsche, englische, französische Friedhöfe! Zweiundvierzigtausend Gräber, achttausend Kreuze, zwölftausend Namen, noch viel mehr Namenlose, die Feldherren waren nicht kleinlich, man wirtschaftete in den Hauptquartieren aus dem vollen. Arras, die Hauptstadt des Artois, hat hübsche Plätze. Sie stammen aus spanischer Zeit, sind merkwürdig wohlerhalten, vielleicht geschickt restauriert, die Häuser stehen bürgerstolz, mit stumpfen Giebeln, mit Kaufmannsarkaden behäbig da, doch in ihrer schönen Anlage auch mit einem vielleicht aus Madrid stammenden höfischen Glanz. Leider war die Grande Place mit Brettern vernagelt, man hatte ihre Mittelfläche einer Messe wegen mit einem häßlichen grünen Zaun umzogen. Ich saß vor einem Café unter den Mauerbogen und blickte auf das grüne Ende der Welt. Die Arkaden waren menschenleer. Nur ein alter räudiger Hund inspizierte eine Mülltonne. Die Läden hatten ihre große Zeit gehabt. Die Türglocken schwiegen. Kleine Hotels versicherten, der Toten wegen englisch zu sprechen. Ihre Gäste kamen über den Kanal, gar über den Ozean und besuchten Gräber. Die Gaststätten erwarteten keine Fremden. Am Bahnhof saßen Soldaten, ausgewählt für den nächsten Krieg, in den Vorstadtschenken, und die Musikautomaten dröhnten mutig. Ich ging zurück zum schönen, stillen vernagelten Platz vergangenen Ruhmes und trat in ein Bistro, in dem Handwerker in ihrer Arbeitskleidung zusammen mit den Männern saßen, die zu meinem Kummer die Messe aufbauten. Die Atmosphäre war gemütlich, aber der Patron führte mich in ein isolierendes Nebenzimmer, die aufgeräumte lebenlose Stube des Besuchs, und plötzlich, als habe er sich versteckt gehabt, um mich zu fangen, war ein Kellner im Frack da, legte die pompöseste Speisekarte vor, servierte ein zähes Kotelett, drehte das Radio an, und es war nicht mehr gemütlich in Arras.

In Abbeville ist alles zerstört gewesen, und nun ist es neu. Ich ging über den Hauptplatz und sah, wie das Stadthaus mit dem Ehrgeiz, einen Wolkenkratzer zu schaffen, wiederaufgebaut wurde, doch die neuen Häuser um den Verwaltungsturm sahen wie neue Postbeamtenhäuser von 1933 aus, mit Konsumläden im Parterre, und ich dachte, vielleicht haben sie in Abbeville einen so schönen Platz wie in Arras gehabt, aber sie müssen es vergessen haben. Sie hatten auch in Abbeville den Krieg nicht angefangen. Ganz Frankreich hatte den Krieg nicht gewollt. Die alte Kollegialkirche überragte wie eine Glaubensburg eine tote Zeit. Ihre feingegliederte Fassade schien zu leuchten, und auf ihren Kathedraltürmen ragten zwei kleine Turmkinder wie hoch entrückte uneinnehmbare Spielzeugritterburgen. Hinter Abbeville fuhr ich über die Somme. Ich hatte schulfrei gehabt, weil an der Somme eine Schlacht geschlagen war. Als Kind ist man egoistisch. Die Somme war nun ein lieblicher freundlicher Fluß. Sie war einen Spaziergang, aber sie war keine Tragödie wert.

Ich dachte, zum Meer hinab zu fahren, aber der Weg ging bergan, in Kurven hügelauf, Dünen und Felsland, und dann lag Tréport vor mir wie eine Augenweide, um den Hafen ausgebreitet, windgeduckt, in einem Glast aus feuchter Seeluft, Meeressalz und verhangenem Sonnenlicht. Die Schiffe ruhten im Hafen auf Schlick, für den Augenblick gestrandete Boote. Die Ebbe hatte das Wasser ins Meer getragen. Es roch nach Moder und dem Tod der Fische. Die Saison hatte noch nicht begonnen. Die Badehotels waren geschlossen, ihre Fenster starrten wie tote Augen. Am Meer suchten Knaben nach kleinen Krebsen im Tang. Ein zweirädriger Karren war hoch mit Steinen beladen, ein Pferd mühte sich, den Karren zu ziehen, ein Alter ging zur Seite, schlug das alte Pferd, und sein Gesicht war bitter. Vor der silbergrauen Ferne verweilten ein Mann und eine Frau in engster Umarmung. Um sie war nur der Wind. Es war eine unheimliche Welt. Dann kam die Flut. Die Fischerboote kehrten heim. Ihre Petroleummotore tuckerten. Die Fischer standen im Ölzeug in ihrem Fang, schaukelten mit ihren erbeuteten Ernährern auf den Wellen, stiegen mit dem Wasser und seinen Bewohnern zur Kaimauer auf. Der Ertrag war nicht groß: wenige Flundern, ein paar silberne Heringe, ein dunkler Aal. Eine junge Händlerin tat alles auf ihren Schubwagen. Die Schule war aus, und im Nu schwärmte Jugend mit Schreien und Raufen über die Stadt. Ein Pfarrer trug eine derbe schwarze Wollweste und blickte wie ein Fischer aus seinem Fenster auf den Hafen. Der Leuchtturm zeigte mit bleichen Lichtfingern den Weg. Das Nebelhorn schrie. Sonst hörte man die Stille. Ein einsamer Schritt ließ in der Nacht an ein Unglück denken. Am Morgen regnete es. Tréport war dunkelgrau, war still und war schön. Am Wasser kreischten die Möwen. Vor der städtischen Fischhalle warteten die Fischfrauen. Grüne Kacheln, Kälte, Wind, Regenschauer, rote Arme. Die Fischer saßen alle in derselben Kneipe. Wärme zog sie an, Zusammendrängung, Tuchberührung, Behagen. Ein schwerer Dunst von Körpern, nasser Wolle, Alkohol und Rauch. Vor der Tür eine junge Händlerin in einer straffen Lederjacke, sehr kurzem Rock, mit bloßen Beinen und einem großen Rochen auf dem Wagen: fangfrisch, panisch, aufbäumend, schwanzschlagend, verloren. Ein Witz lief von den Fischern zur jungen Händlerin und ging auf Kosten des Rochen. Der Friedhof liegt hoch über der Stadt, über dem Hafen, über dem Meer. Ein Denkmal nennt die Opfer der Kriege: ein Toter bei Valmy 1792, ein paar Tote 1870/71, unendlich viele Tote von 1914-1918, weniger 1939-1945, doch werden nun zum erstenmal die Zivilisten zu den Helden gezählt. Die deutschen Soldatengräber liegen ein wenig abseits: schwarze, schon altmodische, schon verwitterte Holzkreuze, auf denen die Namen stehen. Aus der Entfernung wirken die Kreuze wie Raben. Schwarze Raben in zwei ordentlichen, sauberen, geraden Reihen. Kein Schmuck. Keine Blumen. Kein Gras. Kein Efeu. Kein Immergrün. Feiner sauberer Kies. Eines der schwarzen Kreuze steht von den anderen getrennt, und es scheint fast zu einem französischen Familiengrab zu gehören. Vor diesem Kreuz liegt auch eine metallblumenumrankte Platte mit der Inschrift »Souvenir.«

In Dieppe schien ein großer weißer Dampfer mitten durch die Stadt zu fahren. Die Häuser von Dieppe wirken klein und das Schiff so groß wie der Ozean. Die Straße verschwindet für eine Weile, als liefe eine weiße Welle über sie hinweg. In ihrem Sog dreht sich die Brücke zurück. Dudelsackpfeifer marschieren schottisch rockschwingend, mit den bloßen rauhen Knien kokettierend vor einer Gruppe französischer Mädchen in Spitzenfolklore, als feiere man doch einmal die alte Entente cordiale. Es ist Sonntag, und zur Fischhalle eilen die Sonntagskäufer. Meist ist es Monsieur, der den Kabeljau und den Seestern wählt, oder sich die Muscheln in Zeitungspapier schlagen läßt, aber manchmal kommt auch Madame mit dem Wochentagsgeschäftsauto des Gatten hutgeschmückt vorgefahren. Das ganze Meer will ihr dienen. Wie ein übervolles Netz zappelt der Fang auf den Verkaufstischen. Der Platz ist menschenfreundlich. Man kann vor dem Café die frischen Austern probieren, ein Glas trockenen Weißwein trinken, die See riechen, den Fischhandel studieren, den Dampfer nach New Haven ablegen sehen. Der Badestrand liegt leer vor einer Skyline hoher eintöniger Miets- und Hotelhäuser. Die Strandsteine knirschen unter dem einsamen Schritt. Und die Flut versucht, das Land diesmal für immer zu fressen.

Kommerzielle Einfahrt in Rouen, ein langer Flußhafen für Seeschiffe, Schienenwege, Schuppen und Kräne, alles sehr nüchtern und ohne die Hamburger Romantik. Ein neuer Wolkenkratzerturm und neue saubere Brücken. Überhaupt hat man den Eindruck, in eine neue Stadt zu kommen. Die Häuser haben kühle, unpersönliche, doch nicht häßliche Fassaden. Die Plätze sagen: du bist in einer Stadt deiner Zeit, dies hast du gebaut. Es fehlt jeglicher Abstand, um zu einem Urteil der Ästhetik zu gelangen. Es sind Häuser, weil man wohnen muß, es sind Läden, weil man Räume um zu handeln braucht. Das Hotel, von einer Dame geleitet, mit wenig Personal unterhalten, hat saubere, nicht große, aber angenehme und zweckmäßige Zimmer. Die Technik ist durchdacht und funktioniert. Der Fahrstuhl trägt in den gewünschten Stock, das Wasser läuft heiß aus dem Warmwasserhahn, das Telephon verbindet mit der gewählten Nummer, und am Bett hängt eine praktische Lampe, die sogar zu lesen erlaubt. Man glaubt, nicht mehr in Frankreich zu sein. Bei der Kathedrale beginnt Frankreich wieder. Sie ist über Mittag geschlossen, und der Reisende sieht nicht recht ein, warum. Aber dann umkreist er den Bau, beobachtet ihn aus kleinen Entfernungen und mag nur bewundern. Wie inbrünstig sucht Frankreich den Himmel, wie herrlich diente es ihm! Die Kathedrale von Rouen ist das Werk vieler Jahrhunderte, der Stil wandelte sich, aber aus allen Steinen wurde eine Gottesstadt. Und im Schatten der Kirche erkennt man, daß Rouen alt und schön ist, daß es uralte Gassen, voll von Geschichten und Wundern und liebe Fachwerkhäuser hat, die vor der Zerstörung bewahrt blieben und noch heute im Holz ihrer schweren Balken wie tiefe Wälder riechen. Auf dem alten Markt stehen die Verkaufshallen des Mittelalters unter neuen Dächern. Neugierige drängen sich um den Platz, auf dem Jeanne d'Arc verbrannt wurde. Ein Quadrat, eine Gedenkplatte von Eisen umzäunt und noch immer ein schlechtes Gewissen. Bäume geben, wie überall wo es in Frankreich schön ist, freundlichen Schatten. Man ißt gut in Rouen. Die Köche haben ihren Stolz. Man schätzt den Wein von Bordeaux, und die Mädchen gehen, als wären sie von Maupassant geschaffen. Der Boulevardier aber schlendert zur Brücke, die nach Corneille heißt. Man sitzt großstädtisch vor den Cafés und vor den hohen neuen Häusern des Kais, und man sieht den Fluß und links etwas fern und angenehm domestiziert die Natur: grün bewachsene Felsen. Eine Familie trinkt ihren Abendschnaps, Vater, Mutter, Tochter, Schwiegersohn, und der Kellner kommt mit vier Flaschen, denn sie sind Individualisten und haben jeder einen eigenen Geschmack. Es gibt auch Neger in Rouen. Neger, die arbeiten, Neger, die Studenten sind, und Neger, die zur provinzstädtischen, von Paris träumenden Boheme gehören. Die Neger gehen mit blonden, wie Buben geschorenen Mädchen spazieren. Durch den Eisenträgerbau eines noch unvermauerten neuen großen Bürogebäudes auf der gegenüberliegenden Seite des Flusses kann man das Abendrot sehen. Auf der Corneille geweihten Brücke aus schmucklosem Beton entflammen die Bogenlampen. Alles spielt sich nun wie auf einer Bühne ab. Die neue Börse, das neue Hotel Angleterre, das neue Café, vor dem ich sitze, verwandeln sich in eine Kulisse, deren Malerei einen kalten Effekt beabsichtigt. Wir sind wieder in einer Stadt unserer Zeit. Von der Brücke aus kann man freilich, nun touristenwerbend angestrahlt, Dach und Turm der Kathedrale sehen. Doch wirkt die schöne Gotik so nur noch unwirklich wie ein surrealistischer Hintergrund, um die vordergründige Szene um so gespenstischer zu machen. Etwas weiter findet sich ein teils noch zerstörtes, wo es schon wieder aufgebaut wurde wie desinfiziert anmutendes Hafenviertel. Alte Gassen, die mit dunklen Gruben beginnen. Es riecht nach Seemannsbordellen, die unter Stahl und Zement, vielleicht gar unter Sportplätzen begraben werden.

Die grünen Ufer der Seine, das liebliche Tal der Eure, wie überhaupt die Wasserläufe zeigen Frankreich als menschenfreundlichen Garten, als Land der Angler, als die Lust der maupassantischen Ruderer. In der kleinen Stadt Dreux regnet es. Schulmädchen warfen einen Ball in eine Pfütze, zerschlugen ein Spiegelbild von Mauern und Türmen und Laubkronen, das sich gemächlich wieder sammelte und unberührt blieb vom Lauf der Jahrhunderte. Dreux war gemütlich. Ein alter Abbé stand unter dem Vordach der Auberge Normande und ließ an gutes Essen denken. In der Église Saint-Pierre ging ein jüngerer Priester im Spektrum farbenfroher Fenster auf und ab über die Steinplatten des Schiffes und überdachte ernst einen Brief in seiner Hand. Irgend jemand stimmte die Orgel, schlug eine Engelsstimme an. In der Grande Rue stützten sich gegenseitig die alten Häuser, Holz aus dem fünfzehnten Jahrhundert. In einer Papierhandlung, bei einer alten Dame, war unter frommen Dingen die Photographie einer Büste von Jean de Rotrou zu kaufen. Er sah barock und galant aus, ein Leichtfuß, in Dreux geboren, in Paris ins Café gegangen, so kann man sich täuschen, er eiferte mit Corneille um den Ruhm des großen Tragikers und starb in seiner Heimatstadt, da er Pestkranke pflegte. In einem regenschweren dichtgrünen Park liegt ein Gebäude, das wie ein Baukastenmausoleum und zugleich wie ein Musikpavillon aussieht, La Chapelle Royale Saint-Louis, von Louis-Philippe erbaut, den man den Bürgerkönig nannte, und da steht dann auch sein Grabmal, ein Familienbild, er selbst neben seiner demütig knienden Frau aus gipsern wirkendem Marmor gestaltet, im königlichen Hermelinmantel zwar, aber fast naturalistisch mit Bauch und feistem Gesicht. Das Essen in der Auberge Normande enttäuschte nicht, nur hatte der freundliche Abbé zuviel Ländlichkeit versprochen. Die Auberge wußte, was sie wert war, und ihr Speisesaal war schon für Snobs hergerichtet in viel zu wohlerhaltener Historie, die an eine Filmdekoration denken ließ. Das Gedeck kostete acht Francs. Das ist in Frankreich billig. Auf der Zunge zerschmelzende Hechtklöße in einer Soße aus geschlagenem Rahm. Eine Käseomelette nach den strengsten Regeln der Kunst. Der Saal füllte sich sehr. Wo kamen die vielen Leute her? Doch nicht aus Dreux, der verträumten Stadt? Es waren Franzosen aus dem ganzen Land, und vor der Auberge war auf einmal ein großstädtischer Parkplatz entstanden. Hinten aber vor dem Fenster des Speisesaals floß die Eure wie ein kleiner Dorfbach vorbei. Weiden neigten sich über

Gartenmauern zum Wasser hinab, und in verschwiegenen Lauben mochten glückliche Geister wohnen.

Chartres ist die beispielhafte Kathedralstadt. Die Kathedrale gehört nicht zur Stadt, die Stadt dient der Kathedrale. Am überzeugendsten ist der Eindruck, wenn man sich Chartres nähert. Die Türme, das hohe Schiff heben sich aus den umliegenden Dächern wie eine Krone, eine letzte Vollendung und als Bild einer Gesellschaft, die vergangen ist, aber in Chartres und seiner Kathedrale ihren glänzendsten und ewig währenden Ausdruck gefunden hat. Die Stadt, wie sie sich heute bietet, wenn man angekommen ist, enttäuscht. Sie ist Provinz und eigentlich ohne den versöhnenden altertümlichen Zauber. Dazu ist Chartres heimgesucht von Reiseautobussen, Andenkenhandel, Fremdenausnützung. Die Geschäfte sind häßlich, und selbst auf der Bank ist man unhöflich. Erreicht man aus krummen, doch gänzlich poesielosen Gassen den Platz vor der Kathedrale, ist man erschöpft und findet ihre Pracht kalt. Die fromme Zeit ist zunächst stumm. Vor den Portalen saßen Klöpplerinnen in alter Tracht, einer rein fremdenverkehrsmäßigen Aufmachung, und fertigten und verkauften kleine Zwirndeckchen für die bürgerliche Gemütlichkeit. Ein Priester sprach mit ihnen und hatte sich unter die Händler gemischt. In der Kathedrale bemühten sich Photoamateure krampfhaft, das Dunkel zu photographieren. Sie sahen nicht den Lichtzauber der berühmten Fenster, sondern sie maßen die Temperatur des Lichts für ihre kleinen Bilder. Die Verschlüsse ihrer Apparate knackten, alle Sprachen schwirrten, und die Reiseführer flöteten wie aufgeregte Gouvernanten. Wer die Kathedrale lieben will, muß in Chartres Wohnung nehmen, um immer wiederzukommen und den glücklichen Moment zu erwischen. Die Propheten, die Engel, die Erzväter, die Teufel warten im wetterrissigen Mauerwerk der erhabenen Stützpfeiler versteckt. Neben der Kathedrale und etwas unterhalb ihrer Höhe ist das Gymnasium von Chartres, in dem Marcel Prousts Vater Stiftzögling und für das Priesteramt bestimmt war. Ein kleiner Junge pochte an das mächtige eiserne Tor des alten Schulbaus. Ein Liebespaar, ein Jüngling im Arbeitsanzug, ein Mädchen aus dem Warenhaus gekleidet, stand umschlunen an der Mauer unter den Klassenzimmern. Ein Chor leierte lateinische Exerzitien. Auch in der Fischhalle von Chartres war das ganze Meer zu sehen. Engländer saßen am Nachmittag teetrinkend vor dem standesbewußten Hôtel de

France und bildeten eine geschlossene Kolonie. In einer Bar am rüden Bahnhofsplatz lärmten junge Leute in schwarzen Lederjacken. Ein Wachtelhund, der wie der alte Molière aussah, eine schöne Barockperücke trug, blickte sie traurig an, und das Hauptpostamt von Chartres ist, wie in dialektischer Spitzfindigkeit, im Kathedralenstil erbaut, spielt Steinbaukasten-, Briefbeförderungskathedrale in aufreizender Pracht.

An der Grenze der alten Provinzen Beauce und Perche liegt Illiers, und Dichtung verwandelt sich in Anblick. Illiers ist die Großmutterstadt Marcel Prousts, die Ferienkindheit, der Quell der verlorenen Zeit, der Weg zu Swann, und Kirche und Häuser erleuchten die Erinnerung des Lesers, und der Loir fließt von hier lieblich und doch bübisch-schelmisch-verspielt seiner großen Schwester, der Loire, zu. Er ist ein Sommerfreudenfluß, gärtenumgeben, baumumwachsen, wechselnd zwischen milden Schatten und blendenden Sonnenspielen, und dann hebt sich das Schloß von Châteaudun weithin sichtbar aus dem sanften Land, wird am besten von einer Höhe betrachtet, wo es dann etwas dem Schloß von Kafka gleicht und unerreichbar scheint. Ich fuhr auf einen kleinen verwunschenen Platz und stand unter Bäumen. Das Schloß war von einer Mauer umgeben, das Tor verriegelt. Ich pochte mit dem verrosteten Türklopfer, ich läutete die alte knarrende Zugglocke. Eine mißgelaunte Frau öffnete das Tor, verkaufte mürrisch die Besucherkarten, wehrte dann aber den Eintritt, drängte in einen stinkenden ungelüfteten Raum und hieß mich, zu warten. Ich sah durch ein schmutziges, nicht zu öffnendes Fenster den steingepflasterten Hof, ich sah die schöne Front des Baues, ich sah einen netten Hund durch den Sonnenschein gehen, ich wäre ihm gerne gefolgt auf den überwachsenen Pfaden der Vergangenheit, aber es blieb mir verboten. Ein alter, griesgrämiger Mann, der wahrscheinlich der angekündigte Guide war, schlich in Hemdsärmeln über einen Rasen, blickte mißtrauisch zum Himmel auf, machte ein gequältes Wesen, ging dann in seine Bude hinein, zog sich eine Livree an, setzte sich eine amtliche Mütze auf, nahm einen Knotenstock in die Hand, als wolle er jemand verscheuchen, kam zurück in den Hof und tat nichts. Er dachte gar nicht daran, mich aus meinem Gefängnis zu befreien. Er guckte nun aus, ob noch andere lästige Besucher kommen und eine Führung lohnend machen würden. Ich rief durch das Fenster, ich wolle keine Führung, keine Erklärung, ich hätte meinen eigenen Traum von Châteaudun, aber der Kastellan hatte sein Monopol, seine dumme Vorschrift und sicher seinen Stolz. Ich mußte mich aus eigener Gewalt befreien. Châteaudun war doch wohl von Kafka. Ich kam nicht hinein. Wieder in Freiheit und vor dem Tor, kletterte ich auf einen Mauervorsprung und hatte einen schönen Blick auf Schloß und Hof und den kleinen, nun wütend schimpfenden Führer. Von einem Aussichtsplatz, einem Kriegerdenkmal von 1870, konnte ich noch einmal sehen, wie das Schloß groß und majestätisch und gänzlich unnahbar das Tal des Loir beherrscht. Die kleinen Häuser am Ufer des Flusses hatten alle ihre tiefgrünen, liebenswert verwilderten Gärten und die versteckten Lauben, in denen die Bewohner wohl am Abend saßen und ihren Wein genossen. Und so hatten wohl auch noch die Großeltern von Proust am Abend gesessen, und das so bedeutende und komplizierte Werk ging von kleinen und sehr natürlichen Verhältnissen aus. Im übrigen war Châteaudun kein Naturschutzpark. Es hatte neue Viertel mit weißen Mietskasernen von äußerster Gewöhnlichkeit.

Der Loir teilt sich in viele Arme, umschließt grüne und städtische Inseln und ist der eigenartige und anheimelnde, der freundliche und strenge, der enge und weite Ort Vendôme mit grünbewachsenen Mauern und alten Waschhäusern am Fluß, wo noch heute die Wäscherinnen knien und ihre Arme in das anmutsvolle Wasser tauchen. Auch Vendôme hat ein Schloß, aber es ist nicht anspruchsvoll. Der Aufstieg ist mühsam, die Verwalterin ist freundlich. Sie ließ mich allein in dem weiten verwilderten Höhengarten vor den Ruinen der alten Türme. Stille und Schatten, und Vendôme in der Tiefe wie das Gemälde eines glücklichen Augenblicks. Nur ein Hund trottete mit mir durch die Alleen. Ein freundlicher Genius aus Marmor wohnte zwischen Rosenhecken, war am rechten Platz. Ich ging dann durch enge Gassen, hörte die Presse einer kleinen Druckerei arbeiten und dachte an Balzac, der in Vendôme zur Schule gegangen ist und dies in seinem Werk »Louis Lambert« beschreibt. Vor einem Café war der Platz sandig und sonnig: er war menschenleer. Ich blickte auf die Druckerei der französischen Universitäten. Ein Lederjackenmädchen kam auf einem Fahrrad gefahren und verschwand im Tor der Druckerei. Ich fand das Lycée Ronsard. Ich roch es: es war noch immer eine strenge Schule. Die stämmige Tür war geschlossen. Daneben hing die schöne Gedenktafel für

Ronsard und feierte ihn als den Vater der modernen französischen Poesie, was manche Poeten bezweifeln mögen, für die Schule aber zu gelten scheint. Ich läutete und bat um die Erlaubnis, einzutreten. In einem Torbogen zum Schulhof hing der Kopf des Schülers Balzac. Eine kleine, doch sehr ausdrucksvolle Plakette, ein aufsässiges Gesicht. Der Hof ließ an Gefangenschaft denken. Es war der Hof eines Klosters oder gar eines Gefängnisses. Eine nicht unmittelbar zur Schule gehörende kleine Kapelle wurde von jungen Mädchen in verblichenen blauen Schulschürzen unter Aufsicht einer Ordensschwester und eines Pfarrers gereinigt. Eine Tür führte in einen schmalen Gang. Hinter vergitterten Fenstern saßen dort gleich den anderen gekleidete Mädchen, die zu arbeiten oder zu lernen schienen. Ich betrachtete sie und empfand, daß es ein verbotener Blick war. Der Pfarrer kam und schlug die Tür zu. Im Hotel gab es ein gespenstisches Abendessen; es wurde feierlich von mehreren Kellnern, die mich wie Geister umstanden, zelebriert und war schmacklos wie voraussichtlich in der Hölle. Doch der Abend war schön, mondscheingrün, lieblich und freundlich auf den Ufern des Loir. Die Waschhäuser waren romantische Pavillons ohne Wäscherinnenmühe. Kleine Wasserfälle rauschten. Der Turm der Kirche und die verfallene Burg wurden von Scheinwerfern angestrahlt, wurden aus der Nacht und aus der Natur gehoben, doch glichen sie Beschützern und nicht Bedrohern. Ein Torbogen führte zu einem Korbballspielplatz auf dem Exerziergelände der ehemaligen Kaserne der Jäger zu Pferde. Eine Totentafel zeigte das Bild des Colonel, ihres letzten Ausrittes durch dieses Tor: der Colonel und seine Reiter waren 1914 bei der Verteidigung von Lille gefallen. Immer wieder begegnet man in Frankreich dem Schrecken des ersten Weltkrieges. Er hat das Land viel schwerer heimgesucht und sich tiefer dem Gedächtnis eingeprägt als die zweite Tragödie trotz aller Demütigungen, Grausamheiten und Zerstörungen. Die Niederlage von 1940 hat Frankreich biologisch gerettet, es verblutete nicht, und der Widerstand, die Résistance nach der Überwältigung bewahrte ihm seinen Stolz und seine Seele.

Orléans, hochgemuter Name! Ich dachte an die Jungfrau, an Schillers ideale Empfindungen, ich erwartete das Mittelalter, ein Schloß, die Christenheit, Frankreichs Könige. Ich hatte vergessen, daß Orléans zerstört war. Es führen noch schöne Straßen in die Stadt, graue Mauern, weiße Mauern, Bauernmauern, Edelmannsmauern, blumenumrankte Besitzungen, in denen die Landhäuser wie in alten Friedhöfen schlafen. Dann aber wird alles häßlich, ungestalteter Städtebau, eine wirre Anlage, fast ein Chaos. Allerweltspläne nicht vollendeter, höchst durchschnittlicher Reißbrettarchitektur scheinen zu gähnen. Die Straßen, die erhalten geblieben sind, zeigen den Geschäftshausstil von 1900, da man den Pot de chambre mit Lilien verzierte. Die Restaurants pflegen eine ausgewählte Wartesaalküche. Die Restaurants existieren wohl nur noch, weil einige Fremde, verführt durch die Sage, nach Orléans kommen und essen müssen. Die Jungfrau sitzt auf einem Pferd und lächelt anzüglich zum Café Rotonde hinüber. Im Café Rotonde schlagen amerikanische Soldaten, Weiße und Farbige, Kreuzfahrer, Glaubenskämpfer, den Sonntag tot, und Jeanne d'Arc läßt sie nicht an Siege, sondern nur an Mädchen denken. Es gibt Mädchen in Orléans; sie leben in Pensionaten, und ich weiß nicht, warum dies so ist. Nonnen führten gesenkten Blickes die junge Schar an der Rotonde vorbei. Blaue Paraden: blauer Himmel, blaue Röcke, blaue Blusen, blaue Käppis. Eine der Kleinen trug die schwarze Lederjacke der Blousons noirs, dazu die züchtige Anstaltsmütze herausfordernd schräg auf dem Schopf. Jeanne d'Arc lächelte, wie gesagt, anzüglich auf ihrem Pferd. Bei den geschlossenen Markthallen, grünen Schiffen, spielten französische Negerkinder verbotene Spiele. Wer ein Fahrzeug hatte, fuhr nach Olivet hinaus. Es gab da ein Schloß, aber das Schloß lockte nicht. Nur der Loiret zog an, das freundlichste Wasser, ein verträumter, ein verspielter kleiner Nebenfluß der Loire, in helles Laub gebettet und wieder Maupassants Welt. Überall gab es Ausflugslokale, panische, faunische Verstecke, am Ufer und im Wald. Die Ruderboote glitten wie schwerelos über den Spiegel, tauchten in Licht und Schatten, vereinten sich zu schwimmenden Inseln, anzusehen wie vom Sonntag gewiegte Lupanare. Überall Jugend. Maupassants kesser Strohhut. Auch dies ist das süße, das ewige Frankreich. Die alten Gartenbänke der Wirtschaften. Die verschrammten Initialen der Liebe. Die morschen schiefen Tische. Musik der Kofferradios. Gesänge der Schlagerautomaten. Doch im Hotel hörte der Wirt, in seinem Hof sitzend, bis in die tiefe Nacht hinein die monotone Verkündung der Sportergebnisse des Rundfunks.

Die Loire ist einfach Glück. Sie ist ein stilles und doch unbändiges Wasser. Lange Strecken liegt sie wie eine träge Schöne in einem nachlässig gemachten Bett und gibt sich, nachdem sie mit den Königen hurte, den stillen Anglern hin. Auf ihren Sandbänken, auf ihren Inseln können Götter wohnen. Ihre Farbe ist der rote Mohn, ist die Kornblume, ist die Lupine. Wie Läufer begleiten die Blumen den Fluß. Man könnte auch sagen, daß die Loire der französische Sommer ist. Sie braucht Sonne. Wenn der Himmel bedeckt ist, erinnert man sich der Geschichte, die ihre Dunkelheit, ihre bösen, ihre blutroten Flecken hat. Die gelobten, die berühmten Schlösser dienten – mit Ausnahmen – der Lust und nicht der Angst, wenn man auch Angst einjagen mußte, um so viel Lust genießen zu können. Nun strömen Neid und Bewunderung und der unstete Stumpfsinn zu den gelblich-weißen oder roten Steinen und den hohen Dächern aus schwarzem Schiefer, und die wenigsten erkennen, daß sie die Schlösser der Monde fabuleux sehen, die Geisterburgen der Märchenkönige, der guten und der bösen Feen, der verwunschenen Prinzessinnen und des Ritters Blaubart.

Chambord ist noch immer eine Jagd, die Jagd Franz' I., Einfahrt durch ein Tor in einer chinesischen Mauer. Ich hatte noch nie so weites Land so eingeschlossen gesehen. Es wird ein Stillstand der Zeit, vom Besucher her ein Zurückdrehen der Zeit erreicht. Der Tag bleibt draußen, nein, er verwandelt sich in einen alten Tag, den sich die Könige ewig dachten. Ein Park voll großer Klarheit, und doch ein Park, um sich in ihm zu verlieren. Das Schloß darf man ein Märchen nennen. Nur so wohnten die Märchenkönige. Die Realität des Baus löst sich in seinen Dächern dann auch vollkommen auf. Die Dächer sind mit Türmen, Kaminen und Mastkörben wie nach einem Entwurf von Paul Klee konstruiert. Molière hat in Chambord als Gast Ludwigs XIV. seinen »Bürger als Edelmann« geschrieben. Das Stück wurde im Schloß und vor dem König uraufgeführt. Da saß also der Hof, von Gräben, von Wiesen, von Wäldern, von einer unerhörten Mauer und natürlich von Bewaffneten beschützt, und zählte den Baumeister, den Zauberer seines Schlosses, und den Theatermann des abendlichen Festes zu seinen Lakaien. Über den Autoweg vom Thron zum Tor schreiten noch heute Fasane wie die leibhaftigen Barone.

Kein lieblicherer Anblick als Blois! Wo man auch am Fluß steht, es ist eine lichte Stadt. Und wer aus dem Fenster des Schlosses blickte, mochte sich wohl glücklich wie Polykrates fühlen. Ludwig

XII. war sanften Gemütes. Die Händel der Welt quälten ihn. Er hatte in mancher Himmelsrichtung Pech, aber in Blois liebte man den guten Herrn, und er liebte seine freundliche Stadt. Doch im Alter schickte ihm sein Dämon eine Siebzehnjährige ins Haus. Sie ließ ihn Nacht für Nacht durch die festlich erleuchteten Räume des Schlosses nach ihrer Jugend jagen und sterben. Franz I. aber hatte sich von Anfang an dem höllischen Salamander verschworen und nahm es gelassen hin, mit Krieg, Mord, Verrat, Gefangenschaft und Frauen zu kämpfen. Ein Andenkenladen neben dem Schloß roch wie das Ancien régime in seinen guten Zimmern, die Inhaberin, eine alte Dame, sprach ein so höfisches Französisch, daß man meinen konnte, Ludwig XIV. habe eben bei ihr die Ansichtspostkarte mit seinem Bild gekauft.

Das Schloß von Amboise liegt hoch über seiner Stadt und trutzt ihr und dem Land. Die Straßen der Stadt sind so eng, daß nur Franzosen mit ihren Wagen noch hindurchfahren können. Die Autobusse halten unten an der Loire, und die Besucher des Schlosses nähern sich der Höhe im Schweiße ihres Angesichts. Der mächtige Fels und auch Leonardo da Vinci, der dort, von Franz I. hingeholt, begraben liegt, gehören nun dem Grafen von Paris, dem Thronprätendenten, der Phantasmagorie von Frankreich. Seine Beamten geben Eintrittskarten aus und wollen den Fremden zur Teilnahme an Führungen zwingen. Ich entwischte den Managern der Historie und verlor mich in einer Zwingburg. Amboise war berüchtigt durch seine Oublietten, seine unterirdischen Kerker, in denen Tausende schmachteten. Die Hugenottenverschwörung von 1560 endete hier, und gegen Abend traten Katharina von Medici, Franz II. und seine junge Frau Maria Stuart vor das Tor, blickten über das schöne Land, über den blanken Fluß und sahen plaudernd den Hinrichtungen zu.

Viel menschenfreundlicher ist Chenonceaux, über einen Wasserlauf gestellt, am Abend angestrahlt und ganz ins Feenreich gehoben. Katharina von Medici, Franz II.und Maria Stuart weilten auch hier. Aber sie ließen nur eine junge Frau als Sirene verkleidet am Wasser singen. Bezahlte Nymphen antworteten ihr aus den Büschen, und auf der Wiese traten Tänzer als Satyre auf. Ich kam aber zur Mittagszeit nach Chenonceaux, es schlug gerade zwölf, und der Verwalter schloß das Gittertor und ging essen. Draußen sammelten sich die Automobile und ihre ratlosen Besitzer aus aller Welt. Sie blickten durch die Sprossen des Gitters in einen Garten Eden. Der Verwalter hatte alle Unschuld eines Beamten und eines Franzosen. Selbst eine Schlange hätte ihn vor zwei Uhr zu gar nichts verführen können. Ich ging in das Dorf, ich traf Kühe in den Straßen und ein Restaurant, das von Dornröschens Schloß profitierte. Es war wieder ein Damenbetrieb. Eine geschäftstüchtige Madame und eine mürrische Kellnerin. Viel heiße Sonne über roten Gartenschirmen, keine Sirene, keine Nymphen, kein Satyr und mäßige Hors d'œvres.

Auch Tours, die alte Stadt, die Heimat von Rabelais, Balzac, der Jugend Descartes', scheint die Patina ihrer großen Jahrhunderte in den letzten Zerstörungen für immer verloren zu haben. Die Hauptstraße, die Rue Nationale, die sich von der Loire, von der Wilsonbrücke wie ein gerader Strich durch die Stadt zieht, ist wieder aufgebaut, ist belebt, sogar lebendig, doch gesichtslos. Aber der erste Eindruck täuscht, und selbst ein neuer Platz, wie der des Marschall Foch, ist zumindest am Abend das alte echte Frankreich. Vor sauberen Hotels, vor hellen Cafés sitzt der Bürger, und die Bäume sind wieder gewachsen, schon wieder gestutzt. Das schönste Leben aber sammelt sich auf der Place Jean Jaurès: ein Forum des Volkes, zu Recht nach seinem Freund, dem Märtyrer des Friedens, genannt. Baumalleen, Cafés, Brasserien, Handwerker, Vertreter, Postboten, Rekruten, junge Leute, Mütter, Kinderscharen. Sie trinken Bier, sie trinken Limonade, und alle essen bei sich zu Hause. Die Restaurants bieten einen Tisch, der schlecht, oder teuer und schlecht ist. Auch um Tours herum wächst köstlicher Wein, aber die Wirte von Tours beziehen das elende Getränk aus Fabriken. Dennoch, ich blieb in Tours, ich sah den Hexenplatz Plumereau, die Rue du Change, vor Alter müdgeneigte Häuser aus Ludwigs XI. Zeit, bewohnt, geliebt, gehaßt, Rabelais Welt und noch immer Heimat. Abendbrotgerüche. Kinderstimmen hinter angelehnten Fensterläden und die Schwadron der Jünglinge auf Motorrädern, brausend, knatternd um die engen Ecken. Schulterschmale Gassen zum Fluß hinunter. Stimmen, die sich zur Nacht bereiten, in der Luft wie ein Chor von Geistern. Über der Loire Wind und Wolken und Blitze eines fernen Gewitters. Am Tag karrt man Gemüse über die Place Plumereau zum nahen Markt und den Hallen. Bettler und bettelnde Hunde zeigen sich und bourgeoise Katzen. Mensch und Tier raufen am Abfalleimer, streiten um den Knochen. Eine Vagabundin findet einen Sonnenschirm, spannt ihn auf, promeniert, kokettiert, setzt sich in Szene. Die andern Bettler animieren, klatschen in die Hände, pfeifen. Dies vor dem Hintergrund eines mörteligen verfallenden Turmes. Im Überschwemmungsbett der Loire schlafen wandernde Chlochards. Flaschen, Zeitungen, Bündel auf Gras und Sand. Der großzügige Brückenplatz über diesen Armen heißt nach Anatole France. Ein Denkmal für Rabelais. Es überraschte mich, ihn so mönchisch zu sehen, weißgekuttet. Auf der anderen Seite des Platzes das Denkmal für Descartes. Er wiederum ist als nachdenklicher Kavalier des Barock dargestellt, durchaus ein großer Herr, und das »cogito ergo sum« auf dem Sockel klingt nun merkwürdig anmaßend, oder man möchte meinen, es sei von irgendwelchen Professoren nachträglich erfunden worden. Er dachte, also war er. Nun gut und stolz. Wir sind unser nicht mehr so sicher. Ein Brunnen ist den Amerikanern geweiht, die in Tours während des ersten Weltkrieges ihr Hauptquartier hatten. Ein goldener Mann hält einen goldenen Adler hoch. Es ist ungewiß, ob der Mann den Vogel im Flug ergriffen hat oder ihm die Freiheit schenken will. Ein Neger verließ die moderne helle Stadtbibliothek, ging über die Straße zur Bar de la Bibliothèque und wirkte überaus seriös. Ich fuhr zur Bechellerie, zum verwaisten Landsitz von Anatole France. Ein schier endlos langer schmaler Weg zwischen hohen Gartenmauern aus festgefügten Steinen. Endlich kam der Besitz des Dichters und war eine richtige Ferme, ein französischer Bauernhof. Ein Schimmel ackerte im Feld. Ein hohes Tor. Die Glocke läutete nicht. Ich kletterte am Tor empor, blickte in den Garten hinunter und wurde vom Kind des Verwalters für einen Reiter gehalten. »Un cavalier, un cavalier«, rief der kleine Junge und brach, als sein Vater das Tor geöffnet hatte und der Reiter nicht zu sehen war, in Tränen aus. Ein echter Bauerngarten und doch eine Göttin über dem Brunnen. Verschlafene Sommernatur wie in französischen Romanen. Die Zimmer kühl und dunkel; erst als der Verwalter die Fensterläden aufstieß, brach das Licht herein. Verschlissene Pracht, Antiquitäten, Kuriositäten, die France von Reisen mitgebracht hatte. Gespenstisch wirkten die Abgüsse von Händen, die auf allen Möbeln ruhten. Die Hand des Dichters, die Hand des Nobelpreisträgers, die Hand seiner Frau, die Hände seiner vielen Freundinnen. Weiße Schatten und tot, tot, tot. Unendlich viel Photographien, und France immer in der Haltung des großen berühmten Mannes. Mehrere Arbeitsräume.

Hilfskammern. Viel Eitelkeit. Aber das Sterbezimmer klein und ein sehr bescheidenes Bett. Doch im Nebenhaus trauert das üppige wollüstige Renaissancehimmelbett aus Italien. (France schlief in ihm in seiner Villa in Paris). Bücher, Büsten, Vergangenheit. Die Prominenzen und die Aufregungen aus dem Beginn des Jahrhunderts. Vergessene Namen, nicht mehr zu lesende Seiten. Aber wo fände man heute ein Blatt wie die verblichene alte Zeitung mit dem »J'accuse« von Zola? Ich aß in Tours in einem Hotel zu Mittag, das sich das Hotel der Könige nannte. Der Speisesaal lag hinter einem sterbenden Hof, er war düster und unheimlich. Die magere tragische Madame, die buckelige Serviererin, die beiden Gäste, eine schwachsinnige Greisin und ein dickliches Mädchen, das offenbar ein Kretin war, gaben das Personal für einen Gruselfilm. Madame prüfte meinen Wein, trank einen kräftigen Schluck und konstatierte: »Er ist gut«. Madame duldete keinen Widerspruch. Es herrschte Grabesluft, Madame steckte eine Kerze an, ein Totenlicht. Es war Draculas Heim. Ich verabschiedete mich höflich von Madame und versprach wiederzukommen. Zuweilen mahnt sie mich schrecklich in meinen Träumen. Vor der Bar de la Bibliothèque saßen nun Schülerinnen und sannen über den Satz von Descartes nach. Ein Musikautomat spielte Jazz. Ein junger Athlet hatte ein schönes, waches Gesicht und den Haarschnitt eines Intellektuellen. Hinter der Bibliothek hieß eine Straße Voltaire, eine Schule Descartes, ein Hotel Balzac. Es gab kleine Antiquitätenläden, und der Magier eines Kasperletheaters schlief in einem Himmelbett, das fast so schön wie das von Anatole France war. In der Kathedrale wanderte eine junge Asiatin und kniete vor jedem Altar. Domherren gingen schwarzgekleidet und fest im Fleisch über den Platz. Ein alter Kanonikus bewegte sich auf einem Moped schneller voran. Im Garten des Museums der Schönen Künste lebte eine turmhohe, weitausschlagende Zeder des Libanon. Sie war hundertsechzig Jahre alt, Stützbalken hielten sie aufrecht, und überaus ehrwürdig. In einem Stall, dessen Tür geöffnet war, stand ausgestopft der kluge Elefant Fritz, gestorben in Tours, eine Gabe des Zirkus Barnum. Der Elefant wohnte neben dem Gipsabguß eines schönen griechischen Gottes. Der Garten hatte seinen Zauber. Überdies bot er Schatten. Mütter saßen mit ihren Kindern da, und ein Araber hockte einsam auf einem Stein und betrachtete traurig die Zeder des Libanon. Zur Nacht wurde der Märchenbaum von Scheinwerfern bestrahlt. Der Elefant Fritz verweilte dann mit dem griechischen Gott in bleicher Zwiesprache.

Saumur wurde, wie ich gehört habe, einmal die goldene Stadt genannt. Sie soll bis in die Ferne geleuchtet haben. Saumur war, als ich es sah, von Teppichen roten Mohnes umgeben, lag aber unter einem bedeckten Himmel mit seinen alten Häusern grau, mit seinen neuen gelblich verputzt und glanzlos da. Das Schloß steht natürlich wie jedes Château romantisch auf seinem Berg. Man tritt in eine Festung ein, darf in Kerker hinuntersteigen, Verliese sehen, Grabesluft atmen. Über den alten Todeskammern gibt es nun zwei Museen: das Museum des Porzellans und das Museum des Pferdes. Die Führung ist obligatorisch. Der redselige junge Guide sprach das Französisch eines höheren Kurses an der Sorbonne. Seine Führung war eine vollkommene philologische Unterrichtsstunde und entsetzlich langweilig. Er erklärte umständlich und formvollendet jeden Teller, jede Schüssel, jede Figur, die Möbel und die Bilder. Ich blickte durch Schießscharten auf Saumur und über die Landschaft. Aus dieser Perspektive sah ich eine ritterliche Welt. Vielleicht war die Sonne durch die Wolken gebrochen: Saumur leuchtete, und überall war ein Widerschein goldener Rüstungen. Im Museum des Pferdes glich die Vergangenheit in ein Herbarium gepreßten Blättern. Die Skelette berühmter Reittiere, die Sättel, die Geschirre, die Uniformen, die Waffen, die silbernen Sporen der Reiter, der Schlitten Napoleons von der Flucht aus Moskau ließen fürchten, sie würden schon bei der Berührung durch die Hand in Staub zerfallen.

In Angers tagte der Frontkämpferverband, ein französischer »Stahlhelm«. Man sah sie in Gruppen in allen Straßen, vorwiegend ältere Jahrgänge. Teilnehmer des ersten Weltkrieges. Männer vom Lande, braunrote Ackergesichter, derbe Schuhe, dörfliche dunkle Sonntagsanzüge, dazu Baskenmützen und ein Abzeichen. Ich glaube, sie waren wohlhabende Landbesitzer, vertraten energisch ihre Forderungen, machten Geschäfte, beeinflußten die Wahlen und drehten den Sou um, in der Geizhaltung, die Balzac beschrieben hat. Sie saßen im Speisesaal eines Hotels am Markt. Sie saßen an langen Tischen, dörflich oder interessenmäßig vereint. Die Fernsehkamera filmte sie. Sie waren eine wichtige Stimme. Paris hörte sie. Sie tranken den Wein, den sie gebaut hatten, und verzehrten das Menü aus dem Fleiß ihrer Felder und ihrer Ställe. Ich dachte an das Beinhaus von Verdun, an all die großen Friedhöfe des Nordens, denen diese Männer gerade noch entkommen waren. Sie besuchten das Schloß von Angers, das mit seinen Mauern und Türmen für uneinnehmbar galt. Ich ging mit ihnen über die Wehrgänge, sah das süße Frankreich im Bogen der Loire liegen, sprach nun mit seinen Beschützern und verstand sie nicht, die im Kellermuseum des Schlosses die Teppiche mit den Darstellungen der Apokalypse nicht erschütterten.

In Nantes, der großen Hafenstadt, gibt es überall Läden voll von Muscheln, Austern, Seesternen, Seeigeln und Hummern. An allen Straßenecken stehen Frauen und rufen die frischen Sardinen aus. Die Fische glitzern in den Körben, ganz Nantes riecht wie ein frischer Fisch, und weiße wohlgepflegte Katzen lecken sich zufrieden die Lippen.

Cognac, berauschendes Fest zwischen Weinfeldern, Weinozeanen unter der heißesten Sonne, Reklametafeln der großen Marken führen in die Stadt, die man für einen einzigen Destillierbottich halten möchte. Cognac bot aber das Bild eines unzerstörten Altertums. Alte Häuser, alte Tore, alte Türme, alte Brücken, alte Wasserläufe, und sie schienen wie verwunschen, sie schienen in der Sonne zu schlafen und nur von einigen trägen Katzen auf einem sandigen Platz bewohnt zu sein. Das Hôtel de ville jedoch ruhte wie ein kleines weißes Schloß in einem Park mit Palmen, Tropenwuchs, so grünen Wiesen und so gelben Wegen, daß es nur der Phantasie des Malers Rousseau entsprungen sein konnte. Ein Schloß Franz' I. hielt ich für eine Kognakfabrik. Es war kein Chambord, es war ein roter Ziegelbau von nüchternster Sachlichkeit, der in der Sonne brannte. Und an der Place François Premier, schattenlos, rund, kleinstädtisch, verschlafen, saßen vor einem Café ein amerikanischer General, amerikanische Blumenhutdamen, amerikanische Schüler und Schülerinnen, tranken Coca Cola und lasen amerikanische Zeitungen. Aus einem Musikautomat floß Bing Crosbys Schmelz. Ich setzte mich in dem Café auf ein grünes altväterliches Ledersofa und bestellte einen Kognak. Es hatte ein großer Moment sein sollen, aber der Kellner war verwundert, daß ich einen Kognak und kein Coca Cola wünschte, und er brachte mir mißtrauisch ein kleines Glas, das nichts Besonderes und teurer als in Deutschland war. Ich ging zum Essen in ein Restaurant, in dem die Einheimischen saßen. Sie waren nicht gesprächig. Sie machten gelangweilte und mißmutige Gesichter, versicherten, bevor man sie französisch anredete, daß sie nicht Englisch könnten, und zu lieblos zubereiteten Speisen tranken sie, von Weinmeeren umgeben, widerspruchslos einen kratzenden afrikanischen Rotwein.

Fahrt nach Bordeaux über eine lange breite verkehrsvolle Brücke wie auf eine Insel. Bordeaux war die Mutter der Antillen und der kreolischen Besitzungen. Noch immer scheinen die Gerüche von Wein, Rum und Vanille sich in seiner Luft zu mischen. Auf dem Fluß könnte eine bewimpelte Flotte ankern. Am Quai liegen graue Handelsdampfer. Auf dem Ufer stehen langgestreckte Ladeschuppen, lagern geschlagene Wälder, hohe Stapel zur Verschiffung bestimmten Holzes und hindern den Blick auf das Wasser. Ein kleines Hafenleben mit Kneipen, Mädchen, Negern, Katzen, Hunden und Unglück gewohnten Türmen. Hitze, Musik, Kinder, tiefer Schatten, Kellerdüfte, wieder Hitze, Geruch vom Meer, Brackwasser, Teer, Tauwerk, von in Fäulnis übergegangenen Meerestieren. Eine Katze schläft auf einem Korb mit einem groben Sack zugedeckter Austern. Die Börse hat das Selbstbewußtsein der Konquistadoren, und die Handelsgötter blicken von hohen mit Schiffsschnäbeln geschmückten Säulen wohlwollend herab. Auf der Esplanade des Quinconces, dem schönsten Blick über die Garonne, hatte man leider die große Messe von Bordeaux aufgebaut und alles mit Brettern vernagelt. Hinter dem Zaun sah man Fahnen wehen; der Handel war in staatliche Zucht genommen. Bordeaux hat ein schönes Theater, einen säulengetragenen Bau inmitten der Stadt, von seinem Dachfirst winken die Musen, von der Galerie die Tänzerinnen des Balletts, und auf dem Platz sammelt sich das Leben. De Gaulles Ministerpräsident, Monsieur Debré, war nach Bordeaux gekommen, die Messe zu eröffnen. Er hatte gegen föderalistische Bestrebungen und für eine straffe Ausrichtung auf Paris gesprochen. Er kam mit viel Polizei zu seinem Hotel auf den Platz gefahren. Weiße Mäuse vor und hinter ihm. Trillerpfeifen und Schweigen. Er sah bleich aus. Ein intelligenter Mann, von Vaterlandsliebe berauscht und in allzu intimem Umgang mit gerade ihm gefährlichen Mächten. Eine Abordnung der Gaullisten ließ er vor dem Hotel warten. Sie trugen Baskenmützen und ziemlich schäbige blaue Anzüge. Bordeaux strömte in die Rue Catherine hinein, die enge lange Straße der Läden und der Warenhäuser, des Massenumschlagplatzes der Bedarfsartikel. Am Ende der Rue Catherine liegt die Place de la Victoire. Sie ist ein treues Abbild der französischen Provinz und ihrer Größe. Das Café Gaulois, das Café Orientale, das Café Masset starren einander in die weit geöffneten Fronten. Die Billardtische stehen unbenutzt, die Dominosteine ruhen im Kasten, die Kellner schlafen im Stehen vor den Regalen der Flaschen mit den Giften in allen Farben und vermehren sich in den trüben Spiegeln der einheitlich ausgestatteten Räume. Ein Triumphbogen behütet einen Blumenmarkt. Die Händlerinnen hausen in spitzen Zelten, die dem Platz das Aussehen eines Indianerlagers geben. Vor der Fakultät für Medizin und Pharmazie protzen, aus Stein geschlagen, die Natur und die Wissenschaft. Die Natur zeigt sich fast nackt in der letzten Résistance einer Entkleidungstänzerin, während die Wissenschaft nach der strengen Damenmode von 1880 angezogen ist. Lohnte sich der Sieg? Im Museum der Schönen Künste war die Ausstellung »Europa und die Entdeckung der Erde« zu sehen. Eine noch intakte, eine freundlich empfundene Welt. Der Exote wird malerisch von wilden Tieren zerrissen. Als Modell lächelt er geschmeichelt. Der weiße Mann kommt als Freund, als ersehnter Lehrer, immer als Herr und Herrscher. Die Pflanzung ist ein Hort der Ordnung im Dschungel. Die europäischen Damen spielen mit possierlichen Affen, mit gelehrigen Papageien und mit lustigen puppengleichen Negerbuben. In den Zeitungen stand: »Der Krieg in Algerien ist die Bewährung für Frankreich und für Afrika«. Europa entdeckt noch immer die Welt, die sich inzwischen über Europa ihre eigene Meinung gebildet hat. In Bordeaux streikten die Postbeamten. Ihr Protestmarsch durch die Stadt war von friedlichster Gemütlichkeit. Die Briefträger schoben ihre Fahrräder; Weib und Kind und selbst Freundinnen begleiteten sie. Pünktlich zur Mittagsstunde lösten sie sich aus dem Kollektiv, wurden Franzosen, Individualisten und gingen ein jeder zu seinem Apéritif und zu seinem Déjeuner. Bordeaux hat schöne Straßen und charmante Plätze vom Vorabend der Großen Revolution aus Ludwigs XV. Zeit. Wenn man sie in ihrer Erhaltenheit, in ihrer klassischen Ruhe betrachtet und das stille Sein der Bäume vor den gelassenen Fassaden sieht, möchte man glauben, die Revolution habe nie stattgefunden. Vor der großen Brücke aber leben das Volk, die Armut, der Wandel, auch der Fortschritt und selbst die Anarchie. Eine Anlage aus schmutziger Erde und ohne Gras gehört den Clochards. Ein Betrunkener wird zu einem Scheinangriff auf einen ruhigen Polizisten gehetzt. Ein Plakat lädt zur Feier von Lenins neunzigstem Geburtstag ein. Vor den Wirtschaften entpulen die Gäste Krevetten wie Affen Erdnüsse. Hinter der Wasserfront ein Gewirr enger Gassen. Manchmal ein schöner Platz. Alte Bäume, uraltes Gemäuer. Ein finsterer Weinausschank gehört einem Neger. Neger sind seine Kunden. Sie kommen mit Flaschen und auch mit Töpfen, den Wein zu holen. Es sind sehr sanfte Neger. Vielleicht macht der schwere Wein sie so sanft. Zwei kleine Halbnegermädchen, Zwillinge in bayerischen Lodenmänteln, schwarzlockig, dünnbeinig, blaß, obwohl schwarz, hüpfen in einem Jazzrhythmus durch die dunkle Gasse, die ihre Heimat ist. Magere schwarzgekleidete alte Frauen. Ein Kind in langer grellroter Hose fährt auf einem Roller immer wieder die Schlucht hinunter. Seit tausend Jahren wird in diesen Häusern gezeugt und gestorben. Die großen städtischen Autobusse kommen durch ein mittelalterliches Tor vorsichtig wie aus einem Mäuseloch gekrochen. Auf den Bänken des Börsenplatzes trifft sich am Mittag die Liebe zu schnellen Umarmungen. Im Hotel Splendide tanzten am Abend die jungen Leute so ehrbar, wie wir es uns aus der Zeit unserer Großmütter wohl vorstellen.

Es ist kaum zu glauben, aber die Weinschlösser um Bordeaux sehen genau wie ihre Abbilder auf den Weinflaschen aus: sie heben sich grau und anmutig, manchmal aristokratisch, oft bürgerlich, zuweilen nur ein Gartenhaus, aus den flachen, in geraden Linien weithingestreckten grünen Rebfeldern, sind immer verspielt und lassen ein jedes ein Geheimnis vermuten, vielleicht den freundlichen Geist des Weines, der in den Fässern in ihren Kellern rumort. Der Seewind überstreicht das Weinland von Bordeaux, kräftigt und würzt wohl die Trauben. Bei Arcachon wird die Landschaft auf einmal ostpreußisch. Kiefernwälder und hohe Dünen geben trotz heißester Sonne und künstlicher Austernbänke die Erinnerung an die Kurische Nehrung.

In Toulouse feierte man ein Fest. Kapellen und Trachtengruppen zogen durch die Straßen dieser großen Stadt und machten sie noch provinzieller, als sie es von Natur aus schon war. Vor dem Rathaus, das die Toulouser ihr Capitol nennen, wurde am Abend auf einem schönen Platz getanzt. In den Arkadencafés bemühten sich die Studenten, blasiert auszusehen. Die Mädchen waren bieder. Aus den Fenstern blickten die Gesichter alter Leute. Aber der Himmel über diesem Leben, über diesem Platz, über den

Jungen, den Mädchen, den Alten war tiefer Süden.

Über Carcassonne hebt sich die Festung, die Cité, die alte Stadt, wie das Bild eines Jerusalem in einem frommen Buch. Die Ritter, die dort gewohnt haben mögen, sind gestorben und haben den Andenkenhändlern Platz gemacht. Wenn man allein vor den festen Türmen steht, mag man sich als Troubadour fühlen, auch an Rapunzel denken, daß sie ihr Haar herunterlasse. Die alten Mauern schweigen aber, und die Bewohner der mittelalterlichen Gassen haben das wächsern unheimliche Aussehen der Figuren eines Panoptikums bekommen. Das heutige, das lebendige Carcassonne zu Füßen seines Ursprungs ist kleinstädtisch, aber nicht eng. Gegen Abend bildet die Jugend in der Hauptstraße den Korso wechselseitigen uneingestandenen Begehrens. Man ist in Klassen des Standes und der Schulen eingeteilt, man weiß alles voneinander, man atmet gierig die Langeweile ein und genießt den großen Reiz des Wartens auf einen Ausbruch aus der Regel. Aus der Kaserne trat ein Mohr ganz und gar als Franzose und Soldat. Er war Feldwebel. Er trug stolz sein Käppi, seine Rangabzeichen, seine Ordensbänder. Er ging über den Korso wie einst Othello über den Markusplatz. Im Hotel logierte eine Reisegesellschaft französischer Priester. Sie hatten nicht sterben wollen, ohne Carcassonne gesehen zu haben.

Hübsch liegt Narbonne an einem Kanal und unter Bäumen. In der Bank hing eine Totentafel. Neun Namen und die Zahl 1914. Ein Dämon hatte die Bankbeamten geholt und sie aus dem hübschen Narbonne, von dem stillen Kanal, den lauschigen Bäumen weggetragen und sie im Norden Frankreichs zerrissen. Vielleicht wußte der düster-schöne Palast des Bischofs warum. Der Palast des Bischofs gleicht sehr einem festen Gefängnis mit hohen Räumen. Ein sicherer Wehrgang führte den Bischof in seine nicht vollendete, seine ruinenhaft gebliebene, sehr eigenartige und eigentlich bezaubernde Kirche, in der eine bayerische ritterliche Grablegung der strahlenden Sonne über Narbonne mißtrauen läßt. Die Bankbeamten von 1914 hatten das nicht erkannt und die Stunde zur Flucht versäumt.

Sète, am Meer, am weißen Strand, mit seinem Hafen, einem richtigen Canale Grande, ist ein kleines, aber sehr lebendiges Venedig ohne jede historische Größe. Ich saß bei den Schiffen und fühlte mich wohl. Ich bekam Wein zu trinken und Fische zu essen, und Madame hatte die Fische aus dem Boot vor ihrer Tür geholt, und der Wein kam wirklich von den Hügeln hinter der Stadt. Ein Markt mit Gemüse und Obst und aller Wärme und allen Farben eines begünstigten Landes. Eine Straße heißt Rue Valéry, eine Schule École Voltaire. Ich stieg freundliche helle Wege zum Marinefriedhof hinan und fand das Grab Paul Valérys in würdigem Marmor hoch über dem Meer und dem Hafen, wie der Dichter es sich gewünscht hatte: »Es gibt kein Landschaftsbild, so liebenswert es auch sein mag – keines mit Alpengebirg, keines mit Wäldern, keines mit Stätten geschichtlicher Größe, ja Wundergärten –, das für meinen Blick den Rang dessen haben könnte, was man von einer Terrasse aus sehen kann, die an guter Stelle einen Hafen überhöht. Das Auge ist Herr von Meer und Stadt und ihres Widerspiels: ihm gehört alles, was der geborstene Ring der Ufermauern und der Molen zu jeder Stunde des Tages einbeschließt, aufnimmt, entläßt«. Die Sonne spiegelte sich bei der Fahrt aus Sète in einem toten Meerestümpel wie in einem heißen Blech, und dieses grelle Licht, in das sich die Abbrennfackeln einer Petroleumraffinerie mischten, hob die Stadt, den Strand und die grünen Weinfelder in ein überirdisches, flamingofarbenes Geisterreich.

Schon der Stadtplan von Paris ist ein Versprechen irdischer und geistiger Freuden. Aber ist das nicht eine recht banale oder allzu literarische, eine rein ästhetische oder egozentrisch illusionäre Vorstellung? Wer Paris wirklich kennt, wer dort gelebt, studiert, geliebt, gearbeitet, gedacht, gestrebt, gelitten, vielleicht gehungert hat, wird schwören, Paris sei eine harte, eine böse Stadt. Ihre Dichter haben sie geliebt oder verflucht. Aber die zwanzig bunten Arrondissements, eingezwängt in den Gürteln der alten Festungswälle, die achtundfünfzig geschleiften oder noch zu bewundernden Kasemattentore, die den Endstationen der Untergrundbahn die alten Namen und noch immer die Puccini-Phantasie, die romantische Opernkulisse der Bannmeile geben, die zwanzig grellen Farbschuppen erinnern an eine blinkende, lokkende Austernschale, in deren Mitte zwei schöne Perlen liegen, die Île de la Cité und die Île Saint-Louis. Aus dem Muschelbett erhebt sich die Göttin, Aurora, die Morgenröte, die Fluß und Brücken und alle Dächer umarmt, die ernste hausfrauliche Venus im Louvre, die nacktjagende Diana von Poitiers, hochmütige Herzogin von Valentinois, auf dem durch Liebreiz und Ehrgeiz bezwungenen Hirsch, die kopflose Nike von Samothrake, der immer noch für etwas anrüchig gehaltene Genius der Freiheit unter der phrygischen Mütze, die strenge kurzsichtige Gloriole der Vernunft, die Epiphania Pascals, Balzacs Mädchen mit den Goldaugen, Prousts reifenspielende Gilberte aus den geschwätzigen Salons, das rotschopfige Mannequin des Dernier cri und die hübsche Kuh der Küchenreklame, la vache qui rit. Immer sind es Träume, die an die Seine führen. Die Luft ist für alle Zeit von den Impressionisten gemalt, die Leuchtfeuer des Abends stammen von Picasso und Miró, die Natur ringsum ist domestiziert und auf das anmutigste zerstört, Monets Frühstück im Grünen und Maupassants fröhlich-traurige Ruderpartie ereignen sich immer noch, aber die steingefaßten oder grünen Ufer, die romantisch gehaltenen oder kommod geführten Wege sind von Kentauren bevölkert, von blechbepanzerten gummibereiften Herden, die von den breiten Autostraßen ausbrechen und gierig zu ihnen zurückströmen. Pan wohnt griechisch-französisch in der humanen Landschaft der Pariser Peripherie, debussyisch auf Balkonen, herrscht über Spaziergängerwäldchen, Familienwiesen, Nixenteichen, Lustlisieren, Fabriken, Lagerplätzen, Gleisen, Kanälen, über die vielversprechenden Parzellen der blühenden Bodenspekulation, über Paradiese und Höllen der Touristen, die gedemütigten Schlösser, die hollywoodisierten Stadtrandschenken und, aller Wirtschaft zum Trotz, noch immer über Liebespaare. Die Dörfer sind Dörfer geblieben, mit einigen Hochhäusern neben den Ställen, aber die neuen Satellitenstädte bilden sich kühn nach dem Stil utopischer Planeten. Immer ist die Bühne ärmlich und reich, üppig und selbstgenügsam, waschmittelweiß und lebensschmutzig. Die Pensionärsvilla mit Erkerchen und Türmchen überlebte die soliden, die gestürzten Renten und kokettiert mit dem glatten Beton, dem harten Stahl, dem indiskreten Glas der Corbusier-Türme. Schon im Umkreis von Paris erlebt man das Wunder der einzigartigen Stadt, sich alles einzuverleiben und das Häßliche schön zu machen. Der Grundton ist grau: dunkelgrau, fleckiggrau, hellgrau, lichtgrau. Der Putz bröckelt von den Fassaden, die Dächer haben Wunden. Seit 1914 verfällt Paris, aber es stirbt nicht. Die letzten Riesen waren die Großväter. Die Errichtung des Eiffelturms, die Ausschachtung der Metro, die Straßendurchbrüche des Präfekten Haussmann waren Herkulesarbeiten der Planung, der Finanzierung, der Ausführung. Die Belle Époque thront noch immer als Stahlgerüst gemütlich über der Stadt, ein Dorn den Flugzeugen. Der Wunderturm könnte allmählich von Toulouse-Lautrec sein, man darf ihn zu seinen Füßen en miniature für den eigenen Nachttisch kaufen oder auch professorfreudisch-diabolisch als Mitbring-Schnupftüchlein für die daheim gebliebene Braut. Die eisernen Ranken der Zugänge der guten, tüchtigen, der Liebe Obdach gebenden und doch mit aller zeitverrückten Hast sausenden Untergrundbahn und die kostbaren Kunstschmiedearbeiten, die kleinen Tempel der sehr öffentlichen, von Henry Miller gefeierten Bedürfnisanstalten geben sich heute noch wie Illustrationen aus der versunkenen Mondänität der »Vie parisienne«. Die prächtig geschwungene Freitreppe des berühmten Warenhauses ist der Großen Oper nachgebildet, dazu mit Lampen, Reiherfedern, Stoffen und Steinen der Folies-Bergère geschmückt. Die Marmorstufen, die dicken Teppiche führen noch immer in Zolas Paradies der Damen. Natürlich tut dies die Rolltreppe auch, aber verglichen mit der großen Inszenierung der Jahrhundertwende ist sie, mit müder Menschenfracht beladen, ein unverkennbares Symbol der Erschöpfung.

Paris galt einer von Europas Hochmut gebannten Menschheit lange als die schönste Stadt der Welt. In Sankt Petersburg, im kaiserlichen Wien und Berlin, selbst im päpstlichen Rom und im trauernden Madrid, von den Residenzen des Balkans, des Sultans, des Kalifen, des Beis zu schweigen, wurde der Anspruch anerkannt. Aber San Franzisko, Rio, Bombay, Tokio lagen noch außerhalb jedes Vergleichs, Leningrad, Warschau, Prag, Budapest und Bukarest erwarten das Heil aus dem Osten, die Sultane wichen dem arabischen Egoismus, Washington ist bescheiden, wenn es sich im westlichen Verteidigungsrat Primus inter pares nennt, in New York ist die neue Sonne der Vereinten Nationen aufgegangen, und wer heute nach einem kurzen Nachtflug in Le Bourget landet, ist vielleicht nicht mehr bereit, die alte europäische Schönheit uneingeschränkt zu bewundern. Das Flugzeug fällt über Saint-Denis aus den Wolken, kreist, ein ehrfurchtsloser Cherub, über der ehrwürdigen Kathedrale mit den Gebeinen der französischen Könige, und was der Passagier sieht, ist Rauch aus geschwärzten verwitterten Essen: Rauch mühseliger Arbeit und täglich bekämpfter Lebensnot, die stolzen und traurigen Feuer des Prometheus. Die Bahnhöfe, die Hallenkirchen eines schon wieder unmodern gewordenen Fortschritts, sind zugig und brandig staubig und merkwürdigerweise wie gegen Volksaufstände vergittert. Nur die Gare Saint-Lazare hat Weite und bringt mit den amerikanischen Bootszügen den Ozean in die Stadt, den Paris schon in diesem großen Dock, vor den Zeitungsständen, den Stühlen des Cafés und der Alkoholreklame sich assimiliert. Der Mietwagen fährt den Reisenden in tollkühnen Verschlängelungen durch enge, hoffnungslos verstopfte Straßen, durch die Erinnerung an tausend Romane, verträumte Kinojahre, an gesehene Bilder, vergangene Moden, verlogene Kriegsberichte, an die Schutthalde der Geschichte, durch einen turbulenten, die Logik, den schnellen Entschluß schulenden, die Höflichkeit brauchenden Verkehr, der überall woanders längst schon zusammengebrochen wäre. Der Ankömmling ist verwirrt, er möchte begeistert sein und sieht sich, wie er meint, im Babel der kleinen Gemüsehändler; er ist enttäuscht und sinkt, wie auf das Haupt geschlagen, gegen die von vielen Körpern ausgebuchtete Lehne des Taxis zurück. Noch weiß der Fremde ja nicht, daß er durch die Vendée fährt oder die Auvergne, daß jede Pariser Straße eine Kleinstadt von überzeugter Provinzialität ist und jeder Arrondissement ein eigenwilliges Departement vertritt. Erst auf dem Platz Concorde oder auf einer Brücke über der Seine wird der Besucher den schönen Akkord vernehmen, den großen Glockenschlag Paris.

Der Louvre regierte Frankreich. Wer aus seinem Fenster sah, täuschte sich. Er glaubte, die Sonne gehe allein für ihn so königlich auf. Er vergaß, den Kopernikus zu fürchten und all die bukkelnden, zur Dienerschaft gezählten Gelehrten. Auf dem Platz des Karussells – Böller und Illuminationen für den Dauphin und die Ewigkeit der Krone – steht man mitten in der Geschichte, die sich jedem Schulwissen erhaben zeigt. Wer empfände nicht Größe und Vergänglichkeit, Rausch, Glück und Schwindel? Und wenn die stolzen Bewohner und Mehrer des Hauses nun längst in der Hölle schmoren, groß und vergänglich, erhaben und töricht waren auch die Taten des aufsässigen Volkes von Paris, sein Glaube an die Gleichheit vor der Guillotine und an das verpuffende traurige Freudenfeuer des Brandes der Tuilerien im Aufstand der Kommune von 1871. Pausbäckig stößt der Ruhm ins Horn und prescht auf ungelenktem Flügelroß voran. Hier sagten sich einmal die Füchse und die Vogelfreien gute Nacht, wurde Unrat gehäuft, Müll durchwühlt, wurden Kehlen durchschnitten und Mädchen umarmt, dann Ziegel gebrannt, Kinder schufteten für den fetter werdenden Palast, und Franz' I. Pferde träumten in ihren Ställen vom lieblichen Italien. Katharina von Medici dachte an Seidenstrümpfe und ließ eine Allee von Maulbeerbäumen pflanzen, aber die Geometrie, die wir bewundern, die mit Winkelmaß und Zirkel geschaffenen Wege und Plätze, die zu Kuben und Domen geschnittenen Hecken, die militärisch gestutzten Bäume, die nach den Gesetzen des Goldenen Schnittes hingestellten Statuen, die wohlgezogenen Blumen, die erhöhten Terrassen, ausgeklügelte Wasserspiele stammen von Le Nôtre, der alle Gärten Frankreichs für eine strenge Ewigkeit baute, wie Vauban seine Festungen. Die Menschen wurden planlos geschaffen. Sie wimmeln herum und stören auf den zopfigen Pfaden des höfischen Zeremoniells. Doch welch ein Blick vom verschnörkelt eitlen Triumphbogen Napoleons, den zu späten Cäsarensiegen, den Toten von Austerlitz, Ulm und Tilsit über den Traumbuch-Obelisken aus dem ägyptischen, dem göttlichen Theben und über die große Weihnachts-Spielzeug-Schaufenster-Bahn der Champs Elysées zum großen Arc de Triomphe des beglückenden Straßensterns und zu den Leichenfeldern von Verdun, der Absurdität von 1940, der Fahne des Widerstandes, dem Knüppelruf »Algérie française« und der unbefriedeten Welt. Die Sonne geht unter. Sie läßt den Triumphbogen in atomaren Flammen stehen. Millionen Schlachten verklären blutrot den Augenblick. Hundert Führer weisen mit feierlich erhobener Hand die nahende Nacht. Tausend Verschlüsse photographischer Apparate knacken und verniedlichen den tragischen Moment.

Das Hotel liegt im Gelehrtenviertel, nahe der Sorbonne, gegenüber dem Lyzeum des Heiligen Ludwig, am Boulevard der Studenten, beim Park der Kinder und der Liebenden, im Umkreis des Theaters Odéon, unter asiatischen Restaurants, es wird von Schildern und Sternen empfohlen, nennt sich Palast und bietet den Komfort der ersten Weltausstellung. Der Fahrstuhl wohnt in einem Kunstschmiedegehäuse wie des chinesischen Kaisers Nachtigall, er ist als Schönheit entworfen und sehr zu bewundern, wenn er ruht. Das Zimmer ist dunkel und, genaugenommen, ein Bett mit einem Umgang. Das elektrische Licht fließt in niedriger Spannung durch blinde Glastrauben. Die gußeiserne Badewanne erinnert mich arg an die ungern genommenen Bäder der eigenen Kindheit. Das Wasser läuft wie es will, kochend heiß oder eisig kalt, es ist gegen jede Mäßigung. Das Telefon bringt mich mit Menschen in Kontakt, die ich nicht sprechen wollte, mit fremden, freundlichen oder ärgerlichen Stimmen, die geheimnisvoll aus den lockenden Hinterhalten der großen Stadt sprechen. Es ist ein schöner, es ist ein gemütlicher, nur leider etwas hochnäsiger Palast. Die Madame sitzt mit getürmtem grauem Haar wie eine alte Sphinx neben dem schönen Fahrstuhl und blickt einen mit Augen an, vor denen man nackt ist. Dennoch versicherte mir ein Freund, daß man unbesorgt fremde Neger mit auf das Zimmer nehmen und in der alten Badewanne baden könne. Das Haus ist voll bis unters Dach von Reisegesellschaften aus New York, aus London, aus Moskau und sogar aus Frankreich. Kriegstüchtige Omnibusse führen die Herden zu den Sehenswürdigkeiten und zu den Abfütterungen. Am späten Abend sinken die Touristen erschöpft in die ungewohnten, die gemeinsamen, die breiten, die heißen, die mariagen Betten und denken höchstens noch mit Entsetzen an schöne Neger. Es ist ein solides Unternehmen. Von dem hochaufgeschlitzten schwarzen Abendkleid einer Japanerin fiel eine Rose auf die Treppe aus falschem Marmor. Ich hob die Rose auf, und sie knisterte zen-buddhistisch, ein kunstvoll gepreßtes trokkenes Papier mit einem fernöstlichen Geheimnis.

Die Reisebüros führen ihre Kundschaft in die Große Oper. Schwarze Kandelaber rühmen die Freitreppe. Wer im Frack kommt, denkt: jetzt geh' ich ins Maxim. Alle Zuschauer spielen in einer Operette mit. Soldaten und Offiziere bewachen die Kassenhalle und sehen wie Soldaten und Offiziere der Recherche du temps perdu aus. Erscheint der Präsident in seiner Loge, erscheint manchmal die Königin von England oder ein schwarzer Regierungschef aus dem heißen Afrika, erlebt man das Schauspiel von Frankreichs Größe. Die Marseillaise wogt in der schönen Grotte über alle Ränge und läßt den königlichen Kronleuchter zittern. Die Inszenierungen sind vollendetes Stadttheater, die Dekorationen prächtig, die Stimmen teuer. Ein seltener Vogel wie die Callas gibt der Konvention einen Hauch von Genie. Von dieser Bühne trug man die Göttin der Vernunft in Gestalt einer kleinen Choristin durch die Revolution. Die Skandale der Vierten und der Fünften Republik sind klein und traurig, das Ballett der jungen Rosen entfaltet sich als Zeitungsblüte. Man hat die Unschuld verloren. Balzac beschrieb die Geheimnisse des Foyers der Tänzerinnen von der halbwüchsigen Ratte bis zum vollreifen Stern und die Huldigungen der Habitués. »Wer ist dein Vater?« fragte man ein Kind aus der vierten Gruppe. Es antwortete naiv: »Es ist wohl einer der Herren, die Sie hier sehen.« Die Balletteusen balancieren wie in einem Turnverein freilich noch immer auf der Spitze, und um ihre Tütüs weht der stagnierende Wind der Pensionsberechtigung. Wer nach der Oper wahrhaftig ins Maxim geht, wird nur den Namen seiner Dame kennen. Man ißt teuer, aber nicht bacchantisch. Die Blumen des Bösen sind allein noch in der Farbe des verbotenen Absinths um die alten Spiegel gemalt. Vor der nach außen hin bescheidenen Fassade steht in seiner Marschalluniform der Portier und blickt gelangweilt auf die berühmten Automarken aus Deutschland, England und Detroit. Die angestrahlten Säulen der Kirche Madeleine wirken um Mitternacht wie ein trauriges Werk von Chirico, das Bildnis einer gestorbenen Welt, und der Concorde-Platz ist menschenleer und trotz seiner Lichter tot. Die Fahrzeuge eilen nun wie einsam raubende Tiere über die weite, am Tage so strahlende Bahn.

Auch die Revuetheater, die alten Luststätten hinter der Börse und den Markthallen, dem Ost- und dem Nordbahnhof, haben den unwiederbringlichen Zauber der Verführung verloren. Noch meinen manche, Engel und Teufel zu sehen, doch der Himmel wie die Hölle sind ausgestorben. In der Kulisse unserer Großväter – sie trugen ein verräterisches Verlangen nach einem Harem – ereignet sich das alte Frivole, selbst wenn es nackt geblieben ist, nun in einer nicht gereinigten, nicht freigestürmten, bloß sterilen Luft, und noch die schönste oder herausgeputzteste Figurantin scheint wie in einem Frischhaltebeutel zu agieren, in einer durchsichtigen, etwas eklen Hülle, in der unschuldige Kinder arme Goldfische spazierentragen. Die Erwachsenen haben die soziale Unschuld verloren. Die Gelage finden heimlich zu höchsten Preisen statt; der Publik-Relations-Agent verständigt die Klatschkolonisten, die das Fest der Großen gehorsam den Kleinen malen, wie überall in der Welt. Kein schurzgekleideter Neger läßt sich mehr, wie vor dem um anderer Ziele willen ausgelösten Weltkrieg, für vier Sous von Damen und Kavalieren in den Bauch treten. Er schlägt zurück. Afrika ist frei. Aber ist man menschlicher geworden? Ein Chronist schrieb um 1895: »Die Pausen sind ein einziges lebendes Bild. Vorüber zieht das ganze galante und nächtliche Paris. Der Duft der Frauen durchdringt alles, betäubend und verblüffend. Diese Herde von närrischen Bacchantinnen schreitet zur berauschenden Musik über einen blutroten Grund in einem ewigen Drehen wie Schaukelpferde.« Eine Hexenzunft. Vorbei, vorbei. Die fremden, die scharenweisen, die erwartungsvollen Besucher erfüllen ernst eine Reisepflicht: man muß in Ägypten die Pyramiden gesehen haben. Kompanien von Rauschgoldnymphen glitzern auf einem Exerzierplatz aus buntem Scheinwerferlicht und werfen gar preußisch die Beine. Die lockeren, die wogenden Sitten in den Wandelgängen sind allein noch in alten Romanen, ihr Licht auf dem Bilde von Manet aus den Folies-Bergère zu finden. Vielleicht wird der Verkehr nach den Wünschen ins Parlament gewählter Damen sittenpolizeilich überwacht; wahrscheinlich ist das Geschäft unrentabel geworden. Die Moralisten dürfen frohlocken. Die Freude, von der Flaubert sprach, das Laster, das die Entrüsteten meinten, hat sich zu altmodischen Herren und in kleine arme, wenn auch nicht ungemütliche Säle geflüchtet. Diese Räume ähneln lange schon weggeworfenen gefütterten Bonbonnieren, und man trifft dort, besonders am Nachmittag, rührende, böse, enttäuschte, noch immer gierige, hagere oder wulstige Gesichter, graue, kahle, schlagrote Schädel, die mit kurzsichtigen linsenverstärkten Blicken den Mädchen auf den Laufsteg folgen, die mit aller Ehrbarkeit des Broterwerbs und dem nüchternen Egoismus junger Hausfrauensorgen nichts als ihre Blöße zu zeigen haben. Die Jugend schaut nicht hin. Sie begegnet den gern zu Entkleidenden im Hörsaal und im Büro und überall sonst und immer wie in einer Schwimmhalle kameradschaftlicher Sitten. Aber manchmal kauft, immer noch, der mächtige und über das moderne Frauenrecht lachende Eros in der schäbigen Verkleidung des hohen Alters eine Eintrittskarte für die rührende und kümmerliche Schau der nackten Eva.

Der Platz des heilen Michael umarmt. Er breitet seine schönen starken Arme aus. Er empfängt wie eine Geliebte. Er ist das offene Tor zum lateinischen Viertel, der Hafen, wo ich landen wollte. Ich bin zu Hause. Ich bleibe vor dem Brunnen stehen, dessen Wasser wie aus der Front der hohen Häuser des Boulevard Saint-Michel fließt, und warte. Ich weiß nicht, auf was ich warte. Nichts könnte mich noch locken. Glücklich oder unglücklich zu sein, hier erfährt es eine Erhöhung und wird eins und gleichgültig. Eine Tafel gedenkt, wie so viele in Paris, der Menschen, die für die Freiheit fielen. Ich verneige mich vor ihnen, die diesen Platz verteidigt haben. Wie konnte man Paris mit Waffen erobern wollen! Blick auf das bunte fröhliche Leben, blick auf die bevölkerte Brücke, blick auf Notre-Dame, blick auf die Bücher, die Bilder, die Mädchen, die jungen Leute, auf die Alten Baudelaires, blick auf die Austern, die Hummern vor dem Restaurant an der Ecke des Kais und vergiß nicht den fröhlichen Wind und den alles versprechenden Himmel. An der Ausweitung zum kleineren Platz Saint-André des Arts steht wie eine notdürftig verglaste Schrebergartenlaube das kleine Café der Lederjacken, der Blousons noirs, des französischen Teils der ewigen Jugendrevolte. Hier sind es Handelsschüler, sechzehn-, siebzehnjährige, trotzig abgesondert vom lateinischen, vom akademischen Treiben, gleichsam vor der Tür der Universität und in der Haltung des sprichwörtlichen Fuchses vor den Trauben. Eine gepflegte Verwilderung in der Gestalt, echte oder vorgetäuschte Verwahrlosung, Libertinage und gern getragene Verruchtheit, unreiner Teint, ordinärer Mund, gefettetes oder gefärbtes Haar, Augen, deren Blick Erfahrung, Kälte, Illusionslosigkeit, ein altkluges Durchschauen des Lebens vortäuschen möchte, und die eitel-lässige Haltung von Dieben und Sportidolen. Mädchen wie Jünglinge leiden in althergebrachter, in rührend altmodischer Weise an ihrer Jugend wie unter einer schweren Last, doch scheinen sie mehr als alle Generationen vor ihnen genau und schmerzlich zu wissen, daß ihre jungen Jahre eilen und verrinnen, daß sie vergänglich, köstlich, begehrt und gut verkäuflich sind. Allein aus Trägheit, nicht aus Moral, können sie sich jedoch zu dem Handel nicht entschließen und bleiben aus nie eingestandener Furcht unter sich, ein festgeschlossener borstiger Kreis gegen Erwachsensein und soziale Einfügung, bis auch sie die Ehestandsbeihilfen, die Kindergelder, die zahllosen Familienbegünstigungen, die Altersrente, das Sterbegeld des französischen Staates empfangen und bürgerlich genießen werden. Das kleine Café ist der Rangierbahnhof ihrer intimen Verhältnisse. Ein Stehkonvent, auch eine Börse, man geht ein und aus, zeigt sich, konsumiert höchst selten etwas, wirft eine Münze in einen der Spielautomaten, wartet auf keinen Gewinn, bewegt sich um des Agierens willen. Sie lesen die Lehrbücher des kaufmännischen Rechnens und die Überschriften des verbreiteten Boulevardblattes, die endlose Ballade der Leidenschaftsverbrechen, die einfältigen Märchen der Filmhysterie, und einige studieren die kommunistische oder die kleine faschistische Presse. Auffallend die vielen asiatischen Gesichter unter ihnen, für mich geheimhnisvolle, für sie gedankenleere Haut, reizvolle Vermischungen, schöne Kinder aus den verlorenen Gewürzwäldern, aus den verzweifelten Umarmungen der Armee mit dem Dschungel. Die Mädchen lieben über alles die Automobile, die vor dem Café stehen und weder ihnen noch ihren Kameraden gehören. Dort halten die Lockenden Hof. Sie setzen sich zärtlich und dekorativ auf die Kotflügel, umarmen Rückspiegel und Winker, lassen die schwarze Kunstlederjacke glänzen, verharren so Stunden und wissen, daß sie in diesem Augenblick uralt, siebzehn Jahre und Paris sind.

Nach rechts geht es in die ältesten Gassen. Scholastikawege, Grisettenwinkel, Viertel aus Tradition, Verfall, selbstbewußtem Kleinbürgertum, Exzentrik, Gelehrsamkeit, maßlosem Snobismus. Kleinste verstaubte oder raffiniert hergerichtete Handwerkerläden und der so reiche, so lustige, der vom Meer überflutete, von Gartenfrucht übergrünte, von Blumen verbuntete

Markt der Rue de Seine. Dunkle Kartoffelkeller, winzige Suppenkrautgeschäfte, bigotte Posamenterien alter Tanten wurden von stürmischen Architekten, Corbusier-Schülern, umgebaut zu Verlagsagenturen, Absteigen, Studios, Bars und Kunsthandlungen. Ein schwarz ausgemaltes Lokal, ein rechter Sarg mit Darstellungen des menschlichen Unterleibes an den Wänden, bietet dröhnende Schallplattenklänge und ein sehr schlechtes, sehr teures Essen, das von der sapphisch drapierten Tochter des einstigen Bistrowirtes mißmutig serviert wird. Neben dem Sarg der Bürgerlichkeit Frankreichs gute und unvergängliche Seele: der Herd und der schmucklose Eßraum eines bretonischen Kochs, mit dem man am Tisch sitzt, den klugen Hund, die weise Katze zur Seite und Männer in Schlosseranzügen, und das Fleisch kommt in der Pfanne auf den Tisch und ist ein Meisterwerk in flockiger Käsesoße zu einem vernünftig gebliebenen Preis. Die Medizinstudenten haben in der Nähe ihre eigene Mensa. Sie sieht wie ein Elektrizitätswerk aus, ist am Mittag und am Abend von Mopeds umstellt und speist ein Regiment junger Ärzte. Die medizinische Fakultät hat zu jeder Zeit das Gesicht des Stadtteils beeinflußt. Überall stehen die Tische der Antiquare mit Bildern aufgeschnittener oder von Geschwüren zerfressener Menschen. Die alte École de Médecine zeigt Ludwig XV. zwischen der Weisheit und der Wohltätigkeit; der schöne Hof, die hohen Galerien lassen an sinnend wandelnde Gelehrte denken, an die hochherzigen vollbärtigen Sieger über die Bakterien, während das neue Haus der Heilkunde, ein Betonklotz zukünftiger massenmenschlicher Entwicklungen, der seine individualistisch planlos gebaute Quartier-Latin-Umgebung nun ins Skurrile drängt, mehr eine Krankenkassenklinik, eine gigantische und herzlose Registraturmaschine aller Leiden vorstellt. Die Straßen der Bilderhändler, die rührenden oder peinlichen kleinen Kapellen des Genies oder der Eitelkeit führen zu der Hochschule der Künste, berühmt von altersher und immer fern den wirklichen Entscheidungen außerhalb ihrer Mauern, hinter der ein kleiner Hof alle die Lieblichkeit umfängt, die immer entsteht, wenn in einer Großstadt in einer plötzlich überraschenden Stille die Standbilder der Götter, Eroten, Nymphen und Laren sich mit einem alten Baum und einem verschlafenen Brunnen treffen. In der kleinen Gartenanlage der Nachbarschaft arbeitet ein würdiger Mann, ein Sonntagsmaler – natürlich sieht er wie der Zöllner Rousseau aus, trägt die Baskenmütze, hält den Pinsel im Mund – an einer Staffelei und porträtiert eine Dame auf einer Bank. Die Bank ist vorhanden. Die Dame nicht. Der alte Mann malt die Dame aber doch und ist ein Gott. Ein kleines Mädchen und ein Polizist schauen dem Meister respektvoll zu. Dann werden die Mauern kirchlich, mittelalterlich-mönchisch, dunkle Torbögen duften nach Weihrauch, doch nicht sehr, Glocken läuten nicht, könnten aber da sein, und von Kardinälen geschaffen, aus dem Geist von Richelieu, aus dem Erbe von Mazarin erhebt sich die Athen nacheifernde Kuppel des Institut de France, des Sitzes der fünf französischen Akademien. Cocteau fährt hier im palmenbestickten Frack vor, ein graulockiger Tausendsassa, der auch diese Rolle beherrscht und die Institution verjüngt. Doch die geeichten Berühmtheiten lieben einander nicht. Der Marschall Juin soll in der Akademie die Sprache verteidigen, nicht Frankreich, nicht la France d'outre-mer, sondern seine empfindsame, seine gerechte Seele. Und mit Unbehagen blickt der Gott des Kasernenhofes in das von Gott dem Herrn durchfurchte Antlitz Mauriacs, der wohl an den Himmel glaubt, aber ihm nie seinen wachen Sinn für Realität und Menschennot geopfert hat. Im stillen Hof weiden unter schon den Kardinälen lieben Bäumen, ganz grand siècle, uralte Automobile. Sie sind, mit teurem, spiegelblank geriebenem Kupfer beschlagen, von tollkühnen Rennen träumend, geschaffen, mit der Geliebten in den Sonntag zu fahren. Doch die unverwüstlichen Benzinveteranen gehören nicht den auserwählten Akademikern, die ihr erfolgreiches Leben nur modernen Limousinen anvertrauen. Sind sie die Freude der Akademiebeamten? Das Fußvolk kommt in den Hof gegangen, verehrungswürdige, in Deutschland leider schon ausgestorbene Männer, echte Professorengestalten mit schönen schwarzen Schlapphüten und unter den Armen die abgewetzten bücherschweren Mappen; sie haben nie am Steuer eines Wagens gesessen und pilgern wohl schon fünfzig Jahre, durch Frieden und Krieg unbeirrt, zu den Regalen der berühmten Bibliothek und sind die großen Heiligen des Alphabets. Auf der grauen traulichen Kaimauer zwischen dem Pont des Arts und dem Pont-Neuf, den ältesten und mit den absonderlichsten Geschichten beladenen Brücken von Paris, sitzen in der Mittagssonne, ein blauuniformiertes Heer, die wohlorganisierten Arbeiter der Staatlichen Münze, die nach so vielem stolzen, verschwundenen, in Strümpfen gehüteten, unter Bäumen vergrabenen Gold und Silber nun den neuen Franc prägen, eine saatstreuende Marianne, einen aufrechten Olivenzweig gegen das Chaos der Welt gesetzt, oder sie erholen sich von den Mühen der Schöpfung vor den kleinen Cafés, stehen am Zinktisch der Bars, und sie sind echte Bourgeois. Nach einem Kantinenessen, das ihnen täglich die alten Versprechungen des guten König Henri Quatre zu erfüllen versucht, konsumieren sie genüßlich einen Kaffee oder eine Petite Fine. Und überall an diesem freundlichen Kai speist man besonders gern und gut, und ein jeder will es, in Bistros, in Restaurants und bei Mutter Grün nach bestem Vermögen tun. Die Bäume des Kais spenden behaglichen Schatten, sie filtern das Licht, und einige berühmte Restaurants verkaufen das alte französische Glück zu teuren Preisen. Unten am Wasser ruhen die Angler und die Obdachlosen. Der giftige algerische Rotwein, das weiße Brot gibt selbst noch dem Elend in Paris zur Mittagsstunde den Anschein, daß Gott alle seine Franzosen liebt und nährt. Auf der kleinen Guckkastenbühne, die das Idyll des Fürstenbergplatzes für den Vorübergehenden ist, träumen die Katzen unter dem Mittagsschlaf bürgerlicher Automobile. Am Abend werden die weißen Kugellampen des Kandelabers, wird die milchglasmatte Romantik des neunzehnten Jahrhunderts das alte Schauspiel der Liebe beleuchten, für heute einen echten Anouilh. Aber alle Liebe und Romantik, die Akademierede, die Ideen der Vernunft und der Dummheit, der Segen und der Fluch der Münze und der beim Anblick der Clochards vom Betrachter schön gesponnene Existentialismus der Armut enden in dieser erzliterarischen Stadt als allmählich vergilbendes Papier, als Fraß für Philologen, Mäuse, Reißwölfe in den schwarzen Kästen der Bouquinisten. Eiserne Vorhangschlösser sind vor die Schätze gelegt. Monsieur dejeuniert, oder er hält sein gerechtes Mittagsschläfchen neben all seinen Kastenteufeln, neben dem Extrakt der Schmerzen, neben der weißen oder schwarzen Magie, die das Leben verbessern oder die Welt in die Luft sprengen sollte.

Links von dem weltoffenen Platz des heiligen Michael gibt sich die Gegend dramatisch. Buchhandlungen und Kioske schüren die geistige Auseinandersetzung; noch in der Nacht kauft und diskutiert man die doktrinären Schriften. In Frankreich hat die Opposition gute Autoren und grübelnde Adepten. Die aktivistische Buchhandlung, eine von einem modernen Architekten hell und vernünftig eingerichtete Unterwelt in einem uralten mauerschiefen Haus, bildet ein kleines Forum, und ein die Wahrheit und die Gerechtigkeit liebender, ein den ehrenvollen Frieden suchender unabhängiger Mann wie Jules Roy, der in seiner Schrift »Schicksal Algerien« die ganze Schuld und Unterlassung, in Irrsinn und Mißverständnis geratene Problematik des französisch-arabischen Verhältnisses untersucht, wird immer gehört werden. Alle diese Gassen sind eng, sie sind die mittelalterliche Stadt, und zugleich sind sie das Paris Balzacs, die müden Häuser stützen einander, sie können den großen Roman der Generationen erzählen, ihre Kneipen sind feucht und dunkel, und die Luft ist schwer von den Ausdünstungen der Jahrhunderte und all ihrer Räusche. Das ist der Maquis der Clochards, das Depot ihrer Weinflaschen, ihre Abfallbörse, der Parkplatz ihrer armen lächerlichen Kinderwagen. Viele Bettler haben das gute, das bewegende Gesicht des alten Verlaine oder des lieben Gottes; doch die Frauen unter ihnen sind vom entgleisten Dasein und natürlich vom Alkohol in der Manier des Hieronymus Bosch gezeichnet: das Unglück, eine wüste Geisterwelt bricht durch die fahle Haut, strahlt irr aus dem schmutzigen krautigen Haar. Ich habe zu Nacht gegessen, ich werde in einem Bett schlafen, ich werde es warm haben, aber ich denke, ich könnte auch dies sein, der Bettler, der Trinker, der Ausgestoßene, der Verneiner, und es ist vielleicht ein christlicher Rest, ein alter Trieb, ein dunkles Wissen, daß ich in meinen Gedanken für diesen Augenblick so sein möchte, kein Mönch in einem schönen Kloster, ein Anachoret der Straße, ein aus dem verhängnisvollen Kreis der Tat, ein aus dem ständig Schuldigwerden Getretener, und Angst ist es, die fette bürgerliche Feigheit, die mich hindert, die mich errettet oder erstickt. Sie liegen auf den Luftschächten der Metro wie auf Höllenrosten, sie schlafen auf dem harten kalten Stein, die Füße bloß. Wir schreiten über sie hinweg. Wir mühen uns für überflüssige, uns eingeredete Bedürfnisse. Wir scheuen den Krieg nicht. Wir sind nicht lächerlich. Wir schieben keine weggeworfenen Kinderwagen und schmutzige Lumpen durch die Stadt. Welche Pforte wird uns verschlossen sein? Zu allen Seiten lockt die Musik der kleinen Betäubungen. Die arabischen Restaurants dekorieren sich wie Moscheen und leben von Frankreichs Sehnsucht nach einem friedlichen, einem freundlichen, einem unerwachten, einem dienenden Arabien. Natürlich leben die Lokale auch von dem Geschäftssinn der Köche und dem Heimweh der Nomaden. Sie wollen alle Couscous essen, sie wollen süßen Minz-Tee trinken. Sie sitzen im kleinen, wie gegen eine grelle Sonne verdunkelten Eßraum französisch nebeneinander und doch wie in einem Zelt, sie mischen die lokkere Hirse, die dampfende Brühe, den fetten Hammel, das zähe Huhn und die scharfen Gewürze, sie lauschen dem monotonen, dem hypnotisierenden Schallplattenklang des ewigen arabischen Gesanges. Die Gäste haben ernste Gesichter, die afrikanischen wie die europäischen, sie scherzen nicht, sie lachen nicht, sie scheinen auf irgendein schreckliches Ereignis zu warten, auf etwas gänzlich Sinnloses, auf eine blödsinnige Katastrophe, einen Exzeß der Verranntheit, auf einen Handgranatenwurf oder einen Schuß. Arbeitet der bekümmerte olivenfarbene Wirt für die algerische Exilregierung oder für die Franzosen? Was kundschaftet der schweigsame Kellner? In wessen Auftrag versucht der schöne Mann mit dem schwarzen Schnurrbart sich anzubiedern? Wer verrät wen? Eine junge arabische Schönheit blickt unverschleiert, dem Koran entwachsen und doch geheimnisvoll wie eine Prinzessin aus Tausendundeiner Nacht in den französischen Spiegel. In der Straße wachen Doppelposten der Polizei. Der Hinterhalt ist überall. Die Broschüren, die Wochenschriften sprechen von der Folter und sagen nicht alles. Der Schrei wird unterdrückt. Es gibt keine Zensur in Frankreich, aber die Behörden wissen virtuos mit der gefährlichen Waffe der Beschlagnahme zu kämpfen. Ein Studentenverein oder die mit der Zeit gehende, nicht zurückbleiben wollende, sich jung schminkende Universität hat hier im zwielichtigen, noch im Schatten der Kathedrale, auf römischen und sakralen Fundamenten liegenden Quartier einen Tanzkeller gemietet, und die Scholaren drängen sich vor dem wegen Überfüllung geschlossenen Tor, stellen sich an im Knäuel, Schwarze, Braune und Weiße, schwarzweißbraune Umarmungen, der Friede scheint möglich zu sein. Wer sich nicht akademisch vergnügen mag, geht ins surreal umgebaute Bistro vis-à-vis, dessen bleicher athletischer Wirt, der wie der Maquereau der Sittenfilme aussieht, die umfassendste Schallplattensammlung, Jazz, Klassik und Elektronik, mit Kennerschaft zusammengetragen hat. So wird seine Kneipe, sein billiger korridorschmaler Laden zu einem Konzertsaal, in dem Kongolesen und alle Vereinten Nationen für eine Abendstunde die ersehnte, musisch regierte Weltrepublik bilden. Eine wetterzerfressene Bettlerin mit einer räudigen Katze auf dem Arm streckt gegen jeden, der geht, die Hand aus und nennt ihn, schenkt er ihr eine Münze, ihren Bruder.

Dem Platz Maubert sieht es niemand mehr an, daß er einmal ein Stadtdschungel war, ein Räubernest, Totschläger-, Vaganten-, Bettler-Reduit, auch der unheimlich-heilige Ort, wo die Sorbonne ihre Nonkonformisten verbrannte, sehr unmenschlich, sehr selbstgerecht und in einem verblüffenden festen Glauben an Gottes Beifall. Die das Andenken eines armen Einsiedlers ehrende Kirche Saint-Séverin und die alte Mönchsgründung Saint-Julien-le-Pauvre versuchten auf andere Weise dem Himmel wohlgefällig zu sein. Sie waren immer die Beichtstühle, die psychoanalytische Therapeutik, die Zuflucht der revoltierenden, leichtsinnigen oder schwermütigen, neuen Ideen nachhängenden, in Verbrechen verstrickten, Gedanken- und Planetenfreiheit fordernden Studenten und aller Vogelfreien der Zeit. Zerbrochene Inschriften, verfallene Gräber, bewahrte Beinstätten und die schöne Flammengotik der Säulen von Saint-Séverin, dem Einsiedler, berichten von den alten geistlichen und schon damals großstädtisch sozialen Kämpfen. Geblieben sind Armut und Herzensnot, und eine lange Reihe von Danktafeln für neuerdings erhörte Gebete zeugt von einem fortlebenden Glauben an die Wunderkraft des geweihten Mauerwerks. Am Platz Maubert aber blicken nun eintönig langweilige Mietshäuser auf die Richtstätte der Häretiker, der Ketzer, der armen Märtyrer der Vernunft, auf das Revier des großen François Villon, und um den Metroeingang, nur eine Station von Saint-Michel entfernt, weht sonderbarerweise der Wind der Vorstadt. Die Polytechnische Hochschule, vielleicht die traditionsstolzeste aller französischen Unterrichtsanstalten, ein Institut der Armee, das ihr Festungsbauer, Ingenieuroffiziere, Pioniere und Artilleristen von höchster Intellektualität heranbildete und nun zusammen mit der Bergwerksakademie, der Hochschule für Politik und der Verwaltungshochschule dem Staat und der Wirtschaft die neue herrschende Schicht der großen Kapitäne, der Manager und der Technokraten liefert, hat, wie sie sich heute vorstellt, mit ihrer Fortschrittsarchitektur von vorgestern dem Viertel ein nüchternes, ein, wenn man um seine Kulturgeschichte weiß, enttäuschendes Gesicht gegeben. Die philiströsen Standbilder der berühmten Gelehrten sind für die Vorübergehenden nur wie Namen in einem Lexikon, und die akademischen Statuen der

Dichter verbreiten keine Poesie. Dennoch gehört die Gegend zu den literaturträchtigsten von Paris. Kirchen, aufgelöste Klöster, Gymnasien, akademische Höfe, Gides kleine Falschmünzer, Bibliotheken, Institute, Laboratorien den Hügel der heiligen Genoveva hinauf bis zum Pantheon. Und immer wieder, verdrängt, doch beharrend, der Untergrund, der alte Stadthumus, die Antike, das Mittelalter, das katholische, das römische Erbe in Säulenstümpfen, Mauerresten, Gesimsen und Verstecken der Prostitution und der Abwegigkeit. Ein Tanzboden zeigt sich noch ganz wie in den Romanen von Eugène Sue, die alten Geheimnisse von Paris leben fort, ein immer noch gut verkaufter Zuchthausschauer, eine honorierte Provokation, ein alter Strichburschenzirkus, das Glas ordinärer Wein wird für zehn neue Francs angeboten, und nach Mitternacht erscheinen die Premierengäste der Theater in Abendrobe und Frack. Zwischen Gotteshaus, Forschungsinstitut und Bums wohnt die hausväterliche französische Bürgerlichkeit, bis sie sich am Platz des Pantheon großbürgerlich, gelehrtenrepublikanisch präsentiert. Unter den kleinen Bourgeois lebt der Schriftsteller. Die intellektuellen Zeitschriften schätzen ihn als Mitarbeiter, und seine Essaybände werden auch in New York und in Berlin diskutiert. Das Wohnhaus ist alt. Es freut seinen Besitzer nicht. Die Mieter genießen den Schutz familienfreundlicher Gesetze, sie zahlen lächerlichen Zins, sie vererben, sie verkaufen ihre Wohnungen für den tausendfachen Betrag, während der erbitterte Wirt den Regen durch das Dach rinnen sieht und ihn schließlich als seine Rache betrachtet. Der Geruch eines alten Menschenstalles. Die Treppe ächzt, und wieviel Geschichten erzählt sie! Alle Farbe hat die Zeit gefressen. Eine Nachbarschaft aus Beamten und Angestellten und Kindern vom Keller bis zum Boden. Der Schriftsteller haust in zwei kleinen Zimmern wie Hieronymus im Gehäuse. Er hat die Räume kaufen müssen; man möchte es nicht glauben, aber dreißigtausend Mark sind sie an der großen Wohnungsbörse wert. Das erworbene Wohnrecht hat den Schriftsteller in Schulden gebracht und ihn zu Jahre währenden Einschränkungen verdammt. Die Kammern füllen Bücher, selbstgezimmerte Gestelle, keine Polstermöbel, keine schwedischen Regale, kein europäisches Wirtschaftswunder. Doch darf der Blick frei über den wäscheverhangenen, lautsprecherstimmenvollen Hof, über die vielbesungenen Dächer von Paris, über die unveränderte Balzacsche Weide,

Landschaft der ehrgeizigen Träume, über Murgers Kulisse der Boheme, über die hohen feinen Kuppeln der Kultur zum verheißungsvollen Himmel wandern. Nah ist ein kleines Theater, eine Bürgersaalbühne mit einem Vorhang gemalter, in Wolken blasender, pausbäckiger Genien, von einer avantgardistischen Truppe gemietet. Der Schriftsteller ißt mit dem Regisseur, den Schauspielern, dem Bühnendichter in einem Hilfsarbeiterlokal zu Mittag, das in seiner harten Primitivität an eine sozialkritische Zeichnung von 1900 erinnert. Die Luft ist vorrevolutionär, der Wein algerisch, das Essen schlecht. Wo sind hier die vielgerühmten kulinarischen Freuden der Ville Lumière? Wer sich an diesen Tisch setzt, ist arm. Aber er ist nicht elend! Er lebt in Paris und noch immer auf dem großen Markt der Ideen. Er denkt mit allem Stolz Descartes', daß er ist, weil er denkt, oder mit Rimbaud, verzweifelter rebellischer Engel, man denkt mich, doch selbst dann möchte sein Gedachtwerden mit Menschheit und All kommunizieren, die Asketen dieser kargen Tafel möchten die Welt aufrufen, sie bewegen, sie vorwärtsstoßen, sie nach altem Traum aus den Angeln heben. Hatte es unter dem Volk, in der Provinz in letzter Zeit den Anschein, daß Frankreich rätselvoll und vorsichtig schweige, daß sich hinter dem langen Rücken seines Generals der Bazillus des Faschismus entwickele, daß die Idee der Freiheit verlorengegangen sei oder mißbraucht werde, wie auch der angeborene, der wache Sinn für die Menschenrechte, diese jungen Franzosen, beredt und arm in einer Welt der Ängstlichkeit und der Besitzgier, der kleinen Versicherungssicherheit und der großen Wurschtigkeit, hüten das Erbe Voltaires und werden wie er für jedermanns Freiheit und gegen jede Herrschaft der Gewalt und der Gedankenunterdrückung kämpfen. Die französische Idylle trügt. Gott hat es auch in Frankreich schwer. Aber der hübschen Kulisse des weisen Lebensgenusses begegnet man noch überall.

Ein Gelände hinter hohem Lanzengitter, ein großer Güterbahnhof, Geleise, Eisenbahnen, Schuppen, Remisen, Rampen eines Lagerplatzes und darüber ein schwerer, ein berauschender Dunst. Das sind die Weinhallen von Paris, ein Reich des Dionysos, wie Noahs Berg, wie die griechischen Inseln, wie die tiefen stillen Keller in Lübeck und einst in Königsberg. Die Lagerhäuser sind häßlich, auf den Geleisen rollt das Geschäft, aber die alten Bäume des Platzes sind das freundliche Frankreich und stehen mit weit ausgebreiteten Zweigen wie in schöner Trunkenheit. Das Land schickt dieser Erde sein Blut. Der Wein kommt in Fässern gereist und leider auch in riesigen explosionsroten Tankwagen, er wird durch Rohrleitungen in Aluminiumbottiche und Zementwannen gepumpt, er erduldet mancherlei peinliche Unbill, doch wenn man an seinen neuen Unterkünften die Namen seiner guten Herkunft liest, Burgund, Bordeaux, Anjou, Champagne, begeistert noch der rechnende Handel, humane Landschaften erscheinen dem Geist und ein auf einmal beglückender Zug der Geschichte. Sind die Markthallen der Bauch von Paris, hier ist seine Kehle. Dies alles trinkt die Stadt! Durstig, gierig, wahllos, gewohnheitsmäßig; die schmeckenden, die geilen Zungen der Kenner erschweren nur die Gepflogenheiten der Branche. Afrikanischer Rotwein kommt auf der Seine in schwerbeladenen Kähnen geschwommen und vermischt sich leider mit den französischen Provenienzen. Der Weingott ist unter das Joch des Profits gebeugt, doch verleugnet er nicht sein bukolisches, sein volksfreundliches Wesen. Unter dem Laubzelt der Bäume frühstücken die Arbeiter im großen Weinberg. Derbe Lederschürzenmänner, schlaue Weinpfleger, gewissenlose Getränkepantscher, junge Flaschenfüllerinnen sitzen wie zu einem Picknick vereint auf Fässern und Kisten, speisen aus mitgebrachten Töpfen die hausgekochten Ragouts und halten mit fester Hand die schwangeren, vertrauenerweckenden Flaschen. Natürlich täuscht auch dieses idyllische Bild, und die lebenswerten bauchigen Bacchanten und busigen Mänaden existieren allein in der Phantasie des Betrachters, während es in Wahrheit Lohnfragen, Tarifvorteile, Zufälle der Arbeitsvermittlung waren, die diese Menschen hierher führten und sie ihr Los so mißmutig anschauen lassen wie in jedem anderen Betrieb. Aber der Weinduft in der Luft von Paris, die Nähe des Jardin des Plantes des guten Onkels Buffon mit seinem liebenswürdig gruseligen Labyrinth, seinen Lindenalleen, den methodisch geordneten Pflanzen, den der Belehrung dienenden Tieren der Menagerie und allem rührenden Glauben, der Mensch sei bildsam und gut, zusammen mit dem kleinen Nordafrika der echten, dem Gebet der Gläubigen dienenden Moschee am Platz des Puits-de-l'Ermite und der wieder ausgegrabenen Arena der Lutetia, der lebendigen, der verschütteten alten Welt, bewegt und erhebt doch den Sinn. Der gotische Cluny-Palast, das prunkvolle Absteigequartier der Äbte des Klosters von Cluny in Burgund, von der Revolution enteignet und heute zum Museum geworden, blickt noch immer wie ein düsteres, verbittertes Gespenst aus kanonisch geordneten Tagen in unsere nicht weniger unruhige Zeit.

Die Kirche hat sich tapfer gewehrt, sie wehrt sich noch, aber nicht alles, was die Revolution ihr genommen hat, konnte sie zurückerhalten. Der Prachtbau, den Ludwig XV. während einer schweren Krankheit der heiligen Genoveva versprochen hatte, ist noch immer das Pantheon, der weltliche Ruhmestempel, in dem mancher begraben liegt, der nach der Ansicht der strengen Dogmatiker hinter den Zäunen verscharrt sein müßte. In der Krypta finden wir in dämmrig weihevollem Licht Rousseau, Voltaire, Hugo, Zola und den ermordeten Menschenfreund, der den ersten der Weltkriege verhindern wollte, Jean Jaurès, alle dem Volke lieb, alle der Gerechtigkeit, der Freiheit, dem Menschenglück, aber nicht immer dem Papst und den Bischöfen verschworen, und draußen auf dem quadratischen Platz um den Kuppelbau herum treffen sich die beflissenen Studierenden der juristischen Fakultät der Sorbonne mit den Clochards, die hier die Sonne lieben. Das Recht, das Völkerrecht prägt sich der Araber, der Sohn des Kongo, der Scholar aus Asien ein, Frankreich bildet seinen Geist, gibt ihm die Waffe, die der Schüler, er kann ja nicht anders, gegen seinen Lehrer wenden muß, und die Jünglinge, die aus dem schönen alten Klosterhaus des Gymnasiums Henri Quatre kommen und dort lernen, daß Frankreich gerecht, tolerant, großherzig sein und unter der Trikolore zur Freiheit führen soll, werden als Männer mit den fremden Studenten, denen sie auf dem Schulweg begegnen, zu kämpfen haben. Es ist dies, fern von Recht oder Unrecht, ein französisches, ein europäisch-amerikanisches Verhängnis, eine Tragik, die nur durch die Vernunft behoben werden könnte, die aber auch in der Stadt, in der ihr einmal ein Thron errichtet war, machtlos ist. Die Besucherfrachten der Reiseautobusse schert das Drama nicht. Auf einem etwas akademischen, etwas blaß geratenen Bild ermahnt die heilige Genoveva die Einwohner von Paris bei der Annäherung Attilas zum Gottvertrauen. Die Studenten, die Touristen, selbst noch die Obdachlosen stürmen das Pantheon und beten den Ruhm an. Manch einer mag gerührt sein, wenn er vor den gepriesenen Gräbern steht; die andern streichen den Stern in ihrem Reisehandbuch ab. In den hohen Häusern rings um das Pantheon lebt still in großen Wohnungen eine fast nur noch in Frankreich zu findende Schicht: die gebildeten Reichen, die Mandarine. Die Concierge war ausgegangen, das Haustor stand offen. Ich ging die breite Treppe hinauf, doch an den Wohnungstüren aus festen Eichenbohlen fand sich kein Namensschild. Ich läutete auf gut Glück, und Diener in gestreiften Jacken, schwarz-weiß gekleidete Zofen oder die alten Betreuerinnen aus den französischen Romanen öffneten mir und lächelten vor einem Hintergrund von Bücherwänden und kannten den Namen nicht, nach dem ich fragte. Einmal wartete hinter der Tür ein Mädchen von vielleicht dreizehn Jahren, schon nach der hohen Schneiderkunst angezogen, und bat mich in die nach altem Buchleder und frischem Bohnerwachs duftende Bibliothek zu einer Proustschen Konversation à la Côté de Guermantes. Aber auch sie, die liebenswürdige und schon sehr gesprächsgebildete kleine Dame, leugnete, den Namen des Mieters, den ich besuchen wollte, jemals gehört zu haben. Schließlich klopfte ich doch noch an die richtige Tür. Wieder öffnete mir ein Diener ältester und bester Schule. Ich wurde erwartet. Auch hier waren hohe Bücherwände, war ein Hauch von nobler Gelehrsamkeit, und aus dem Fenster hatte man den schönsten und lockendsten Blick auf die Kuppel des Pantheon. Der Hausherr, der vielleicht von einem Ehrengrab träumte, verlachte meine Klage, ihn erst so mühselig gefunden zu haben. Mußte es mich nicht trösten, eine Lektion in feiner französischer, in echt mandarinischer Lebensart empfangen zu haben? Denn in Häusern wie dem seinen tue man aus ängstlicher Wahrung der Individualitätsrechte und in diskreter Achtung jeder Persönlichkeitssphäre so, als kenne man den Nachbarn, den Mitbewohner nicht; auch hätte es ja sein können, daß der fragende, der irrende Besucher unwillkommen wäre, und die Denunziation sei seit Fouchés Tagen das Amt der leider, da ich ja unexaminiert ins Haus gekommen, nachlässigen auf dem Markt klatschenden Concierge.

Ein Weg zum Pantheon, zum Ruhm, zum Ehrengrab, zur Unsterblichkeit führt auch durch die Rue d'Ulm. Dort stehen neben alten Professorenhäusern die großen neuen, schon äußerlich wie moderne Küchenherde einer Riesenwirtschaft aussehenden Institute, in denen die eifrigen, vor nichts zurückschreckenden Schüler der Madame Curie die Materie spalten und den Wohlstand oder das Unheil der kommenden Jahrhunderte kochen. Frankreich verschläft nicht die Zeit, und die Atomblume, die über der Sahara erblühte, hatte in der stillen Rue d'Ulm ihre Wurzeln. Vielleicht war ihr Same sogar ein paar Häuser weiter, schon in der unauffälligen, bescheidenen, der examengeprüften Elite der französischen Jugend vorbehaltenen École Normale Supérieure aufgegangen, die nach einem Dekret des Konvents vom 8. Brumaire errichtet wurde. Diese berühmte strenge Schule war immer eine Pflanzstätte bedeutender Gelehrter und großer Schriftsteller, die schon lange gern den Himmel gestürmt hätten und immer tapfere Kämpfer gegen die Tabus und gegen die Beschränktheit der herrschenden Gesellschaft waren, zu der sie – wir sind in Frankreich – gehören. In der Rue d'Ulm weht eine klare, eine scharfe Luft. Doch um die Ecke herum atmet man schon mit vollen Zügen die satte, fette, gemütliche Bürgerlichkeit der schönen engen Rue Mouffetard, einer berühmten Freßschlucht, einem viel begangenen Feinschmeckerpfad und Köchinnenstrich, wo zur Linken wie zur Rechten der französische Garten, die französischen Flüsse, der französische Wald, das blauweißrote Meer ihre Schätze ausbreiten und dunkle Kirchen für die Toten die prächtigen schwarzen Fahnen der Pompes funèbres zeigen.

Der Boulevard Saint-Michel, die römische, die scholastische, der neuen Lichtspielwelle kinematische Straße, ist für viele Paris, für manchen Frankreich, der freundliche Boulevard Saint-Michel ist Europa, er ist die Antike, das Mittelalter, die Aufklärung und immer die Revolution, er ist der Traum der bücherverschlingenden Schulkinder von Lille, Bordeaux, Lyon, Marseille und des stumpfsinnigsten Provinznestes, er ist Afrika, Asien, die beiden Amerika, er bedeutet noch immer die intellektuelle und politische Zukunft unserer Welt, wenn auch diese nur noch in Konkurrenz mit Moskau und Princeton, er ist herrlich bürgerlich mit seinen vor die Haustüren gestellten Portierstühlen am Abend, gemütlich wie jedermanns kleine Geburtsstadt und ein prächtiger Ballsaal unter gestutzten Baumkronen, ein Spielplatz des Zufalls, eine Promenade der Illusionen, ein Mischkessel der Einfälle, ein Fest des Schauens, der Sinne und der Sprache. Das große Unglück der Menschheit, die verhängnisvolle Verwirrung von Babel könnte auf dem Boulevard Saint-Michel wiedergutgemacht werden, wenn die Völker sich unter französischer Sitte zusammenfänden und an Verstand und Größe gewönnen. Viele Franzosen träumten so; an mindestens ebenso vielen Franzosen scheiterte der Traum. Abgesehen davon, daß Traum und Plan aus ganz anderen Gründen und nach dem Gesetz des Verhängnisses von Anfang an zum Scheitern verurteilt waren; denn das Schicksal will wohl die Verwirrung, die Zerstreuung, die feste Feindschaft der Stämme, Rassen, Hautfarben, Nasenformen, Gewohnheiten, Gebete, und vielleicht fürchten, wie in der Sage, die wahren, die bösen, die unsichtbaren Götter die friedliche, die starke Gemeinschaft der Erdbewohner.

Skandinavisch und urwäldisch fluten sie über den Weg. Die hohen Schulen von Paris lehren das Wissen, aber Paris lehrt das Glücklichsein. Jedenfalls könnte es diese schönste aller Tugenden lehren, das Bett ist gemacht; doch auch die Schule der Weisheit wird leider von Dummköpfen besucht. Die schwarzen Studenten stehen unter dem Volk, als verkauften sie sich, als hätten sie entdeckt, daß ihre schlankgewachsene Schwärze eine auf dem weißen Markt begehrte Schönheit ist. Welcher Europäer sehnt sich nicht nach einem Wilden? Diese allerdings, mit einem besonderen Talent versehen, den häßlichen nachchristlichen Anzug wie eine Schlangenhaut zu tragen, sind Kandidaten der Medizin, Lizentiaten der Philosophie, Magister der Künste, junge Erforscher der Antimaterie und Bekämpfer der Viren. Paris verwöhnt die wie Glut dahinschreitenden dunklen Kinder. Wir lieben Paris dafür, aber die Stipendien zur Heranbildung einer eingeborenen Führungsschicht für die durch unsere Schuld zurückgebliebenen Länder gehen seltsame Wege. Wer auf dem Boulevard Saint-Michel jagte, Beute fand, die nicht nur aus Paris, auch aus Stockholm, aus Köln, aus Sydney und Denver kam, wer von der milden Sonne im Luxembourg-Garten beschienen wurde, vor dem Café mit Freunden saß und die Freude am platonischen Gespräch empfing, die Lust der freischweifenden, der aus humanen Studien geborenen Phantasie, trägt kein Verlangen, in die schweren heißen Realitäten seiner Heimat zurückzukehren, und mancher, der in der Savanne heilen wollte, wird am Ende Röntgenspezialist in Neuilly-sur-Seine, und wer ein schwarzes Häuptlingsreich demokratisch verwalten sollte, plädiert vor den französischen Assisen. Zurück in den gärenden Dschungel treibt es leider nur die Fanatiker, die Ehrgeizigen, die Ruhmsüchtigen, die selbst auf dem Boulevard Saint-Michel von einem Komplex der Minderwertigkeit Besessenen. Sie begehren, von der Sorbonne, von den Büchern, der Geschichtswissenschaft aufgeklärt, von den Zeitungen über die gefährliche Weltlage unterrichtet, nicht zu dienen, sie wünschen, ein Häuptling über alle Häuptlinge zu werden, am liebsten gleich ein Dschingis-Khan der Starfighter und Raketen, der Paris, das ihn erzog, die Kultur, die ihn nährte, zerstampfen möchte. Es ist viel Grund zur Rache in der Welt! Die Jugendblüte auf dem Boulevard Saint-Michel wird finstere Himmel sehen. Doch noch, welch schönes Treiben im Strom dieser erwartungsvollen Seelen, und so viel bittere Münder, und so viel übermütiges Lachen! Welch wundersame Pilgerpfade sind all die vielen Buchläden mit ihren Stellagen unter offenem Himmel oder bunten Markisen, ihren verwinkelt vollgepfropften Etagen; man kann tage-, wochenlang auf dem Bücherfeld weiden, von keinem Verkäufer behelligt, nur gelegentlich vom verständnisvollen, vom resignierenden Blick des alten Buchhändlers getroffen, ein besticktes Käppchen auf weißen Locken, der erkennt, daß er bestohlen wird und doch seinen Schatz mehrt, eine eiserne Kiste voll von Goldstücken in einem Versteck seines Kellers tief unter den Schriften der Moralisten.

Nirgendwo scheinen die Croissants so knusprig zu sein wie beim Frühstück auf dem Boulevard Saint-Michel, und ein Paar, das sie im jungen Licht des neuen Tages auf einer Caféterrasse bricht, ist schon von Poesie umwoben. In den Bäumen wohnt ein Wind, der einst in Griechenland aufbrach. Der Jazz aus den amerikanischen Musikschränken ist ein Vehikel des Überschwangs und der überschwenglichen Verzweiflung. Wer sich auf das Staatsexamen vorbereitet, vergißt, daß der Lumpensammler, der, an seinen Clownskarren geklammert, vorüberschwankt, vielleicht die Prüfung mit Auszeichnung bestanden hat. Auf dem intimen, dem der Weisheit geweihten Platz vor der Kirche der Sorbonne, vor dem nachsichtigen Blick von Auguste Comte, dem Apostel einer Religion der Humanität, produzieren sich ein Affe, ein Hund und ein Ziegenbock als gelehrige Schüler, und gleich ist auch die Polizei da und nimmt den nacktarmigen, den obszön tätowierten Professor der Tierdressur und der Massenpsychologie in den vergitterten Delinquentenwagen, und Affe, Hund und Ziegenbock, noch eine Weile ihrer Kunst frönend, dann in magistrale Obhut genommen, begreifen die positive Soziologie nicht mehr. Wie lebt der Student? Murger und Musset sind tot. Die engen Mansarden der Rue Monsieur-le-Prince sind den Armen zu teuer, dem Sohn aus reichem Haus zu schäbig geworden. Der eine mietet seiner Unabhängigkeit ein Studio, der andere wohnt in den Heimen der Studienhilfe oder in der schönen Cité Universitaire, und wer nur gekommen ist, sich auf dem Boulevard zu amüsieren, was braucht er als das Bett eines Freundes? »Retten wir vor allem unsere Freiheit, genießen wir das Leben unter allen Umständen! Es lebe die Boheme!« Mit diesem Kriegsruf eroberte schon George Sand das Quartier. Der Hof der Sorbonne ist eine kleine Bühne, und sie sitzen auf den Stufen vor dem Grabmal des tüchtigen Richelieu in Blue jeans, in Petticoats, modisch oder verwildert, auch sittsam in indische Tücher, japanische Kimonos gehüllt wie Statisten in der Inszenierung eines Jessner-Schülers, und vom geschmückten Giebel der großen Alma mater blicken die Musen mehr ironisch als pathetisch auf sie hinab. Täuschen wir uns nicht, die meisten der malerisch Lagernden, die ganze Räuberbande, bereiten sich auf Beamtenkarrieren vor. Die Hörsäle, die klassischen Amphitheater sind überfüllt wie überall auf der Welt, und die Professoren, ein wenig hilflos vor diesem Aufstand der Massen, schwingen sich zu schauspielerischer Größe auf, wenn sie hoffen dürfen, im »Figaro« erwähnt zu werden. Doch einige von ihnen sind immer noch Frankreichs verehrungswürdiges Gewissen, und die Humanität wie die Freiheit sind diesen wahren Lehrern kein Lippenbekenntnis.

Viele Professoren und Studenten sind in den Untergrund gestoßen, in das Zwielicht des Patriotismus und des Verrats, in die Rechtlosigkeit des Aufstandes, in den Maquis des nicht nur afrikanischen Bürgerkrieges, sie sind in die Scheinwerferflut der Aufrufe, der Erklärungen, der Proteste, der offenen Briefe, der verhängnisvollen oder notwendigen Entscheidungen geraten, manche in den grausamen Strahl der Inquisitionslampe der an verachteten Vorbildern geschulten Verhöre, es droht ihnen der Bannfluch der behördlichen und gesellschaftlichen Acht oder die Rechtfertigung vor einer Justiz, die keineswegs blind ist – und das im Mutterland der Freiheit und der Menschenrechte. Es sind tapfere und aufrechte Männer, die sich im Kampf engagiert haben, Ritter oder Don Quichotte des Glaubens und des Willens, daß der Mensch gut sei. Doch welcher Hydra zählebiger Ideen, törichter Einbildungen, falscher Vorstellungen, wie vieler Selbstsucht und Interessenklüngelei, welchem Unverstand ist, selbst noch in Frankreich, zu begegnen, und die lange geheimgehaltene und schließlich doch publik gewordene Folter, die Fälschungen, die Verleumdungen, die Lügen und all die bösen tückischen Schlagworte der kalten oder schon heißen Fronten scheinen zu triumphieren. An jedem ernsten Gespräch nimmt die Verzweiflung teil. Neben dem Denkmal von Diderot, unter dem Standbild des Danton künden an den Zeitungskiosken die Affichen, daß die Wochenblätter »L'Express« und »France Observateure« schon wieder einmal beschlagnahmt sind, daß Filme, die sich den Problemen nicht entziehen, die alle Franzosen bewegen, verboten wurden, und man bangt um ein Frankreich, das man liebt.

Der Boulevard Saint-Michel hat seine Zerstreuungen und seine Düsternis. Er hat auch seine Décadence. Man kann zu Mittag in den Foyers des Studentenwerkes, in akademischen Volksküchen mit Vorspeise, Hauptgang und Nachtisch essen und rings um die Sorbonne chinesisch, malaiisch, indisch, arabisch oder griechisch speisen. Die Welt hat Paris den Tisch gedeckt. Asien lächelt. Griechenland schwenkt die weiße Fahne, Arabien blickt finster drein. Die Kaffeehäuser bieten sogar amerikanische Sandwiches, wabbelige Pappscheiben über welkem Salat und bläulichem Fleisch, die sich auf Theken und Tellern zu bleichen Hungertürmen häufen. Vor dem Feind im eigenen Haus, vor dem Schnellrestaurant des Boulevards stehen sie in langer Schlange an; Entartete, die noch nicht einmal die Armut entschuldigt. Denn noch ist Frankreich nicht verloren! Schon in der Rue Racine hat sich die Kochkunst zu erträglichen Preisen versteckt. Die Madame auf ihrem Kassenthron begrüßt mich schon beim zweiten Besuch wie einen Freund. Der Patron schwebt wie der olympische Zeus in den Wolken der kleinen Küche. Ich klettere die labyrinthischen Windungen der engen Wendeltreppe zum ersten Stock empor, und dort finde ich in einem kleinen rechteckigen Saal mit halbblinden Spiegelwänden und roten rissigen Polsterbänken und in der wohlbedachten alten Ordnung des Vis-à-vis einen Hauch vom Geist des Brillat-Savarin. Es gibt im Ofen in irdener Schüssel gebackene Pasteten, großmütterliche Ragouts, ländliche Pots-au-feu und lecker in kleinen Töpfen Geschmortes. Jedermann stippt mit dem weißen Brot die schwerelose Soße auf, der Salat schmeckt kernig nach jungen Nüssen, und die Birnentorte, eine Spezialität des Patrons, ist wie ein Streicheln. Man ißt nicht schnell, man speist mit Bedacht, und die alten Serviererinnen schreiten wie Sendboten nicht der verlorenen, sondern der erfüllten Zeit. Ich bin im kleinen Himmel der nicht mit Geld gesegneten Feinschmecker. Die geschulten Zungen, die jungen Adepten, die Frauen und die Mädchen, die hierherfinden, kommen aus den verschiedensten Metiers, aus Büros, Läden, Studierzimmern, Kanzleien, Ordinationsräumen und Handwerksstuben; doch sitzen sie in dieser Spiegelmesse wie zu einem strengen Orden vereint und schweigen. Man unterhält sich nicht, wenn man von einem Meisterwerk ergriffen ist. Aber wir blicken einander doch wohlgefällig mit einem kleinen Komplizenlächeln an, das sogar den modernen, den unglückseligen Pferch der Generationen überwindet und von einem sehr alten zu einem noch jungen Gesicht gleitet und erwidert wird.

Gegen Abend widerfährt dem Himmel über dem Boulevard Saint-Michel eine nur dort zu beobachtende Erleuchtung, die Wolken werden nach ihrer Schwere und Höhe rosenblättrig, asphodelosweiß, pflaumenhäutig, der letzte Sonnenschein des schwindenden Tages gleicht dann bald einem lichterloh brennenden Schiff, das aber, da es sich entfernt, mehr begeisternd als beunruhigend wirkt, es verbreitet einen hellenistischen Glanz, von müder Schönheit und skeptischen Gedanken mild, ein Ende, ein Genießen noch, und doch wie jedes Ende schon wieder ein Anfang, eine neue Zeit. Jedes Café, jede von Jugend bevölkerte Terrasse am Platz Saint-Michel, an der Wegkreuzung Cluny, am zum Luxembourg-Garten sich öffnenden Platz Edmond Rostand und angesichts der hampelnden Meister des irdischen Chaos, der allseitig bedrängten Verkehrsschutzleute, ist ein fliegender Teppich des Weltmärchens, von dem Atem der Genien noch getragen und doch schon zu Stürmen treibend, zu den furchtbaren Orkanen, zu den das Universum umwühlenden Turbulenzen der Geisterwelt.

Den schönen Luxembourg-Garten, ein grünes Gleisdreieck zwischen dem Quartier, dem Montparnasse und Saint-Germain-des-Prés, hat Balzac ein »Stelldichein des langweiligen und sauertöpfischen Alters und der zudringlichen schreienden Kinderwelt« genannt, »das Elysée der Gichtkranken, das Paradies der Ammen«. Ein nobles Paradies! Das hohe schwarze Schmiedegitter ist königlich, aber die Wiegen sind das weiterhin sich vermehrende, das siegreiche Volk. Ammen sieht man noch, auch noch die nährende Brust, die Balzac entsetzte, doch die Alleen, die Bänke werden jetzt von den jungen Müttern beherrscht, von gar nicht fraulichen, von eher mädchenhaften Erscheinungen, die mit dem Kinde nicht den eigenen kindlichen Charme verloren haben. Und auch das Alter scheint nun weniger sauertöpfisch zu sein. Man bemerkt es nicht, oder es schreitet rüstig dahin. Aber vor allem ist der Garten das Refugium, der attische Hain, die Natur der Erzintellektuellen, der Bücherleser, der eingefleischten Großstädter und der Liebe in der Stadt. Ich erinnere mich entzückt an den Ausspruch eines alten Literaten: »Ich verstehe die schöne Natur nur im Luxembourg und im Zoologischen Garten. Menilmontand und Montmartre sind meine Berge, die Gehölze von Boulogne und Vincennes meine Wälder!« Ich stimme ihm zu und glaube, daß man nirgendwo anders so sehr den Zauber, die volle Pracht der vier Jahreszeiten empfinden kann. Welch wahrhaft schöne Natur! Das wohlerhaltene, das so gut wie neue Schloß der Katharina von Medici im Hintergrund, die Sonne über Baum und Blüten und das Becken mit den Schiffen, den Erdumseglern, den Seeräuberbooten, den Dampfern, die das blaue Band des Ozeans der Kindheit gewonnen haben! Die kleinen Reeder beugen sich über den Beckenrand, verfolgen ängstlich und stolz ihres Schiffes Fahrt und sind sich des Glückes, ein Kind in Paris zu sein, wahrscheinlich nicht einmal bewußt. Französische Königinnen, in noch die Füße bedeckenden abendländisch keuschen Mänteln, und alte Göttinnen in ihrer Nacktheit lauschen dem Rosenkavalierwalzer, den eine Kapelle der Pariser Schutzleute spielt. Alle Militärorchester der Welt ähneln einander und drehen, was sie auch spielen mögen, das Rad der Geschichte zurück. Auch die Gardiens-de-la-paix stehen im eisenrankigen Pavillon noch vor den Erfahrungen von 1914, und was nachher kam, ist, sieht man den weißen Taubenflug der Handschuhe des Kapellmeisters, einfach unvorstellbar. Die jungen Leute aber, bequem oder verquer in die Stühle gerekelt, lesen, ob von brauner, schwarzer oder weißer Haut, die druckfrischen Dispute über den Schrecken und des noch immer nicht ermordeten Gewissens. Einen trifft das schwarze Los, er wird einberufen, er reist in die Wüste, er fällt. Seine Leiche wird geschändet werden, und vielleicht haßte er diesen Krieg und seine lange schon kranken Siege. Und der junge Araber, der hier noch neben ihm sitzt, vielleicht freundlich mit ihm spricht, Paris und den Nachmittag genießt, wird er in naher Zukunft gefoltert werden oder jetzt, in diesem Augenblick, eine Pistole hervorziehen und auf die Polizisten schießen, die den Rosenkavalierwalzer spielen wie einst im Mai? Vor der Medici-Fontäne scheint der Lärm der großen Stadt zu verstummen. Sie sitzen da wie an einer kleinen schwermütig verträumten Gracht oder wie an den Wassern des Jordan. Sie sitzen allein, oder sie haben den Arm um den Nacken eines Mädchens gelegt und sinnen dem alten Spiel von Licht und Schatten unter französischen Platanen nach, während, in Stein gehauen, wettergrau, brunnendunkel, die alten Menschheitshoffnungen wachen. Leda und der Schwan und ein eifersüchtiger, seit hundert Jahren Galathea totschlagender Zyklop.

»Sifflet humide des crapauds«, Max Jacob, der Dichter des Unkenrufes, starb in einem deutschen Konzentrationslager. Er war ein Poet der neuen Gefühle, ein Wortführer der surrealistischen Bewegung zwischen den Weltkriegen. Er war ein mächtiger Prophet, und die böse Zeit bestätigte, indem sie den Dichter fraß, die modernen Empfindungen, die auch das Grauen einschließen. Als Max Jacob von der »Orgie im Süden« sprach, »die Orgie ist am Montparnasse«, konstatierte er jedoch nur einen 1925 jedermann wahrnehmbaren Zustand. Wer heute am Abend den Boulevard Montparnasse hinuntergeht, wird die Orgie nicht mehr finden. Der Rausch ist verflogen. Der Boulevard wirkt vorstädtisch, still und dunkel. Die Häuser scheinen zu schlafen. Wer den Weg vorher gegangen ist, mag in dem traumschweren Flüstern der Bäume die Erinnerung an das Fest vernehmen, das hier einmal stattgefunden hat. Ein anderer wird sich vielleicht gar fürchten. Ein paar Entkleidungslokale locken mit den Neonfackeln und den Photographien dumm lächelnder nackter Mädchen. Die üblichen Anpreisungen werden geflüstert, die Portiers und die Schlepper sind schlechter Laune, aber was könnten sie dem Suchenden bieten, der sich erinnert, daß hier bei Bourdelle einmal ein echter Hauptmann der Pariser Garde als Striptease-Tänzerin zu bewundern war? Von den berühmten, in allen Literatursprachen besungenen Bars der zwanziger Jahre ist eigentlich nur noch der Jockey übriggeblieben. Er tümpelt ein mondbleiches Licht in die Nacht, aber seine Zeit ist vorbei. Ein paar Gäste kommen, wie man glauben möchte, aus sentimentalen Gründen, sie bringen ihren Sohn oder ihre Tochter mit und suchen, die Orgie ist trist, ihre Jugend. Der Jockey hielt einmal den Pegasus am Halfter, und es war kein schlechter Stall auf dem Berg Parnaß, das Flügelroß entdeckte seinen Geschmack für Whisky und ließ sich von der verlorenen Generation der Gertrude Stein in neuen Gangarten reiten.

Damals war der Jockey unsagbar schmutzig, er roch nach der Latrine im Hof, aber man konnte dort zu den Sternen aufblicken. Heute ist er sauber, die Hygiene ist überdacht, und das ist alles. Die tolle Ecke am Boulevard Raspail, ein kleiner Picadilly, einst ein Zirkus aller Sonderlinge, der wirklichen und der verkannten Genies einer Epoche, läßt noch die Namen der alten Kampfstätten aufleuchten, Dôme, Rotonde, Coupole, es gibt sie noch, sie sind noch vorhanden, wenn sie auch in Kinos oder sehr teure Restaurants verwandelt wurden, aber wo sind die Schwärme der Ekstatischen, die freien Gestalten der bilderstürmenden Zigeuner geblieben? Vor dem Dôme warten die Taxis in langer Reihe auf Gott weiß was für Gäste. Nur Balzac, der überlebensgroße, der brennende Balzac von Rodin schreitet noch wie eine mächtige Flamme über den Carrefour. Das Café du Dôme hatte wie das ihm verschwisterte »Romanische Café« in Berlin immer etwas von einem Wartesaal und einem Obdachlosenasyl. Ein Besucher beschrieb es: »Es war zugleich das gemeinsame Haus, öffentlicher Platz, Herberge, Forum, Versteigerungslokal, Getto, Hof der Wunder.« Man hätte auch noch hinzusetzen können, es war ein breites Bett, eine unruhige Arbeitsstätte, eine Irrenzelle mit verriegelter Tür, ein Gefängnis für Lebenslängliche, ein Durchgangslager und ein Schiff auf der Fahrt zu immer wieder entfliehenden Ufern. Lenin, Joyce, Hemingway, Henry Miller, der die Anarchie preisende Blaise Cendras, der junge Cocteau, Strawinsky, Picasso und alle Surrealisten und Dadaisten, Eluard, Soupault, Tzara und der nach seinem frühen Tode zum Heiligen des Montparnasse erklärte bitterarme, verzweifelte und betrunkene Modigliani verbrachten auf den harten Lederbänken des Dôme, auf seiner zugigen oder backofenheißen Terrasse ihre Tage, ihre Nächte, ihr Leben. Sie wechselten höchstens einmal zu einem ernsten Pumpversuch oder in vorübergehender geistiger Verwirrung ins Coupole oder die Rotonde hinüber, es spielte sich alles in diesem wahrhaft magischen Dreieck ab wie später auf Saint-Germain-des-Prés zwischen der Brasserie Lipp, dem Café Deux Magots und dem Flore. Das Dôme sieht heute so aus, als sei die böse Fee einmal hindurchgeschritten und habe die Gäste in einen Schlaf der Zeitlosigkeit gestürzt. Die Kaffeetassen, die Gläser von 1925 scheinen noch nicht ausgetrunken und immer noch nicht bezahlt zu sein; doch die Gesichter der Schlafenden blieben dem Wandel des Alterns unterworfen, so daß man sie, da in ihren Augen noch ein letzter übriggebliebener Funke Genie glüht und ihre Tracht die der jungen Dichter geblieben ist, die zu den ersten Herolden der Josephine Baker gehörten, für Wunderkinder unter den Pappmasken von Greisen halten möchte. Die Begeisterung ist gestorben, die neuen Ideen sind zur Fließbandproduktion und die alten Laster zu teuer geworden. Gegenüber im Coupole versucht man neuerdings eine Renaissance der Gegend zu erreichen. Nicht wenige, die sich mit Kunst beschäftigen oder zu denken versuchen, sind des Deux Magots und der Amüsierkeller von Saint-Germain-des-Prés, die Kierkegaard zu einem Conférencier für kleine existentiale Wunschkonzerte gemacht haben, müde und streben zum Montparnasse zurück, der vielleicht zum zweiten Mal entdeckt werden könnte. Im Coupole ereifern sich bis in den Morgen hinein die Fanatiker der informellen und der figurativen Malerei, es ist viel Volk da, wenn auch kein Modell wie die musengleiche Kikki, und wenn man durch das von der Gesprächserregung beschlagene Glas der Terrasse blickt, scheint doch allerlei Buntes und vielleicht ein neuer Ismus im Topf zu schmoren. Am Tage zeichnet den Boulevard Montparnasse ein kaltes graues Licht aus. Große altgraue oder backsteinrote Schulen stehen wie Zwingburgen französischer Volkstüchtigkeit zwischen Geschäfts- und Bürgerhäusern, deren Atelierwohnungen so teuer sind, daß man, um sie zu kaufen, ihren Boden mit Goldstücken bedecken müßte. Noch immer sind es Amerikaner und andere Emigranten auf Zeit, die alle Preise stabil halten. Es ist nicht zu erraten, wo van Gogh heute untergekommen wäre. In den Kästen der Buchhändler liegen alle Schätze des Malrauxschen Museums auf der Straße und werden von ernsten Kindern nachdenklich betrachtet. In den Geschäften für Künstlerbedarf reiten die hölzernen Mannequins wie Hexen auf den unbefleckten Keilrahmen. Die kleinen Galerien, die sich jedermann prostituieren – man mietet die geduldigen Wände für acht Tage, für einen Monat –, zeigen die grellen oder blassen Früchte der montparnassischen Saturnalien. Die Schaufenster des beliebten Leichenpomps geben mit ihren Grabkränzen aus vergoldetem Blech den realistischen Kommentar. Vor einem großen Lokal, dem Kempinsky des Boulevards, warten Austern und Hummern in großen schönen Körben auf ihre letzte Stunde. Die Geschäftsleute der Gegend strömen zu Mittag in den sehr unpersönlichen, altmodisch sachlichen Saal, wo man hervorragend essen und trinken kann und wo Thomas Mann von seinem in der Nähe wohnenden französischen Verleger, aus dessen Büro die Autoren einen hoffnungsvollen Blick auf den Nachruhm des Friedhofs Montparnasse werfen dürfen, wahrhaft hanseatisch bewirtet wurde.

Das Theater Odéon ist ein vollendeter Tempel in engen Gassen, beherrscht mit Säulen seinen behaglichen Platz, ist griechisches Erbe, wenn die Jugend zu den Matineen in die dunklen Pforten eilt, die Eingänge zu uralten Mysterien. Das Haus aber stammt aus der tätigen Zeit, da man die Vernunft und den Stil des Palladio anbetete. Es hat die heftigsten Kämpfe, es hat viele Morgenröten und manche Pleite bestanden. Seine Schauspieler spalteten sich in Republikaner und Royalisten und prügelten einander. Nun ist Barrault der Patron, ein Chef von Malraux' Gnaden, doch ein unbestechlicher Eiferer seines Metiers, ein Intendant wie Gründgens, und auch Malraux, den man in den Cafés, seit er Minister ist, gern einen Verräter nennt, will allein die Kunst und das Drama der Zeit. Gegenüber dem Theater erwarten vor einer freundlichen mittelmeerfarbigen Terrasse des Freßgenusses unglückliche gefangene Meeresbewohner ihre letzte Stunde, die Hummern und Langusten noch in ihrer dunklen traurigen Ritterrüstung, die erst der Tod zu leuchtendem Rot schmiedet, die Geister von Beaumarchais, Verlaine und Mallarmé gehen um, und durch die Bildungssäulen des vom Staat unterhaltenen Odéons schreitet ein braves Publikum, um den Columbus von Claudel zu bewundern, von dem der Kritiker des »Express« sagte, er könne auch von Brecht geschrieben sein. Hinter dem Bühnenhaus gibt sich Paris in alten verschachtelten Gassen zunächst chinesisch-vietnamisch mit asiatischen Gewürzgerüchen kleiner Restaurants, dem Dschungelschatten fremder Kunst und schummerigen Kramläden freundlicher chinesischer Händler, dann französisch-lateinisch gelehrt mit balzacschen Druckereien orientalischer Alphabete und wissenschaftlichen Antiquariaten und der Suche nach dem Unbekannten, dem Vergangenen oder dem Zukünftigen, bis man plötzlich im Schatten der hohen Kirche Saint-Sulpice ein kleines Rom von äußerster Glaubensstrenge erlebt. Der Platz vor dem zweistöckigen Portikus dorisch-ionischer, hier sehr hochmütig pontifexischer Säulen scheint in Wolken erkalteten Weihrauchs zu schweben. Ein hübscher Brunnen soll mit seinem Wasserspiegel weniger erquicken als erbauen. Er ist von einem Häuschen gekrönt, in dem Frankreichs berühmteste Kanzelredner, unter ihnen Bossuet und Fénelon, wie mißmutige, fröstelnde Wetterfrösche sitzen. Bitten sie bei Sonne und Regen ihre Sünden ab? Bossuet seine Ergebenheit an die Macht, an das absolute Königtum Ludwigs XIV., seine eigene makabre Leidenschaft für Leichenreden? Noch heute kann man wunderlicherweise den verblichenen Glanz seiner »Sermons et oraisons funèbres« in immer wieder neuen Auflagen kaufen. Und Fénelon? Er geriet sich mit Bossuet, mit dem er nun den Brunnenruhm teilt, schwer in die Haare; doch nicht um des Menschen Freiheit willen. Die milde vorsichtige Kritik seines Fürstenspiegels »Aventures de Télémaque« verleugnete er lange. Die Protestanten zu bekehren, halfen ihm rauflustige Dragoner, und eine von ihm geführte Vereinigung adliger katholischer Mädchen sperrte gar junge Hugenottinnen in ein Asyl, das man ein Konzentrationslager mit all seinen Schrecken nennen könnte. Die glaubensharte freudlos stolze Fassade des vergreisten Priesterseminars, aus dem Renan floh und dann mit seinem Erfolgsbuch vom »Leben Jesu« der Kirche einen unerbetenen Dienst leistete, gibt der kleinen Wetterprophetenhaltung der vier trübsinnigen Kanzelredner den Hintergrund eines großen, doch düsteren Welttheaters. Hier erhebt sich Frankreichs unbewältigte Vergangenheit. Aus Glaubensgründen wurden Menschen in Backöfen verbrannt. Es wurde nie vergessen. So verschwägern sich Protestanten noch heute, dreihundert Jahre nach dem Widerruf des Edikts von Nantes, lieber jüdisch als katholisch, und da sie einen tüchtigen Volksteil vorstellen und in dieser Verbindung in Industrie und Kapitalgesellschaften eine bedeutende Rolle spielen, sind in Frankreich faschistische Bewegungen, die sich mit ihrem kleinbürgerlichen oder bäuerischen Sozialismus gegen Banken, Konzerne, Warenhäuser wenden, immer katholisch liiert, und ihre Literaten wie Barrès und Maurras träumen vom französischen Abendland des heiligen Ludwig und sind immer bereit, mit Hitler und Beelzebub den Ewigen Juden und den Luther auszutreiben. Saint-Sulpice wirkt in seinem hohen Schiff wie ein sauberer, prunkvoller, aber kalter Himmel, dem selbst die Wandmalereien von Delacroix, den freilich Baudelaire den leidenschaftlichsten und suggestivsten, den sinnlichsten aller Meister genannt hat, nur ein dekoratives, aber nicht testamentarisch brennendes Feuer entzünden. Jakob ringt immer noch mit dem Engel, aber der Kampf wird woanders entschieden. Die Arbeiterpriester gehen in unsere Hölle, und der Abbé der Clochards schlägt sich mit Gott und den Menschen. Saint-Sulpice ist der Salon eines konservativen, eines konservierenden, den alten Mächten verbundenen Glaubens, in dem am Hinrichtungstag Ludwigs XVI. für den unglücklichen König gebetet wird. Ringsum regt sich frommer, wohltemperierter Eifer und durchaus gegenwärtiger Handel mit Devotionalien, geistlicher Kleidung, Büchern für Kommunikanten und allerlei »Saint-Sulpicérien«. Mir schien jedes der großen Häuser in der Nachbarschaft dieser Kirche ein Kloster, ein Stift oder eine Erziehungsanstalt zu sein, wie sie französische Schriftsteller, unabhängige Geister, Anwälte der Empörung oft in ihren Erinnerungen an eine bigotte Jugend geschildert haben. Alle Haustüren waren aus festem Holz und streng geschlossen, selbst die geöffneten Fenster blickten blind. Aus Familienpensionen, deren Adressen in der Provinz von Generationen alter Tanten aufbewahrt werden, roch es nach Fastensuppen und einer unnützen Demut. Priester, Mönche und Nonnen und vor allem pergamentgesichtige schwarzgekleidete Damen, die ihre Liebhaber, ihre Familien und alle Kriege überlebt haben, bevölkerten die Straßen und waren liebenswert, wenn sie, von plötzlicher kindlicher Freude verklärt, in einem Schaufenster dieser dem Himmel zugewandten, das Leben verkennenden Gegend das in schönster Spielzeugweise aufgebaute Heilige Land sahen.

Und schon ist man im Faubourg Saint-Germain, der einstigen Hochburg des französischen Adelsstolzes, den Proust so leidend bewunderte und in seinen Romanen auflöste wie eine seltsame Materie in einem Säurebad. Die engen krummen Straßen, wie die Rue de Grenelle, haben den Charme des würdigen, etwas heruntergekommenen Alters, und ihre düsteren Häuser mit ihren im Erdgeschoß wie gegen Aufstände vergitterten Fenster verraten kaum noch etwas vom Leben der Barone und der Herzoginnen: doch finden sich manchmal hinter der Straßenfront freundliche, den Neugierigen verschlossene Gärten, oft mit kleinen Palästen, mit Schäferspielhütten in der Weise von Trianon, einmal mit dem Atelier von Rodin. Zuweilen wird die schöne Pracht noch von den alten Familien bewohnt, die sich in der modernen Welt dem Fluch des Broterwerbs recht gut angepaßt haben, doch viele der Paläste sind in den Besitz von Behörden, von Ministerien oder ausländischen Botschaften übergegangen. In älterer Zeit war hier in freier Natur der Schauplatz der königlichen Jagd, und aller Grund gehörte zur Abtei von Saint-Germain-des-Prés, Saint-Germain-in-den-Wiesen, deren feste Kirche noch heute dörflich ländlich die Jagd nach der Chimäre erfreut. Im Schatten des Heiligen haben sich die Herbergen der Literaten, der Philosophen, der Künstler, der neugierigen Jugend, der Lüstlinge und der Mitläufer angesiedelt und tragen zu seinem Lob nicht wenig bei. Der bäurische, der dauerhafte, der mönchischen Gelübden geweihte Wehrturm wird von den Neonlichtern, den geistigen Erregungen, den kleinen sinnlichen Feuern, den Illuminationen des Café Deux Magots, des Flore, der Rhumerie Martinique allabendlich in Brand gesetzt. Am Tage spielen kleine Kinder in den flatternden französischen Schulschürzen, die sie so artig erscheinen lassen, neben den vergitterten Mauern, hinter der Grabplatte von Descartes; und im kleinen Klostergarten sitzen die Liebenden im Schutz des neuen Heiligen des existentialistischen Sprengels, des Dichters Guillaume Apollinaire, dessen mächtiger verkündender Bronzekopf (von Picasso) dort aufgestellt ist. Am Abend gibt ihm ein städtischer Scheinwerfer den Glorienschein, doch schon um zehn Uhr kommt ein Stelzfuß gegangen, ein ganz und gar unwirklicher alter Mann mit einer Scherenschleiferglocke, und vertreibt das Volk von den poetischen Bänken. Der Boulevard Saint-Germain ist für viele die Erfüllung ihres Traumes von Paris, und es ist lustig anzusehen, wie eine intellektuelle Sage Pilger aus aller Welt herbeiführt und selbst Franzosen in ein Bad grenzenloser Ideen, höchster Liberté und ältester Dämonie steigen läßt. Ödipus, Hieronymus Bosch und Sigmund Freud haben auf diesem Boulevard ihre Altäre, ihre griechischen, katholischen, jüdischen und amerikanischen Propheten, von Kierkegaards protestantischen Zweifeln bedrängt, von Sartre atheistisch exegesiert und zur Liturgie die dunklen Choräle des Jazz. Man sieht schöne Menschen. Man entdeckt traurige Gesichter. Man kann jede Haut kaufen, und der blaue Polizeiwagen kauft sie alle. Auf der Terrasse des Deux Magots hat man es satt, das neue französische Nationalspiel zu treiben, zu erraten, was de Gaulle gerade denkt und will, und sieht doch in ihm, selbst hier, den einzigen Felsen Petri, der vor der schlammigen Flut schützen soll, die sich schon einmal und damals mit Rufen »Vive de Gaulle« über den so aufregenden Boulevard wälzte und sein ganzes süßes Leben zu verschlingen drohte. Man verbrüdert sich im Strudel von

Saint-Germain glücklich mit allen Rassen. Die Welt ist groß und in jedem Kopf, und der Mensch ist frei geboren! Aber die Freiheit der Bars, der Cafés, der träumenden Gedanken und des reizvollen Strichs hängt am Gelde, gehört zu Hamlets alter Wirtschaft, ist ein Luxus, eine kostbare Treibhausblume und äußerst gefährdet, wenn einmal das Brot nicht mehr für alle reicht und die Macht ihr bösestes Gesicht zeigen muß.

Man warte, daß es regnet, vielleicht, daß es schneit. Der Himmel hänge in grauen Schleiern, eine ausgedehnte ausschweifende Pompes funèbres, über der Stadt. Am besten wählt man den Morgen eines düsteren Tages. Die Kandelaber auf der Alexanderbrücke stehen dann wie Totenwachen. Die hohe Kuppel des Invalidendomes ist ein Schloß im Nebel. Als Deutscher dachte ich an Barbarossa im Kyffhäuser. Möwen schreien, aber es könnten Raben sein. Hier steht die lange Scheunenhalle der Aero-Gare, des Autobusbahnhofs für die Luftreisenden. Die Ankommenden werden heute frieren, und wer Abschied nehmen muß, wird sich getröstet fühlen. Ich möchte den Boulevard Saint-Germain hinuntereilen, ins Café Deux Magots zu den unverbindlichen Gesprächen fliehen. Hier breitet sich Sand aus, eine kleine Wüste, nicht die von Algerien, aber die Wüste eines Exerzierplatzes, die Trikolore weht, die Truppe marschiert. Dann kommen Panzer und Kanonen. Sie sind zur Schau gestellt. Der Rost frißt sie langsam und hoffentlich ganz. Auf den Rohren und Lafetten sitzen Kinder. Der stolze Vater knipst die Sieger. Es ist der letzte mögliche heroische Moment. Die breite Fassade des Hôtel des Invalides ist Schloß und Kaserne, sie ist prachtvoll und herrisch, die Majestät des Portals führt in den Schullesebuchhimmel der toten Helden, und alles ist hoch aufgerichtet, die Schrecken der Schlachten zu verbergen. Der Krieg ist nicht schmutzig. Er war es nie. Der Ehrenhof hat Stil und Größe. Die Bogen der oberen und unteren Galerie stehen in wohlgefallendem Abstand wie zur Parade. Bewundernswertes klassisches Jahrhundert! Auf den Steinen des Cours sieht man geführte Besuchergruppen, aber das träumende Auge erblickt Reiterspiele, schöne, wohlgezogene Pferde, farbenfrohe Waffenröcke, Helme, Säbel, Lanzen, Fahnen und die schmetternden Hörner. Vor der Garnisonkirche steht in einem Wandelgang eines der traulichen Taxis, die 1914 für Frankreich die Marneschlacht retteten und statt zum Ball in den Tod führten. Im Mars geweihten Kirchenschiff protzen Banner, zerfetzte Fahnen, zerschlissene Fahnen, erbeutete oder wieder zurückeroberte Standarten, sie hängen von der Decke herab wie ein Fundus alter Seidenkleider, wie das rührende und nutzlose Erbe einer Großmutter, und würde man das Gewebe berühren, zerfiele es zu Staub und legte sich auf die Gräber der Gouverneure und Generäle und färbte die Totenmaske Napoleons dunkel wie Kellergut. Die Kirche ist, scheint es, Teil eines Museums der Armee, und da reiten nun Kürassiere, Dragoner, Husaren ausgestopft im Schritt auf ausgestopften Pferden vor tausend Schlachtenverherrlichungen in stolzen Tafelbildern. Die bürgerlich gekleideten Besucher, auf dem Weg zum Grabmal Napoleons, drängen sich durch die Phalanx, und Knaben finden die Welt verheißungsvoll. Da aber ist zur Seite ein vergittertes Tor, und hinter dem Eisen sind gar schattenhaft die armen Menschen zu sehen, die dem pompösen Hotel den Namen gaben, die Invaliden. Will man sie verstecken? Es wäre nicht nötig. Kaum einer der Touristen blickt zu ihnen hin, die in Krüppelstühlen ihr Leben fristen, bis zum Tode in den horizontblauen Mantel der Poilus gehüllt, und auf einem Rolltisch liegt entsetzlich ein Verwundeter der Kolonien, jung das Gesicht, den Leib gelähmt, denn der Krieg geht weiter. Erhaben ruht Napoleon unter der Kuppel des Domes in seinem Sarkophag aus rotem Porphyr. Bleiche Engel aus Stein bewachen den kaiserlich gebetteten Korsen. Wo mag schutzlos und büßend seine Seele weilen? Die Besucher blicken von einer kalten Marmorgalerie auf sein Grab wie in einen eisigen Brunnen. Léon Bloy, der tapfere Fromme, hielt Napoleon für einen Dämon des Herrn. Schickte der Herr eine Geißel? In kleinen Kapellen wohnen die Nebengötter, der Familienclan, die biederen nutznießenden Brüder Joseph und Jérôme. Und dann ist noch Foch, einer der Totenmeister des ersten Weltkrieges da und das Herz Vaubans, der Frankreichs Festungen baute. So steht man vor dem Denkmal einer gewissen Schizophrenie des französischen Wesens, man sinnt über den von Ideen und Fahnen geplagten Eroberer nach und achtet den von Vauban bis Maginot gehegten Wunsch der Franzosen, sich einzugraben, sich mit einer Chinesischen Mauer zu umgeben und in Frieden Heinrichs IV. Huhn zu essen.

Schnelle Fahrt auf dem Ufer der Seine. Quai Voltaire, Quai Anatole France, Quai d'Orsay. Wie die Straßennamen in Paris begeistern! Die Luft weht zu Eroberungen. Auf dem Fluß schwimmen die lustigen Ausflugsdampfer, Bottiche von Kleinbürgern, Frankreichs übervolle Wiegen. Paris war immer eine schöne Sommerfrische. Auch Berlin war es. Nachmittage an der Havel, Abende im Treptower Park. Auf dem Deck der Badeboote bräunen sie in dichten Rudeln. Die jungen Franzosen haben lange Beine, trainierte Körper und mit den Muskeln das gelangweilte, scheinbar hochmütige, mit der ebenmäßigen Maske die innere Leere verbergende oder sie vortäuschende Gesicht der Engländer bekommen. Hier kaufte sich Raymond Radiguet, der Dichter des »Teufel im Leib«, der Engel der Traurigkeit nach dem ersten Weltkrieg, die Liebe, den Typhus und den Tod. In einer Vitrine hängen von Jean Cocteau bemalte Krawatten wie ineinander verschlungene Grabkränze. In allen hohen Häusern des Ufers scheinen Schriftsteller von der kleinen begrenzten Unsterblichkeit zu träumen und alte Botschafter an die Weihen der Akademie zu denken. Der Taxichauffeur fährt sein idiotisches Rennen, als käme er nicht früh genug auf den Friedhof. Den Quai hinunter, eine Bollwerkstraße entlang, hinauf auf die Brücke de l'Alma, es ist eine Achterbahn, vom Eiffelturm möchte man mit Fallschirmen hinunterspringen wie in New York auf Coney Island, wer im Halbzirkus des Platzes de l'Alma frühstückt, füllt sich mit stiller Freude, und dort in der Avenue Montaigne ist schon der exklusive Himmel der Mode. Weiße Häuser, englische Automobile, noch Livreen, die schön gekämmte Hunde ausführen. In dem blanken Café, gegenüber dem kleinen geschlossenen Theater versunkener Dreiecksdramen, das Salatgeschlemme, die Rohkostorgie der Mannequins. Zu dieser Stunde Königinnen unter sich, mit der alten Schlampigkeit junger Mädchen. Kein Kameraauge, kein lüsterner, kein neidischer, kein bewundernder Blick. Ungeschminkte Gesichter, von Grünzeug frisch, von der Nacht blaß, nur ein smaragdgrüner Schimmer zum Sphinxsein um die Augen gelegt. Nymphen einer weltweiten Verherrlichung, Töchter aus Schweden und von Samoa, Abziehbilder einer geldschweren Industrie. Die Mühsal wohnt im fünften, im sechsten Stock, unter immer malerischen Dächern. Die Sonne flutet in die Säle der Näherinnen. Weiße Arbeitsmäntel, Vogelstimmen, ein strenger Käfiggeruch, etwas Parfüm, zerstochene Finger und der verbitterte Stolz der Handarbeit. Filmportale für die Kundschaft, Triumphbögen unternehmerischer Erwartung. Die Fürstin von Monaco wird von ihrem Ebenbild empfangen. Die Gesichter sind ausdruckslos, der Mund spricht englisch, das einfache Kleid des Shoppings und des Geschäftes ist wie auf Marmor gelegt. Die große Schau ist für die Presse oder ein Privileg. Den Unterhalt des Betriebes bringt der Konfektionär ins Haus. Er kommt über die Hintertreppe und fürchtet sich nicht vor kaltem Fleisch und smaragdenen Schatten. Vor seinem rechnenden Blick schmilzt der Schnee, erheben sich zutraulich die stolzen Schwäne, und die Schönheit ist bereit, sich zu vergessen und warme Würstchen zu essen. In der säulengetragenen Halle wird an jedem Alltag eine liebenswürdige Komödie für die staunenden Besucher aus der Provinz aufgeführt; und die Provinz ist hier der Erdkreis. Immer findet ein kleiner Ausverkauf statt, ein Markt der Gelegenheiten, und Stücke, von denen man hofft, daß sie Herzoginnen und Aphroditen der Publizität vorgeführt wurden, werden mit der Adelskrone des Firmenetiketts eingeschüchterten, wenn auch wohlhabenden Touristinnen als ein Versprechen der großen Welt in die Hand gespielt.

Die Champs Elysées sind die schönste, doch eine ganz und gar zweitrangige Straße. Die Elysäischen Felder waren im sechzehnten Jahrhundert ein Sumpf. Sie sind es nicht mehr. Vor der Großen Revolution wurden hier in einem Kolosseum dem Volke Spiele, aber kein Brot geboten. Das Beispiel schreckte nicht. Unter dem kleinen Napoleon tanzte man beim Summen der Gasflammen. Kavaliere huldigten der Kaiserin Eugenie und Literaten der Geld und Geist liebenden Paiva, der deutschen Fürstin aus einem polnischen Getto. Kaiserinnen, Abenteurerinnen, der Geist und die Kavaliere sind verschwunden; geblieben ist die Liebe zum Geld. Am herrlichsten sind die Champs Elysées anzusehen, wenn man im Autobus neben dem Fahrer sitzt. Man schwebt! Man schwingt dem großen Triumphbogen entgegen oder dem Obelisken des Concorde-Platzes, dem schönen, stolzen Raum, in dem der König geköpft wurde. Links und rechts gleitet die Lust vorbei, die Lust am Reichtum, die Lust am Dabeisein. Die Lust ist Schein, wenn auch jedes Haus, ja jeder Laden seine Million in Gold wert ist. Die kleinen Mädchen reiten auf philosophischen Eseln zu den Neuigkeitstafeln des »Figaro«. Knaben und alte Männer tauschen Briefmarken auf den Holzbänken des Rond Point. Ein Affe im Frack begleitet schellenschlagend und ihn piesackend mit dem Haß gemeinsamer Gefangenschaft einen tanzen sollenden, einen verzweifelten Bären. Die Autosalons wecken mit Pferdestärken und Chrom Träume von Gewinn in der National-Lotterie, von erfolgreichen Bankeinbrüchen und unentdeckten Unterschlagungen, und alle Geschäfte tun so, als seien sie die Schaufenster der hohen Schneiderkunst, der wahren Eleganz, des Luxus von Paris. Es ist ein teurer Ramsch bis in die häßlichen Galerien des Lido hinein, bis zu den kinematographischen Verzerrungen des Lebens, bis zu den entsetzlichen, Frankreichs Ruhm schändenden Fraßplatten der Selbstbedienungsrestaurants, und nur die Bluebell-Girls des beliebten Aquarium- und Champagner-Kabaretts scheinen noch Markenartikel von unentwegt gleichbleibender, wenn auch gerade durch ihre Standardisierung langweilender Qualität zu sein. Vor den Cafés sitzt die Welt und will die Welt sehen. Die Promenierenden wie die Sitzenden täuschen einander wie in der alten Verkleidungskomödie. Es ist ein einziger Triumph der Masse, in der jeder dem anderen den geköpften König ersetzt. Zuweilen geht unter Raunen ein falscher Stern auf, ein Leinwandschatten zeigt sich dem Volk, und kaum einer merkt, daß dies ein echtes Gespenst ist.

Zwölf Avenuen laufen zum Étoile, huldigen dem Arc-de-Triomphe und dem armen Unbekannten Soldaten, der unter ihm begraben liegt. Dieser Bogen sollte Habsburg imponieren. Er empfing, erst eine Leinwandkulisse, Napoleons österreichische Gemahlin und ließ 1840, inzwischen aus Stein gemauert, den Leichnam des dynastiebesessenen Bräutigams passieren. Paris verbeugte sich eine Nacht lang vor dem hier aufgebahrten Victor Hugo, der seine Freiheit besungen hatte. Achthunderttausend Menschen folgten dem Sarg des Dichters. Welch ein Einzug für de Gaulle, der 1944 die Freiheit zu bringen meinte! Der tote Soldat von 1919 hat die einzig mögliche, die bittere Freiheit gefunden. Die Ehren nimmt er hin; sie erreichen ihn nicht in seinen Träumen vom friedlichen Dasein eines Bistrobesitzers. Der Bildhauer Rued hat am Bogenpfeiler die Marseillaise wie »das Volk steht auf, der Sturm bricht los« versinnbildlicht. Der Schwung ist schön, die Geste ist töricht. Wie viele bissen ins Gras, und die Verhältnisse regelten sich nach ihren eigenen unkontrollierbaren Gesetzen. Natürlich steht man und staunt. Die Namen von, ich glaube, fünfhundert Generälen sind ins Gemäuer graviert. Auch die Flüche, die ihnen galten, sind verklungen. Im Fahrstuhl fährt man mit fröhlichen Reisenden auf die Plattform des Daches und sieht um sich Paris wie ein schwingendes, bezauberndes Karussell. Der Weg zurück von der Insel der Gloire zum sicheren Ufer der Geschäfte ist so lebensgefährlich wie manche verherrlichte Schlacht, denn die Automobile des Sternplatzes jagen die beeindruckten Pilger wie Kaiser, Könige und Marschälle das gehetzte Wild oder die geschliffenen Rekruten.

Der Platz Vendôme ist im Sonnenschein, der auf Regen folgt, ein blitzender, heraldisch stolz funkelnder Schild aus tausend Autodächern und hat die volle Pracht des Grand Siècle. Eine Bauspekulation rund um eine Kolossalstatue des Sonnenkönigs gebar ihn, und die Revolution zerstörte das Standbild des Königs, und Napoleon ersetzte es durch eine Nachahmung der Trajanssäule und setzte sich selbst in Bronze auf die Spitze der Säule, doch auch Napoleon wurde wieder hinuntergestürzt, wurde eingeschmolzen, durch rechte Erzkönige abgelöst, die wieder fallen mußten, daß Napoleon im neuen Guß auf die Spitze kam, und immer blühte die Spekulation in den anmutigen, pilastergeschmückten, von Mansarden gekrönten Häusern, und Napoleon wacht nun über die im goldenen Quadrat abgestellten Wagen und beobachtet besorgt eine wachsende Invasion von Amerikanern, Engländern, Deutschen und anderen Feinden. Um den steinernen Kern seines Kothurns inmitten des elegantesten und diszipliniertesten Chaos windet sich ein Bronzeband, das aus den Beutekanonen der Schlacht von Austerlitz gegossen wurde und nicht ganz so hell wie ein Zwanzigtausend-Dollar-Wagen funkelt. Die Juweliere breiten in elektrisch gesicherten Fenstern die leuchtenden Schätze des schwarzen Afrika und des bunten Asiens aus. Im Hotel Ritz wollte man den Frieden von 1919 gewinnen, im Hotel Ritz trank Scott Fitzgerald, der Troubadour des erwachenden amerikanischen Weltgefühls, die Cocktails der Charlestonzeit, im Hotel Ritz quartierte sich, als die Gläser ausgetrunken waren, das Gespenst der Depression ein, dann der Nachtmahr der Angst, und ich weiß nicht, ob Hitler auf seiner Morgengrauenfahrt durch die leeren Straßen des gerade gefallenen Paris im Hotel Ritz zu einem spukhaften Imbiß eingekehrt ist. Das Hotel Ritz ist immer auf der Höhe der Epoche. Filmköniginnen begegnen hier den Majestäten ohne Land und der Ruhm der Schlagzeilen der Union der festen Werte. Das Leben ist reich und schön und lebenswert auf dem Platz Vendôme, noch der Bettler bettelt mit einem Widerschein der Sonne in seinem Gesicht, und jede Frau kommt wie ein Mannequin des Glücks geschritten. Die Polizisten, die so viel

Freude zu schützen haben, blicken beruhigt drein, der Juwelenräuber läßt sich fangen, der Hochstapler ist erkannt, das Attentat wird verhütet, doch die Gespenster sind, obwohl unsichtbar, nicht gestorben und mischen die Karten des Schicksals, die hellen und die dunklen Lose aufs neue.

Auf goldenem Pferd, in goldener Rüstung, das Goldhaupt in ewiger Jugend, reitet Johanna von Orléans in die Rue de Rivoli und führt selbst Engländerinnen und die amerikanischen Töchter der überseeischen Revolution aus ihren angelsächsisch benannten Hotelreservaten in die Geschäfte ihrer Straße und der Rue Saint-Honoré, wo Frankreichs Fleiß und Geschmack in Stoffen, Kleidern, Kleinigkeiten, Friseurkunststücken und Gerüchen aufs herrlichste ausgebreitet liegen. Eine Meute aus aller Welt, ein wildes Amazonenheer stürmt herbei und räumt täglich die frisch gefüllten Lager, und die Geschäftsleute beten zu ihrem wohlgesinnten Gott, daß der Raubzug währen möge. Wer rächt sich an wem? Die um ihr Geld, die um ihre Ware Gebrachten an ihren Beutelschneidern und Plünderern? Neben den legitimen Erzeugnissen einer alten und fruchtbaren Phantasie feiert der Ungeschmack Orgien. In einem noblen Geschäft sah ich Damentaschen aus einem feinen weißen Leder in der Form von kleinen Konzertflügeln, Eiffeltürmen, Sitzbadewannen, Himmelbetten, Pudeln und Champagnerflaschen. Und doch wünscht sich in dieser Region für einen Augenblick jeder Mann ein Pygmalion von großem Kredit zu sein und aus seiner Gefährtin die Pariserin der Wunschträume zu machen. Im nahen Palais de l'Elysée, dem Haus des Präsidenten, aber träumt der große General von einem Frankreich, das er in eine Jeanne d'Arc aus reinem Gold, das Lothringer Banner glänzend entfaltet, verwandeln, die er als einziger Liebhaber besitzen, die er selber ganz und gar sein möchte.

Der Platz vor dem Französischen Theater könnte am Abend in der festlichen Beleuchtung seiner fünfkugeligen Laternen, mit seinen von Scheinwerfern theatralisch angestrahlten kleinen Brunnen schon die Bühne für Racines höfische Antike sein, am Tage aber der gegebene Schauplatz für Molières bürgerliche Komödien. In den Cafés und Restaurants, in den Hotels rings um das lebende Bild ist die Szene auch für Musset und die verwickelten Affären und umständlichen Ehestandspossen von Scribe und bis Labiche gerichtet, und das Absurde unserer neuen Dichter, so schön und so traurig, ereignet sich hier selbstverständlich, und der Tag läßt sich fürchten, an dem die Nashörner aus diesen Brunnen sich laben werden. Der Platz des Französischen Theaters ist ein aufregender Ort, den die Autobusse wie sturmgetriebene Schiffe kreuzen, voll von Auswanderern ihrer Träume. Das alte Café de la Régence, nun ein Allerweltsrestaurant für Geschäftsleute und Reisende, liegt noch immer wie eine Loge am Rande eines spannenden Schauspiels. Die neuen Gäste blicken nicht hin und greifen nicht ein; doch einmal war das Café der Treffpunkt für den Adel des Blutes und des Geistes, hochherzig beide, die hier aus Hirnlust, Lebensfreude, Gutmütigkeit und Idealismus die Revolution vorbereiteten. Rameaus Neffe, der als Kind der Zeit Goethe und Schiller so sehr gefiel, verkehrte im Café la Régence, sah dort den Schauspielern zu, und Diderot läßt ihn sagen: »Da sieht man die bedeutendsten Züge, da hört man die gemeinsten Reden.« Unter den Arkaden des Theaters vereinen sich die Büsten der anerkannten Dramatiker noch immer zu einem kleinen literarischen Kaffeehaus, und in der Vorhalle lächelt Voltaire sein ihm von Houdun gegebenes sardonisches Lächeln. Dies alles gehört schon zum Palais Royal und war und ist mit Spekulationen, Aufständen, amüsantem Spleen und gelegentlichem bürgerlichem Außersichsein eine höfische Welt. Rameaus Neffe genoß sie sehr. »Es mag schön oder häßlich Wetter sein, meine Gewohnheit bleibt auf jeden Fall, um fünf Uhr abends im Palais Royal spazierenzugehen. Ich unterhalte mich mit mir selbst von Politik, von Liebe, von Geschmack oder Philosophie und überlasse meinen Geist seiner ganzen Leichtfertigkeit. Meine Gedanken sind meine Dirnen.« Das Palais, seine königlichen Fassaden, seine Säulengänge, sein lieblicher Garten, seine Bäume, seine Blumen, seine kleinen Wasserspiele feierten das Fest der Menschenrechte, ein Revolutionsklub sprühte Ideen in Permanenz, seine Redner standen auf den Tischen und langten nach den Sternen der Utopie, die elegante Welt forderte den eigenen Tod auf dem Schafott. Und dann folgte die Halbwelt, die Liederlichkeit eines der Diktatur und der Restauration hörigen arrivierten Bürgertums mit Kneipen, Spielsälen und Bordellen. Balzac ließ seine Helden im Palais Royal in Versuchung führen und verzweifeln. Doch heute hat sich das gar nicht mehr revolutionäre Volk von Paris, haben sich seine vom Staat beschenkten Kinder und seine vielgeehrten Mütter der wunderschönen Anlage bemächtigt, die Sonne wird von den Massen angebetet, und der fürstliche, anrüchige Garten ist zum Tempel des großstädtischen Verlangens nach Naturgenuß und Gesundheit geworden. In den einmal so aufsässigen oder verdächtigen Hallen der Kolonnaden hausen jetzt Briefmarkenhändler und soldatischstramme Greise, die Orden zu verkaufen haben. Diese Läden sind so still, daß sie das vielfache Kindergeschrei, das von draußen hereinfliegen will, wie in Watte ersticken. In den alten Wohnungen hat sich das Höfische ins Geistige verwandelt. Die hohen Prachträume werden von Frankreich mäzenatisch an seine Schriftsteller und Künstler vermietet. Cocteau darf aus seinen Fenstern auf Knabenspiele blicken, und Colette ist im Palais Royal wie eine verehrte Königin gestorben. Königlich ist auch noch die Küche des Palastes. Sie gehört nun zu einem berühmten, sympathisch altväterlichen Restaurant, und man kann von den Wandelgängen in ihr Gewölbe blicken, in eine zwielichtige Unterwelt, in der mit Gold aufgewogene Köche wie weiße Teufel alchimistisch, doch ehrenwert hantieren. Die Straße heißt hier Rue Beaujolais, ist dunkel, gemütlich, hat dunkle gemütliche Kneipen, wird von Katzen geliebt, riecht wie ein altes Weinfaß, führt in das Bücherparadies der Nationalbibliothek und merkwürdigerweise auch zur festen wohlbewachten Burg der französischen Staatsbank.

Paris war das Gemälde der Impressionisten, schon ehe die Maler kamen: die Meister brauchten die Stadt nur zu spiegeln. Als die großen Boulevards geschaffen wurden, war die Zeit reif für eine großstädtische Peinture. Die Häuser sind nicht schön, aber sie stehen in einem rechten Maß zur Tiefe der Straße und zur Höhe der Bäume, doch erst der Verkehrsstrom, die Bewegung, die Summe der Menschen, ihre Buntheit, ihre andauernde Aktion schafft das malerische Bild, in dem das Jetzt und Hier sich den Anschein von Ewigkeit geben und beglücken. Selbst wenn die Bäume kahl sind, blüht der Zeitungskiosk, wenn die Sonne auch blaß ist, die Damen sind es nicht, und so hat jeder Tag auf dem Boulevard seinen Frühling. Der Mensch ist es, der den Lenz bringt. Vor Tag, im Morgengrauen, unbelebt sind die Boulevards öd, eine Allee im Jenseits, ein wahres Totenreich, bar jeder impressionistischen Wärme, nur noch ein Abstraktum des freundlichen Gemäldes. Das griechische Säulenhaus der Kirche Madeleine gibt den Boulevards einen theatralischen Beginn. Die klassische Strecke bis zur Bastille wurde nach dem Spielplan seiner Bühnen der Boulevard der Untaten genannt. Die alten Dramen bewähren sich nun in den Lichtspielhäusern. Die Kameliendame lebt als Schatten fort, und die Liaisons dangereuses von 1772 gelten auf der Leinwand von heute als staatsfeindlich und sittengefährdend; sie dürfen nur mit obrigkeitlichen Einschränkungen dem neuen Publikum der dunklen Säle vorgeflimmert werden. Die alten Tragödien und die neuen Qualitäten werden kalt serviert. Die Schaufenster der Warenhäuser funkeln vor Schick zu kleinen Preisen und lassen den ständigen Umbau der noch aus Zolas Gründerzeit stammenden Fassaden vergessen. Doch zuweilen bricht Sentimentalität mit Macht durch alle Klassen des Volkes. Im ziemlich heruntergekommenen Varietétheater Olympia huldigt man der Stimme einer alten Frau und einem Pariser Schicksal. Edith Piaf stellt das Wunder ins Licht. Sie war ein Pariser Straßenkind, auf der Straße geboren, auf der Straße aufgewachsen und auf der Straße schon einmal vor Jahren für den Ruhm entdeckt. Man nannte sie damals die Môme Piaf, das Kind, den Spatz von Paris, sie sang »La vie en rose«, und dann begegneten ihr die Liebe und der Tod, und sie ertrank im Alkohol und lag auf dem Sterbebett und stand wieder auf, vergessen und arm und zerstört, und sie wurde zum zweitenmal entdeckt, das ist das Märchen, ein schönes Märchen in der harten Stadt Paris, und füllt nun jeden Abend mit einer im Augenblick mächtigen, doch in ihrer Anstrengung unheimlichen Stimme den großen kalten Saal des Olympia. Sie singt ein Chanson, den Schlager der Saison, »Mylord«, mit der aufrührerischen Vehemenz eines »Ça ira«, und Paris jubelt der Piaf und sich selber zu. Vor dem Café de la Paix sitzt man immer noch vor der ganzen Welt, die an dieser Ecke des Boulevards und des Opernplatzes vorübergeht, gewandelt zwar gegen die Gecken von einst, touristisch, wandervogelhaft geworden, in der Kleidung verwildert, den Unterschied der Geschlechter verwischend, doch innen im Café ist noch die Prunkhalle der goldenen Säulen zu sehen und stehen noch die ausschweifenden Polstersessel der großen bürgerlichen Epoche, die sich als auserwählte Gesellschaft fühlte, lächerlich zeremoniell aufführte, Staatspapiere zeichnete, atheistische Autoren las, fest an ein Gott-mit-uns glaubte und von kurzer, ja tragischer Dauer war. Im alten Theater Gymnase riecht es in Logen und Foyers noch nach dem Parfüm der großen Kokotte, nach der Eifersucht reicher Pantoffelhelden, dem erotischen Ehrgeiz junger

Dichter, man meint, seidene Unterröcke knistern zu hören, Reiherfedern zu sehen, doch auf der Bühne zeigt Genet die Untat des Tages und Kalibans gegenwärtiges Gesicht. Die beiden Triumphbogen des Boulevard Bonne Nouvelle, die Portes Saint-Denis und Saint-Martin, vor Fischhändler- und Schürzenschneidergassen, von Pommes-frites-Düften umräuchert, von Eisdielenklängen berieselt, zu jeder Stunde märchenhaft und wie von Liliputanern gefesselte Riesen, zeigen, noch vor der zugigen Freiheit des Platzes der Republik, wer Paris erobert hat, wem es gehört. Der Boulevard du Temple geleitet zur Bastille, dem alten Freiheitskampf, aber die Rue du Faubourg du Temple führt direkt zu den roten Vororten, zu den kommunistischen Gemeinden, einem neuen Festungsring um Paris.

Die Hallen, Zolas »Bauch von Paris«, der große Markt der Lebenserhaltung und der Völlerei, steht auf dem Programm der Stadtrundfahrt. Die Hallen gehören zur Abendtour, zu »Paris bei Nacht«. Die Gäste haben die faden Cocktails für die zu scherenden Schafe getrunken, sie haben die übliche halbe Flasche Champagner konsumiert, sie haben ein paar nackte Mädchen, sie haben das Laster, an das sie glauben, und andere Reisegesellschaften, die sie ärgern, gesehen, sie sind enttäuscht, erschöpft von uneingestandener Langeweile, und nun bekommen sie die Zwiebelsuppe der nächtlichen Hallen. Die Zwiebelsuppe ist gut. Sie wird in einem dekorativen Kupferkessel über offenem Feuer von einem schlauen Wirt gekocht, der sich darauf spezialisiert hat, Reisegesellschaften in der Nacht mit der Soupe à l'Oignon zu füttern. Die Brühe sticht in die Nase, sie riecht nach altem Keller und verbranntem Stroh, sie ist eine käsefädige breiige Masse, sie beizt die Zunge: man mag sie, oder man empfindet Brechreiz. Je nach dem Wetter sehen die Fremden von fern riesentorige erleuchtete Räume, von Nebel oder Dunst umzogen, Titanenburgen in Wolken, in die Wagen hoch von Kisten und Säcken streben, ein Heerbann mit den Geräuschen einer Schlacht, und außerdem ein Zug von Sklaven, wie einst beim Bau der Pyramiden. Wenn die Sonne aufgegangen ist, wird das Bild geheimnislos, doch nicht weniger eindrucksvoll. Eine kalte Menschenwelt, in der die farbigen Dinge leben. Die Karotten, die Artischocken, die Bohnen, der Salat, der Spargel, die Nüsse, das Obst, gehäuft, gebündelt, in Netze getan, rot, weiß, gelb, grün, blau, braun, jede Farbe, und die hundert Käsesorten und das rote Fleisch der Melone und das blutfrische Fleisch der getöteten Tiere und das frühe Licht in jungen Strahlen durch die hohen Glasdächer, und dann die Halle der Fische, die Eiswelt, das Gold und Silber der Schuppen, die starren gebrochenen Augen, die seltsamen schönen Wesen der Tiefe, die schmackhaften Ungeheuer, und zwischen den Kästen und Bottichen und schmelzenden Blöcken die Händler in weißen Mänteln, die abgewetzte Geldtasche, prall von Scheinen, in der zupackenden Hand, alles wird bar verkauft, die Körbe voll Hummern, die Fässer voll Sardinen und ein kleiner aufgeschlitzter Wal, und im Feld des glitschigen Todes sitzen schöngeschminkte Mädchen hinter Schreibmaschinen und Telefonen, die Börse notiert den Tagespreis, Paris wird mit Fischen versorgt, der Bauch mit Fleisch gefüllt, Gemüse ausgeschüttet, der Käse verteilt, das Gewürz verstreut. Die Männer der städtischen Reinigung, Poseidone in Gummistiefeln und Lederschürzen, sprengen mit scharfem Wasserstrahl den Abfall vom Überfluß die Straße hinunter, ein reißender Strom von Salatblättern, Faulobst, Muscheln, Fischköpfen, und alte Frauen und würdige Clochards beugen sich über die Gabe an die Unterwelt und wählen geschmäcklerisch aus. Die Sackträger, die Karrenfahrer, die Forts, die Starken, wie man sie nennt, sind ermattet. Sie stellen sich zum Wein an die Theke, manche auch zum Gespräch. In den Kneipen riecht es nach Schweiß und müden Muskeln, nach Geld und Vergeblichkeit. Die kräftigen Männer fühlen sich wie Herkules, andere wie Sisyphus nach ihren Taten, ihr Scheiterhaufen ist noch fern, doch die Hölle erwartet sie zu Hause mit Weib und Kind.

Kommissar Maigret steht an der Theke eines Bistros auf der Île de la Cité, am Quai des Orfèvres, vor dem Justizpalast, ißt bonbonrosa leichenfarbene Krevetten, trinkt ein Glas herben Weißwein, erblickt das Gesicht eines gedemütigten, doch nicht besiegten Erzengels, folgt Vautrin, Balzacs entflohenem Galeerensträfling in die gleichgültige Menge, gerät in eine Reisegesellschaft, wird in die Sainte-Chapelle gespült, steht in gotischen Sonnenscheinwerfern, hört Bewunderungslaute in allen Sprachen, vernimmt die Lobgesänge der Erklärer, sieht die gegen das Lichtrad des Rundfensters erhobenen, für eine Weile im Brand eines Wunders verklärten Gesichter, Maigret erkennt Vautrin nicht mehr, vergißt ihn, liebt ihn insgeheim, freut sich, ein Mensch und Franzose zu sein, wittert überall Mord und Blut, Verliese des Königs, Kerker der Revolution, die bösen Schwestern Grausamkeit und Dummheit, ihre Ahninnen, die Angst und die Machtgier, das Phantastische Gefängnis des Piranesi, das durch die Geschichte und in die Gegenwart gerettete Labyrinth des Minotaurus, und welche Schönheit auf diesem traurigen Grund, wieviel aufgehobene Schwere! Im Hof des Justizpalastes hohe Palisadengitter, gegen den Himmel gerichtete kräftige spitze Lanzen, die breite einladende Freitreppe zur menschlichen Gerechtigkeit, eine Parade der Polizisten, kokette Käppis, weiße Knüppel, die Ehrentafel der für die Befreiung Gefallenen, Ankläger, Advokaten, Paradepferde, Karrengäule des Barreaus, in schwarzen Talaren mit blütenweißen Halsbinden, frühstücksfreudige Auguren, das Denkmal eines Richters, den Fuß auf eine Schildkröte gesetzt, und ein düsterer Raum großväterlicher Klassizistik heißt der Saal der verlorenen Schritte. Das Militärtribunal verhandelt über den Aufstand der Ultras in Algier, führt den Prozeß der Barrikaden und ist ganz Große Armee, ein Staat im Staate, ein Recht im Recht, die Richter sind militärische Vaterfiguren, der Vorsitzende ein Jahve in roter Robe, in der Physiognomie dem Hindenburg und dem Pétain verwandt, doch von der École Militaire und in St-Cyr auch in der Logik geschult. Dem Hauptangeklagten hat politischer Fanatismus die Seele und den Verstand geraubt. Er ist noch jung, ein verbummelter Student, ein Gardesoldat, ein Rowdyführer, er wäre für eine Karriere im Schwarzen Korps einer faschistischen Regierung prädestiniert, doch hat er als Franzose Barrès, Maurras und wahrscheinlich auch Sartre gelesen, den er an den Galgen wünscht. Ein Mitangeklagter, ein Oberst, entpuppt sich als Geisterseher, seit Indochina erkennt er in jedem Farbigen, wahrscheinlich sogar in jedem Zivilisten gleich welcher Haut den Vertreter der großen bolschewistischen Weltverschwörung. In den Gängen des Justizpalastes singen junge Leute die Marseillaise und rufen »Algérie française«. In der Kneipe, in der Maigret seinen herben Wein trinkt, steht nun ein Mann mit der braungebrannten Haut, den lichtabwehrenden, zusammengekniffenen Augen des Wüstensoldaten. Er war Offizier in Algerien, er ist gegen die Colons, die reichen Pflanzer, die Schwarzfüße, gegen de Gaulle, gegen die Phrasen, gegen die Pariser Intellektuellen, gegen den bourgeoisen Pot-au-feu, gegen den Krieg und noch mehr gegen den Frieden. War er für die Muselmanen? Wohl nicht. Er war für seinen eigenen Maghreb. Er sagte, die muselmanische Elite sei verschwunden, sie sei bei der

Befreiungsfront oder sei von den Franzosen demoralisiert, oder sie sei tot, »und wir«, rief er, »haben dazu beigetragen«. Hundertsechzig Jahre nach Valmy! Es ist immer einer dabeigewesen. War er stolz darauf? Dann verzweifelte er über seinen Stolz. Er war ein König in seinem Reich so groß wie ein französisches Departement. Er klagte: »Ich kämpfe nicht! Ich verwalte! Aber was verwalte ich? Wer ist eigentlich dieses Algerien?« Er rief emphatisch: »Ich bin Algerien!« Er schien in Maigrets gemütlichem Bistro wie mitten in der Wüste zu stehen.

Alle Blumen auf dem Marché aux Fleurs huldigen Paris, und ich möchte einige Immortellen dem Andenken der gefallenen Mädchen weihen, die hier im Schatten von Notre-Dame in einer kleinen mißachteten Kapelle getraut wurden, mit einem Ehering aus geflochtenem Stroh. Notre-Dame steht nun da wie ein von Insekten eroberter kostbarer Schrein. Die Insekten kommen in bunten rollenden Büchsen angefahren, sie wimmeln durch das Portal des Jüngsten Gerichts, sie baden in den Jahrhunderten und plätschern in den gebrochenen Gelübden, die fromme Dämmerung berauscht sie genauso wie ihr eigenes An-diesem-berühmten-Orte-Sein, sie kletterten auf die Türme und auf das Dach, der mit Müh und Not gerettete Theophilus, der alte Faust, liegt tief unter ihnen, kein Teufel wird daran denken, diese Seelen zu kaufen, und Charlemagne grüßt auf hübschen bunten Postkarten die Lieben daheim. Die Île de la Cité ist ein herrlicher Kahn. Vielleicht wird er sich einmal von seinen Brücken losreißen, die Seine hinunter in den Ozean fliehen und sich auf den freien Wogen mit dem Fliegenden Holländer und dem Trunkenen Schiff vereinen, die stille bescheidene Île Saint-Louis im Schlepp. Wenn ich in Paris eine Wohnung suchen würde, auf der freundlichen Insel des heiligen Ludwig möchte ich sie finden. Ich lebte dann inmitten der Hauptstadt und doch in Vineta. Alle Krämerinnen, alle Katzen und alle Hunde und selbst die geistlichen Herren der alten Pfarrkirche sehen wie gemächlich und glücklich Verstorbene aus. Der Fluß wird an grauen Wintertagen zum Styx. Auf dem Quai harren die lautlosen Bäume wie ein Galgenspuk, und die geduldigen Fischer angeln das Nichts. Die Place des Vosges, die einstige Place Royale, der schönste Platz von Paris, an dem Könige geboren wurden und gestorben sind, ist uns in seiner geschlossenen vornehmen warmen Pracht erhalten geblieben, und seine Häuser aus roten Ziegeln und weißem Bruchstein, die steilen Schieferdächer, die hohen Fenster, die olympischen Mansarden, die intimen Arkaden ziehen sich wie Logen um eine Menagerie, denn die Mittelfläche des alten Turnierfeldes ist nun mit starkem Eisen umgittert, die struppigen Bäume, der Musikpavillon stehen schon wie bei den Bestien, und irgendein König Ludwig reitet als geflüchteter mattgesetzter Dompteur auf seinem Sockel aus Stein. Die Insassen der Menagerie sind das sich vermehrende Volk, sind all die Kinder, die aus den einmal so stolzen, nun armen Quartieren um den Vogesenplatz und von der Bastille her in diesen einst königlichen Pferch strömen. Zerschrammte Bänke und beschmutzter Sand und enormes Geschrei! Die Mütter und die Kinderwagen beherrschen die Anlagen, sie kämpfen um den ihnen von jeder Regierung versprochenen Platz an der Sonne, sie vertreten rücksichtslos das Recht auf das bloße Leben. Die Häuser wahren ein aristokratisches Gesicht. Doch riecht es in den Arkaden, die einmal die elegantesten Leute und dann die feinsten Läden von Paris beherbergten, nach Urin und nicht aufzuhaltendem Verfall. Die Torkneipe zur Rue de Béarn und weiterhin zum volkreichen Boulevard Beaumarchais ist der trübe Jagdgrund dicklicher hausfraulicher Dirnen. Man kann sie nicht Freudenmädchen nennen. Die Häuser haben schöngemauerte stille Höfe voll von abgestellten, stillen Automobilen, die Gesimse zeigen alte Handwerkerpracht, das Selbstbewußtsein und auch die Bescheidenheit der Frührenaissance, und manchmal findet sich auch ein verträumter Garten von nicht provinzieller, sondern zeitferner Abgeschiedenheit. Viele Schriftsteller, Alphonse Daudet, Victor Hugo und Georges Simenon, der Erfinder des Kommissar Maigret, haben am Place des Vosges gewohnt. Wahrscheinlich genossen sie sehr, arbeitend in den alten hohen Zimmern, die besondere Luft dieser Gegend aus Adel, Proletariat, Verzicht und Revolution. Victor Hugo nannte sich gern einen armen Arbeiter vom Faubourg-Saint-Antoine, und in seinem aus der Geschichte des schönen Platzes entstandenen Theaterstück »Marion Delorme« rief er seinem noch sehr aristokratischen Publikum zu: »Ihr seid alle Bastarde!« Im Marais, dem Sumpf genannten Viertel der Hofleute, jetzt Gassen grünlicher Verfallenheit und öffentlich genutzter historischer Paläste, sinnt das Museum Carnavalet mit seinen raren Dokumenten und seinem Bilderschatz der Stadtgeschichte nach, den zwei Gesichtern von Paris, dem lichten und dem dunklen, und den Darstellungen des Reichtums, des Lebensgenusses und des Glanzes folgen immer die blutvollen Szenen der Aufstände und Revolutionen. Das Haus des Museums Carnavalet hat Madame de Sévigné gehört. Hier hat sie ihre berühmten Briefe an die eigentlich verständnislose Tochter geschrieben, ihren der Schule vorbildlichen Stil, der noch Proust so sehr beeinflußt hat, und das Haus steht auch wie ein wohlgebauter französischer Satz da, eine nicht hochmütige, eine edle Front, ein Schmiedegitter wie ein Blütengeflecht, ein charmantes Standbild Ludwigs XIV., der Sonnenkönig in der Haltung des Apoll, und hinter ihm, wohlproportioniert in die Gebäudewand zwischen die Fenster gesetzt, die Gestalt gewordenen vier Jahreszeiten wie seine treuen Diener.

Die Bastille, eine hohe finstere Burg, eine achttürmige Festung, ein Staatsgefängnis, gilt als Symbol des Despotismus. Der Staat war der König. Als das Volk die Bastille am 14. Juli 1789 stürmte, befreite es vier Betrüger, zwei Verrückte und einen verlorenen Sohn. Schon am nächsten Morgen begann ein Bauunternehmer mit achthundert Mann Stein um Stein die Zwingmauern abzutragen. Beaumarchais, Mirabeau und alle Idealisten des neuen Tages packten zu. In einem Jahr war die Bastille verschwunden. Am 14. Juli 1790 tanzte das Volk auf dem leeren Platz. Man tanzt noch immer an diesem denkwürdigen Tag, und nun auf der Place de la Bastille in einer großstädtischen Bebauung, der allein die Erinnerung die Weihe gibt. Bei Licht wirkt der Bastillenplatz grau und stimmt melancholisch. Ein Kanal mit Schiffen verschwindet plötzlich, wie von einem ungeheuerlichen Rachen verschlungen, unter der Erde. Schwarzes Wasser! Ein paar Karussells scheinen selbst in der Sommersonne zu frieren. Der trockene Wind weht Staub auf. Ein armer Straßenakrobat sprengt Eisenketten mit verschwitzter Brust und wird von den gelangweilt ihn Umstehenden verspottet. Der Platz scheint nur noch dazusein, um einen Wendepunkt für einige Autobuslinien abzugeben, und der Genius der Freiheit auf der Säule in seiner Mitte ist kaum zu erkennen. Wer blickt auch zu ihm auf? Erst am Bastillefest, wenn sich Girlanden und Fahnen die Säule hinaufziehen und man von der kleinen Plattform einen Blick auf einen großen Jahrmarkt, auf einen kreisenden Tanzsaal, eine wogende See wirbelnder Köpfe hat, unter Musik und Geschrei, sieht man, daß der nun schön angestrahlte Genius der Freiheit Flügel breitet und sich über Paris erhebt. Intimer ist das Fest in der nahen Rue de Lappe.

Sie ist eine kleine alte Straße der Schlossereien und der Eisenhändler, aber am Abend ist sie seit Menschengedenken die Gasse der Apachenbälle. Ich weiß nicht, ob es noch Apachen gibt. Gangster sind ernste Geschäftsleute und kleiden sich korrekt. In diesen Ballsälen, die mit ihren bunten Reklamelichtern locken, sind die Apachen wohl Angestellte der Wirte oder gar des Fremdenverkehrsbüros und legen Schirmmütze und rotes Halstuch und geschlitzten Rock nur für den Auftritt an, der den Provinzler für gutes Geld schauern machen soll. Aber die Straße, die schmutzigen Häuser, die engen Höfe, die dunklen Stiegen, die nach allen menschlichen Ausdünstungen riechenden Flure sind Revolutionswelt und geben am Abend des 14. Juli, wenn sich hier bei viel Kunstlicht, roten Lampions und wenigen blassen fernen Sternen die ineinander verschlungenen Paare drehen, eine höchst beeindruckende Kulisse für den ewigen Aufstand der Armen, die Erhebung aus dunklen Verliesen, für eine Pariser Dreigroschenoper.

Schöne düstere, wilde Straße de la Roquette. Sie zeigt die nackten feuchten Arme hübscher Fischhändlerinnen, die Gamin-Gesichter der Zuschneiderinnen künstlicher Blumen, die geschickten, noch in der Ruhe greifenden Hände der Ankerwicklerinnen der Elektroindustrie. Ein Platz der Rue de la Roquette heißt nach Voltaire, ein anderer nach Léon Blum, dem erfolglosen, dem unglücklichen Sozialistenführer. Hier ist auch eine Bastille zu sehen, noch nicht erstürmt, nicht niedergerissen, das Gefängnis de la Roquette, eine graue verwitterte Mörtelmauer um dunkle vergitterte Fenster gezogen. Das Bild könnte von Daumier gezeichnet und das Haus das Gefängnis der kleinen Pariser Missetäter sein, der Opfer der Verhältnisse, der unglücklichen Zufälle und der verständnislosen Justiz. Dem Prison gegenüber wartet an einem beinahe ländlichen Platz das Café zu den Platanen. Auf den vor die Tür gestellten, ins Licht gerückten Gartenstühlen sitzen die jungen Arbeiterinnen der Gegend in der Mittagssonne und blikken zu dem grauen Gefängnis hinüber, als wären sie die treuen Bräute der Eingeschlossenen. Vor dem Tor des berühmten Friedhofs Père-Lachaise, der nach dem Père de la Chaise, dem Beichtvater Ludwigs XIV., heißt, der sich hier auf einem Landbesitz der Jesuiten von seines Königs Sünden erholte, steht man am Fuß der unbekannten und abenteuerlichen Quartiere von Ménilmontant und Belleville. Man lebt nicht schlecht von der

Trauer. Die Geschäfte des Pompes funèbres florieren. Laden reiht sich an Laden. Alle Welt kauft Blumen, Kränze, Kreuze aus gestanzten gemalten Metallen oder aus Draht gewundene, mit Stoffen drapierte sonderbare Gebilde des Schmerzes, der beschworenen Erinnerungen, und höchst beliebt ist es, die Vergänglichkeit durch eine Photographie des Verstorbenen zu besiegen, die man nach einem geschützten Zunftverfahren wie ein Abziehbild auf den Grabstein klebt. Der Père-Lachaise ist eine Totenstadt. Die Stadt hat Totenstraßen, Totenalleen, Totenhäuser. Die Stadt hat Hügel und Täler und Arrondissements und ist für den Besucher ein Labyrinth. Polizisten, blasse, stille, von ihrer Umgebung angesteckte Gardiens-de-la-Paix patrouillieren über die Boulevards der Totenwelt und geben falsche Auskunft. Die Dichterin Colette liegt unter einem blanken Leichenstein, sehr würdig, sehr schmucklos: »Ici repose Colette.« Andere wohnen in komfortablen Gebeinhäusern, selbst kleinen Wolkenkratzern, und nennen sich noch immer voll Stolz Poète fabuliste. Ihre Namen sind im Gedächtnis der Literatur, doch nicht der Friedhofsbesucher gestorben. Balzac schläft (und selbst seine ausschweifende Phantasie ahnte diese höchst romanhafte Entwicklung nicht) in einem barocken Grab gemeinsam mit allerlei polnischen Adligen, dem Anhang seiner Todesehe mit der unbekannten Briefschreiberin, der Gräfin Hanska, und die stolzen fremden Nobilitäten scheinen nun des kleinen, selbstverliehenen Adelsprädikats des Dichters zu spotten. Balzacs Haupt blickt wütend wie über ein Chaos. Eine auf dem Grab aufgeschlagene schwarze Bibel aus Marmor, vom Wetter verschmutzt, in der Schrift nicht zu lesen, erhöht noch die Unordnung. Oscar Wilde hat das schwere niederdrückende Denkmal eines bösen Königs bekommen, einen wuchtigen Granit, aus dem der englische Bildhauer Jacob Epstein einen sehr stilisierten fliegenden ägyptischen Totengott mit wunderlich betonten Geschlechtsteilen gemeißelt hat. Zum Weg keine Daten, kein Spruch. Auf der Rückseite die Bemerkung, daß dies Epitaphium von einer Lady gestiftet wurde. Es folgt dann noch eine Art Schullebenslauf des unglücklichen Poeten, und eine schwarze Tür scheint in das Innere des schweren Steins wie in ein schreckliches Geheimnis zu führen. Ein einziges Grab sah ich nicht mit den lächerlichen traurigen Erzeugnissen der Pompes funèbres geschmückt. Es lag unter einem Blütenberg der frischesten Blumen. Dies war die Ruhestätte des »Inspirateur« des Spiritismus. Um seinen Hügel, um seinen Gedenkstein, um seine Blumen herum standen schwarzgekleidete geistergleiche Gestalten. Man konnte sie für wahre Astralleiber halten. Ihre tiefe Trauer, ihre klagende Erregung ließ mich vermuten, der Meister sei eben in die Erde gesenkt worden, doch ruhte er schon gut fünfzig Jahre dort unten und gehört zu den wenigen nicht Vergessenen. Gleich hinter der Geisterschar erwartete ein Marquis die Auferstehung in einem Grab, das wie eine Felsenburg gestaltet war. Mit seinen Schießscharten schien sie mir zu jeder Verteidigung bereit zu sein. Wer aber zählt die Toten, kennt die Namen? Der Père-Lachaise ist ein stummes Paris. In seinem ältesten, verwilderten Teil steht das romantische Denkmal der Liebenden, liegen Héloïse und Abélard in einem Grab, und ich bewunderte die respektvolle Weise, in der die scholastische Zeit einen Skandal beerdigte. In der Nähe, dicht bei der Mauer, finden sich die jüdischen Gräber. Viele deutsche Namen, fast eine deutsche Kolonie. Aus dem Totenhaus der Rahel Rothschild ist die morsche Holztür herausgebrochen, und innen wuchert Wildnis neben einem hebräischen Spruch. An manchen Stätten erinnern kleine Tafeln an die Verlorenen, die aus der Verschleppung nicht zurückkehrten. Jenseits der alten Mauer stand ein merkwürdiges, ein verwahrlostes Haus, aus dessen zerschlagenen Fensterscheiben die lustige Ball-Musette-Musik erklang. Am hellen Mittag eines Arbeitstages hatten sich hier Menschen von großer Unwirklichkeit zu Trunk und Tanz versammelt. Bei den Gräbern stehend, glaubte ich die gespenstische Hochzeit eines lange schon verstorbenen und begrabenen Königs der Unterwelt zu beobachten. Am Ersten Mai zieht man mit Fahnen und Transparenten auf den Père-Lachaise. Fast quillt die Menge über die Wege, stolpert über die Gräber, fällt in die Grüfte. Der Zug strebt nach Nordosten, zur Mur des Fédérés, der Mauer der Erschießungen von 1871, und der Totenmarsch der Internationale zerschmettert klirrend die Stille.

Dichter haben den neunzehnten und den zwanzigsten Arrondissement zwei von Paris umschlossene Dörfer genannt. Sie heißen Belleville und Ménilmontant. Es sind Dörfer der Armut, Dörfer der Arbeit. Dörfer der Ländlichkeit, Dörfer der Industrie, es sind romantisch-vorstädtische Visionen, Villagen eines poetischen Realismus. Nicht die Malerei, kaum die Literatur, aber die Filmkunst hat den Zauber dieser Gegenden entdeckt, die der

Schauplatz der frühen Filme, der großen Zeit des Marcel Carnet sind. Bei Nebel erinnert alles an den »Quai de Brume«, in jedem Zimmer der großen Mietshäuser scheint sich das einsame Drama von »Le jour se lève« zu ereignen, und jeder Gasthof erinnert an die traurige schöne Geschichte des »Hôtel du Nord«. Ein Stadtbild, ein Dorf alter verwinkelter Unordnung. Noch Straßen mit grobem, ländlichem Steinpflaster. Hügelland. Irrgarten. Zauberreich. Ein Auf und Ab von Wegen, Treppen, Steigen und Zäunen. Im Morgengrauen eine Heerstraße der Fabrikarbeiter. Von den Höhen ein Blick zum Montmartre. Aus dem Frühdunst, aus den Wolken hebt sich dann Sacré-Cœur wie ein weißer Gral. Mietskasernen, windschiefe Dorfhütten, ausgetretene Steintreppen, zersplitterte hölzerne Fensterläden, zerschundene Dächer und manchmal ein Baum, der Stamm wie mit Wunden bedeckt. Immer wieder Stiegen, kleine Kalvarienberge, gespenstisch bewachsene Hänge in der Rue de Crimée. Kleine Kinder in bunten Schulschürzen, aufmarschiert zum Gang in den Kindergarten, das erste ernst an der Hand der Fürsorgerin, die andern einander Hand an Hand haltend, kleine Waisen für den Tag. Bistros, Kneipen, Reklamen der Volksweinmarken, Männer mit Mützen, Männer mit Hüten, Männer in Hemdsärmeln, an der Theke, beim Kartenspiel, mit Stores verhangene Fenster und Düsternis und der grelle Fleck eines Sportplakates. Der Straßenstand der in Fett gedünsteten Kartoffeln ruft »Les Frites des Gourmets – Feine Küche zum Mitnehmen.« Die heißen, fetttriefenden Kartoffelschnitzel durchnässen das Papier der Tüte, feuchten die Finger, verschmieren den Mund. In winzigen Gärten improvisierte Feste des kleinen Lebensgenusses, an einer Fabrikstraße zwei sandige staubige Sportplätze hinter grobmaschigen Drahtgittern. Frankreichs neue, Frankreichs nackte, Frankreichs griechische Jugend. Junge Mädchen in den Torwegen, große fragende Augen, illusionslose oder träumende Gesichter. Viele Häuser sehen wie Gefängnisse aus, Mauern, auf denen unsichtbar das Urteil »lebenslänglich« geschrieben steht. Andere Häuser sind bewohnte Ruinen, zusammengehalten nur noch vom Glauben der Mieter. Armut, die bei der Armut bettelt. Straßenmusikanten, Leierkastenmänner, freie Akrobaten. Der eingegitterte Park der Buttes-Chaumont, ein echter Märchenwald mit aufgeklärten Rotkäppchen und naiven Wölfen, auf Müll gebaut und mit seiner Felsenbrücke ein Anziehungspunkt für Selbstmörder, die wiederum Objekte sentimentaler Chansons werden. Ein Blick ins Nichts über die alten Fortifikationen von Pré-Saint-Gervais. Das öde Land! Von Fabrikenrauch überzogen. Es kriechen Menschen über den Boden, Kinder und Erwachsene, die wie nach einem verlorenen Krieg irgend etwas in der Erde zu suchen scheinen. Und wieder eine freundliche Allee alter Bäume. Ein kleiner Straßenhandel. Lumpen auf das Pflaster gelegt. Zerdrückte Anzüge zwischen die Stämme gehängt. Dann Gassen, die an Häfen denken lassen, an Marseille oder an Genua. Wäsche aus allen Fenstern und auf Leinen von Haus zu Haus, ein bewimpeltes Schiff der willigen Vermehrung. Eine Damenkapelle spielt im Musikpavillon auf dem Square-de-la-butte. Eine grauhaarige energische Dirigentin. Nachtdunkles Laub. Auf den Bänken alte Frauen. In den Gebüschen junge Umarmungen. Manchmal ein heißer Mond. Der Kanal Saint-Martin könnte die untere Grenze des unbekannten Paris sein. Er ist ein kleines Holland mit hoch über das stille schwarze Wasser geführten Brücken, Teergeruch und Melancholie. Es liegen Schiffe auf dem Kanal. Niemand scheint zu wissen, wie sie an dieses Ufer gekommen sind. Das Wasser kommt nirgendwo her und führt nirgendwo hin.

Montmartre, der Boulevard de Clichy, die Place Blanche, die Place Pigalle, am Abend eine Vergnügungsprovinz wie die Reeperbahn, eine kleine sehr konventionelle Freiheit, ist am Morgen ein grauer Strich. Die berühmten Lustpaläste sehen, nun kunstlichtlos und ihre Schaukästen nackter Mädchen mit Brettern verrammelt, wie in Konkurs gegangene Limonadenbuden aus. Die Mühlenflügel der Moulin Rouge sind ein Gebilde aus einem Metallbaukasten, das ein schon gelangweilter Knabe dem Rost überantwortet hat. Das ganze Revier der angelockten, der listig provozierten, der kommerziell genützten, der schließlich gründlich abgekochten Begierde zeugt bei Tag von einem schäbigen Irrsinn, und die Schmetterlinge der Nacht gleichen im Sonnenschein gefärbten Fledermäusen. Die bunten Fledermäuse mischen sich, selber kleinbürgerlich, unter das schlichte Kleinbürgertum der Nebenstraßen, gehen auf den schönen Markt der den Hügel der Märtyrer hinansteigenden Rue Lepic, prüfen henkerblusig, kalkpudrig, brennhaarig den frischen Blumenkohl des Gärtners und das aufgerissene blutige Fleisch des Kaninchens. Drei Nachtgespenster schritten in farbenfrohen Hosenhäuten, auf hohen Stöckeln die Morgenluft schnuppern. Sie glichen schon halbgerupften Papageien, die gerade noch einem perversen Koch entkommen waren. Sie kicherten, plauderten ein kindisches Plätschern, hüpften kreischend, ältliche Schulmädchen, junge Tanten, über den Rinnstein und lösten sich im rötlichen Sonnenwiderschein einer Kneipenmarkise wie Zucker in Wasser auf. Ein eifriger brauner Lederrock begleitete eine Schaufensterpuppe, die ein untersetzter, noch junger, aber schon fetter Neger war. Alles, was die Puppe bekleidete, war ladenneu. Der Neger glänzte und grellte und zeigte zwischen dem steifen Hemd und dem modischen Hut das dumpfe Gesicht eines immer unzufriedenen Tyrannen. Der braune Lederrock, kniekurz, die Schenkel modellierend, wackelte ergeben, gewerbeernst und doch mit fraulichem, mit mütterlichem Besitzerstolz. Die hohen Häuser waren von 1890. Es waren mitleidlose, es waren finstere Fronten. Die Balkons klatschten. Sturzbäche der Mißgunst ergossen sich über den Boulevard. An einer Plakatwand bot die Stadt Paris Arbeitsumschulungskurse für alle Mädchen des Montmartre an: doch mit einem weit eindrucksvolleren Aufruf und dem Versprechen guter Bezahlung suchte ein Schauhaus junge Tänzerinnen, Mannequins und Bedienungen. Erst am Abend geben Scheinwerfer und Neonröhren dem Besucher die ersehnte Illusion, in einem nicht jugendfreien, doch lustigen Film zu agieren. Er meint, in die beneidete Hölle der Wollüstlinge zu schielen und selber nicht ins Feuer zu kommen. Im allgemeinen verachtet hier der Käufer den Verkäufer, den er kauft. An den Straßenecken stehen Täuschungen der Venus wie alte Pferdedroschken. Nur wer sich mit dem bloßen Anblick des Jahrmarkts begnügt, kommt auf seine Kosten. Die beinschwingende Nackttänzerin der Leuchtreklame wirbt für ein bekanntes Mineralwasser. Die Flügel der Mühle werfen rote Glücksräder in die Nacht; aber Toulouse-Lautrec und seine Schar sind tot und liegen in der Morgue der Museen. Die Maler haben die Gemeinde Montmartre oben auf dem Berg der Märtyrer verlassen, doch die Straßen blieben wie von Utrillo gemalt. Auf der Place du Tertre lauern Künstlerdarsteller, fixe Verkäufer, und malen unter den traulichen Bäumen das verlegen blickende Haupt des Touristen. In jedem malerisch herausgeputzten Haus bieten Kunstgalerien die Wandverkleidungen für den Spießer Methusalem feil. Sacré-Cœur, die weiße Konditorkirche, ein Riesenkopfwehpulver gegen die Migräne von 1871, gibt sich manchmal in schmalen Gassendurchblicken byzantinisch dekorativ. Der so prächtig gelegene Bau ist in seinen hohen Gewölben nicht ohne eine überraschende Weihe. Die Schritte hallen im Weihrauchhimmel. Wer aus seinem Dämmerschein wieder ins volle Licht tritt, mag von dieser erhabenen Höhe aus glauben, Paris liege zu seinen Füßen.

Ich stieg die Stufen hinunter, die wie Brunnenschalen geteilte, ausladende Treppe, ich ging auf Paris zu, wanderte durch Kinderscharen, sah ein großes französisches Reich, sah es als Gen einer freundlichen Menschheit, ich sah die Straßen wie Grüfte, die Fassaden ihrer hohen Häuser glichen steilen Felswänden, die Fenster Vereisungen, die gespaltenen Jalousien Frostaufbrüchen, die Bewohner blickten gelangweilt in die Tiefe, wo die Läden des kleinbürgerlichen Glücks gleich Vampiren warteten, die gespenstischen Möbel der bedrängenden Zimmer, die billige Konfektion in ihrem Schnitt so fern der Couture des Rond Point wie der Mond der Erde und vielleicht noch unerreichbarer, ich betrachtete auf dem Boulevard Barbès die Lebensmittelhallen der neuen Supermärkte, gefrorene Poulets, tiefgekühlte Genüsse des Sonntags, ich betrat die Rue de la Goutte-d'Or, die Straße der armen nordafrikanischen Arbeiter, die Gasse der Verfolgungen, des Verrats, der Angst, der Verstecke, des auf die Brust gesetzten Dolches, des unerbittlichen Mitgeboren–Mitgefangen. Schüchterne Kneipen. Ein Barbiersalon in einem stygischen Licht, grabkalkige Wände, eine Spiegelscherbe, ein Stuhl, den jemand weggeworfen hatte: der Haarschneider stand, als schere er den Nacken zur Hinrichtung frei. Das Polizeirevier war wie eine kleine Festung mit Kugelfängen aus Beton umgeben. Ein junger Gendarm blickte über die Schutzmauer wie in Madrid der Stierkämpfer, wenn er hinter den Bohlen dem wütenden Tier entkommen ist. Der Überfallwagen stand alarmbereit vor der Tür. Karabinerbefestigungen wie Klammern auf einer Wäscheleine. In einem schlauchartigen Laden verkauften zwei liebenswürdige weißlockige europäische Damen arabische Schallplatten. Ihre Kunden lauschten dem monotonen arabischen Gesang wie fromme Moslems dem Ruf des Muezzin. Sie träumten. Sie saßen in der Medina oder in der Oase oder auch nur in einem staubigen heißen Elendsdorf zwischen Constantine und Bône, und die berühmten landsmännischen Schlagersänger und Sängerinnen blickten, französisch elegant gekleidet, von großen Photographien hochmütig und zugleich unsagbar traurig auf sie herab.

Ich floh unter die Erde und fuhr zum Boulevard Batignolles. Die Metro ist einer eigenen Mythologie würdig. Sie ist ein Olymp unter der Stadt, die Wohnung ihrer Götter, die sich auf wundervollen Reklamegemälden allem Volk offenbaren, mit pythischen Weisungen den Wanderer durch die Unterwelt von Paris leiten, ihn mit mannigfachen Gesichtern erschrecken, ihn mit den bezauberndsten und quälendsten Vorstellungen der Lust in Versuchung führen, ihm mit Blitzen den Tod zeigen und ihn in den gekachelten badezimmerglatten Schächten die Zeugung wie das Grab riechen lassen.

Ich besuchte im Theater Hébertot am Boulevard Batignolles den Dichter bei der Probe seines Stückes. Das Theater Hébertot sieht wie eine unbedeutende Volksspielbühne aus und der Boulevard Batignolles wie eine eintönige, recht düstere Vorstadtstraße sechsstöckiger Häuser mit Wohnungen von mittleren Beamten oder Angestellten, doch in dem Schauspielhaus, das niemals von irgendeiner staatlichen Stelle Subventionen erhielt, wurden schon einige der größten literarischen Erfolge, wurden Werke von Montherlant, Giraudoux und Bernanos uraufgeführt. Der Patron, Hébertot selbst, wirkt wie ein Riese der Urzeit und ist ein Riese der Erinnerung an fünfzig Pariser Theaterjahre, an ein halbes Jahrhundert von Aufregung und Glauben und geistigen Barrikadenstürmen. Aber um welche Dinge mußte sich der Dichter an diesem Theater kümmern! Er hatte seine Komödie zu besetzen, er war es, der die Proben leitete, er mußte die Beleuchtung arrangieren, die Anzeigen aufsetzen, den Text der Plakate schreiben, er sollte für die Einladung der Premierengäste und der Presse sorgen, er hatte sich in den komplizierten Feindschaften und Freundschaften der Gesellschaft und der Kritik auszukennen, ja, er mußte sich hinter die Kasse setzen und selber die Eintrittskarten verteilen, damit nicht wieder alles in neue Konfusion gerate. Der Dichter war erschöpft. Zu seinem Glück war er, nach einer bedeutenden französischen Literaturtradition, wohlhabend und mit der Schwerindustrie verwandt. Er sagte entschuldigend, er könne mich nur in ein Bistro führen. Das Bistro lag ein paar Schritte hinter dem Theater. Vor seiner Tür häuften sich Austern und Hummern. Innen wurde man von Madame wie von einer lieben Tante begrüßt, und Monsieur kochte, und es war eines der besten und auch teuersten Restaurants von Paris, und wir aßen und tranken am grauen, ein wenig düsteren Boulevard Batignolles nun wirklich wie Gott in Frankreich. Jeder Tisch war besetzt. Die Gäste wußten die Gaben zu schätzen, aber sie sahen nicht aus, als ob sie die Rechnung nicht erschrecken würde. Da sagte mir der Dichter: »Sie kennen Frankreich nicht, es ist viel, viel reicher als Amerika, aber die Franzosen zeigen es nicht, wie reich sie sind.«

Die Autobuslinie des kleinen Gürtels, die Petite Ceinture, fährt um Paris herum, umschließt den Stadtkern innerhalb der Festungswälle von 1871, fährt durch Tunnel und über Brücken, vorbei an den achtundfünfzig geschleiften oder erhaltenen Kasemattentoren, den Endstationen der Metro, deren Namen poetisch bleiben, selbst wenn die Plätze häßlich sind, sie zeigt die babylonischen Wälder von Vincennes und des Bois, die Familiensonne, das Rennbahnglück, die Mondscheinhochzeit im Kahn, die ausgedehnten Sportplätze der neuen Griechen, die Tiere des Zoos, die Häfen der Seine zu Lust und Arbeit, Automobilfabriken, Zementsilos, Bauplätze, Kräne voll Last gegen den Himmel, gigantische chemische Retorten, Förderbahnen, den Friedhof der Lokomotiven, das neunzehnte Jahrhundert der Gasanstalten, die Schlachthöfe, die Herden der sanften Opfer und die Töter in blutigen Mänteln, den Flohmarkt vor der Porte de Clignancourt, das große Zeltlager des Urväterhausrats, schön und grotesk, die politischen Meetings außerhalb der Bannmeile, die extremen Parolen mit roter Farbe auf die Mauern gemalt, die Polizisten, abwartend und frierend in ihren kurzen Pelerinen, die alljährliche Landschwirtschaftsschau auf dem Ausstellungsgelände, das Rendezvous der Departements und der harten Forderungen des Bauernvolkes, der Wähler, der alten Träger der Parteien, und die Cité Universitaire, die zukunftsfrohe Stadt der Studenten beim Park Montsouris, die Menschen aus aller Welt und von jeder Farbe in dem Glück vereint, in Paris jung zu sein, und man liebt die Stadt und liebt Frankreich und liebt sie ganz und gar.

Wolfgang Koeppen
im Suhrkamp Verlag

Drei Romane: Tauben im Gras. Das Treibhaus. Der Tod in Rom. 1970. 560 S. Ln.
Die elenden Skribenten. Aufsätze. Herausgegeben von Marcel Reich-Ranicki. 1981. 316 S. Ln.

Tauben im Gras. 1974. 210 S., *Bibliothek Suhrkamp* 393
Jugend. Prosa. 1976. 300 S. *Bibliothek Suhrkamp* 500

Romanisches Café. Erzählende Prosa. 1972. 122 S. *suhrkamp taschenbuch* 71
Das Treibhaus. 1972. 190 S. *suhrkamp taschenbuch* 78
Nach Rußland und anderswohin. Empfindsame Reisen. 1973. 268 S. *suhrkamp taschenbuch* 115
Der Tod in Rom. Roman. 1975. 188 S. *suhrkamp taschenbuch* 241
Eine unglückliche Liebe. Roman. 1977. 198 S. *suhrkamp taschenbuch* 392
Reisen nach Frankreich. 1979. 168 S. *suhrkamp taschenbuch* 530
Tauben im Gras. Roman. 1980. 210 S. *suhrkamp taschenbuch* 601

Über Wolfgang Koeppen. Herausgegeben von Ulrich Greiner. 1976. 320 S. *edition suhrkamp* 864

Verzeichnis
der suhrkamp taschenbücher

Eine Auswahl

2/1/6.84

2/2/6.84

2/3/6.84

2/4/6.84

2/5/6.84

2/6/6.84